公报行政案例中的法理

主　编 ● 章志远　黄　娟

撰稿人 ● 马琳昆　倪佳祎　陶子辰
　　　　陈思琳　周学文　吴梦瑶
　　　　崔胜东　陈正翼　聂　政
　　　　黄　娟　张宇帆　陈哲璇
　　　　蔡　湲　黄晨阳　关博豪

中国人民大学出版社
·北京·

前　言

　　自 2002 年博士研究生毕业担任大学教师以来，我一直注重典型行政案例研习方法在行政法研究和教学中的运用。无论是在母校苏州大学王健法学院还是在目前供职的华东政法大学工作期间，本人不仅长期坚持面向司法的行政法学研究进路，相继发表《司法判决中的行政不作为》（载《法学研究》，2010 年第 5 期）、《行政争议实质性解决的法理解读》（载《中国法学》，2020 年第 6 期）等数十篇聚焦典型行政案例研究的代表性学术论文，而且还将案例研习深度融入行政法专业研究生培养，推出《行政判例研究》（与杨海坤教授主编，中国民主法制出版社，2007）《行政法案例分析教程》（独著，北京大学出版社，2016）等多部案例研习著作。可以说，关注典型行政案例，寻找案例背后的法理并发展行政法释义学，已经成为当代中国行政法学研究的一种基本范式。

　　2020 年 12 月 26 日，第十三届全国人大常委会第二十四次会议任命我担任最高人民法院行政审判庭副庭长。作为近十年来这一重要审判岗位上唯一来自京外的挂职学者，我整整一年脱产在岗履职，度过了人生中一段弥足珍贵的岁月。除亲自办案、参与司法解释和司法文件起草论证外，每周三上午参加主审法官会议的重要议题之一就是讨论公报备选案例。这些来自行政审判实践的鲜活案例深深吸引着我，使我再次萌发编写公报案例的念头。尽管挂职工作和自身科研工作极为繁忙，但我依旧加班加点，从 2007 年至 2020 年间的 60 个公报典型行政案例中挑选出具有代表性的 15 个案例，组织身边以博士研究生为主体的年轻人深入研读、阐发法理，试图在行政裁判与行政法理之间架起沟通的桥梁。经过半年多时间的交流讨论、修改打磨，这本《公报行政案例中的法理》终于如期交稿了，本人又一个小小的学术心愿实现了。

就本书所研究的这15个典型案例而言，其不仅涵盖行政处罚、行政许可、行政强制、行政征收、行政确认、行政协议等多种行政行为，而且涉及不确定法律概念解释的司法审查、行政法原则的司法适用、起诉条件的审查判断等多项制度规则，是一幅展现当代中国行政法制成长的立体画卷。在针对每个案例的研究和写作过程中，我们力图在吃透基本案情和裁判要旨的基础上，通过行政法律规范解释适用、梳理比照其他相关典型案例、援用行政法学原理，深入挖掘典型案例背后的法理。按照具体篇章顺序，各位撰稿人依次为博士研究生马琳昆，博士研究生倪佳祎，硕士研究生陶子辰，硕士研究生陈思琳，博士研究生周学文，博士研究生吴梦瑶，博士研究生崔胜东，博士研究生陈正翼，博士研究生聂政，副教授黄娟，博士研究生张宇帆，博士研究生陈哲璇，硕士研究生蔡湲，博士研究生黄晨阳，博士后关博豪。我负责全书策划、案例遴选、学术指导、修订审阅和出版联络，黄娟副教授协助我进行统稿和督促。限于能力水平，本书中的部分内容可能存在谬误之处，敬请读者诸君指正。

自2014年9月到沪工作以来，除继续超越自我、持续推出高质量研究成果之外，提高行政法专业博士研究生培养质量，提升行政法学科建设水平始终是萦绕在我心头的大事。为此，我进行了一系列有益的尝试，也取得了很好的成效。作为我主编的《行政法学基本范畴研究》（北京大学出版社，2018）、《中性行政行为研究》（北京大学出版社，2021）的续集，本书是我组织华东政法大学行政法专业博士研究生编写的第三部集体作品，代表了华东政法大学行政法学科建设和人才培养的新水准，也记录了我学术半生一路走来的风雨兼程。感谢中国人民大学出版社的信任，使本书能够及时面世，期待我们今后展开更为广泛、深度的合作。

章志远

2022 年 7 月 10 日于沪上苏州河畔

目 录

包容审慎监管原则的司法适用
——陈某诉济南市城市公共客运管理服务中心客运管理
行政处罚案　　　　　　　　　　　　　　　　　　　/1

　　一、案情摘要　　　　　　　　　　　　　　　　/1
　　二、裁判要旨　　　　　　　　　　　　　　　　/2
　　三、法理分析　　　　　　　　　　　　　　　　/2

过罚相当原则的司法适用
——苏州鼎盛食品公司不服苏州市工商局商标侵权行政处罚案　/18

　　一、案情摘要　　　　　　　　　　　　　　　　/18
　　二、裁判要旨　　　　　　　　　　　　　　　　/19
　　三、法理分析　　　　　　　　　　　　　　　　/19

正当程序原则在许可注销案件中的适用
——射阳县红旗文工团诉射阳县文化广电新闻出版局程序
不正当注销文化行政许可纠纷案　　　　　　　　　/39

一、案情摘要　　　　　　　　　　　　　　　/39
　　二、裁判要旨　　　　　　　　　　　　　　　/40
　　三、法理分析　　　　　　　　　　　　　　　/40

学术自治原则的司法适用
——何某强诉华中科技大学履行法定职责纠纷案　　　　/57
　　一、案情摘要　　　　　　　　　　　　　　　/57
　　二、裁判要旨　　　　　　　　　　　　　　　/58
　　三、法理分析　　　　　　　　　　　　　　　/58

履行判决中履行期限的确定
——启东市发圣船舶工程有限公司诉启东市人民政府渡口
行政许可及南通市人民政府行政复议案　　　　　/76
　　一、案情摘要　　　　　　　　　　　　　　　/76
　　二、裁判要旨　　　　　　　　　　　　　　　/77
　　三、法理分析　　　　　　　　　　　　　　　/77

滥用职权的司法认定
——刘某务诉山西省太原市公安局交通警察支队晋源一大队
道路交通管理行政强制案　　　　　　　　　　　/98
　　一、案情摘要　　　　　　　　　　　　　　　/98
　　二、裁判要旨　　　　　　　　　　　　　　　/99
　　三、法理分析　　　　　　　　　　　　　　　/99

强拆主体的诉讼推定及其责任
——许某云诉金华市婺城区人民政府房屋行政强制
及行政赔偿案　　　　　　　　　　　　　　　　/117

  一、案情摘要　　　　　　　　　　　　　　　/117
  二、裁判要旨　　　　　　　　　　　　　　　/118
  三、法理分析　　　　　　　　　　　　　　　/118

公益性国有土地使用权收回的程序构造
——定安城东建筑装修工程公司与海南省定安县人民政府、
第三人中国农业银行定安支行收回国有土地使用权
及撤销土地证案　　　　　　　　　　　　　　　/137

  一、案情摘要　　　　　　　　　　　　　　　/137
  二、裁判要旨　　　　　　　　　　　　　　　/138
  三、法理分析　　　　　　　　　　　　　　　/138

房屋征收中拖延补偿行为的司法救济
——山西省安业集团有限公司诉山西省太原市人民政府收回
国有土地使用权决定案　　　　　　　　　　　　/160

  一、案情摘要　　　　　　　　　　　　　　　/160
  二、裁判要旨　　　　　　　　　　　　　　　/161
  三、法理分析　　　　　　　　　　　　　　　/161

"有具体的诉讼请求"的司法认定
——马某忠与宁夏回族自治区固原市人民政府行政批复、宁夏
回族自治区固原市住房和城乡建设局房屋拆迁行政裁决案/182

一、案情摘要　　　　　　　　　　　　　　　　　　　　/182

　　二、裁判要旨　　　　　　　　　　　　　　　　　　　　/184

　　三、法理分析　　　　　　　　　　　　　　　　　　　　/184

工伤认定中不确定法律概念的解释

——北京国玉大酒店有限公司诉北京市朝阳区劳动
和社会保障局工伤认定行政纠纷案　　　　　　　　　　/202

　　一、案情摘要　　　　　　　　　　　　　　　　　　　　/202

　　二、裁判要旨　　　　　　　　　　　　　　　　　　　　/203

　　三、法理分析　　　　　　　　　　　　　　　　　　　　/203

工伤认定中"48小时"条款的理解适用

——上海温和足部保健服务部诉上海市普陀区人力资源
和社会保障局工伤认定案　　　　　　　　　　　　　　/227

　　一、案情摘要　　　　　　　　　　　　　　　　　　　　/227

　　二、裁判要旨　　　　　　　　　　　　　　　　　　　　/228

　　三、法理分析　　　　　　　　　　　　　　　　　　　　/228

诚实信用原则在行政允诺案中的适用

——崔某书诉丰县人民政府行政允诺案　　　　　　　　　/251

　　一、案情摘要　　　　　　　　　　　　　　　　　　　　/251

　　二、裁判要旨　　　　　　　　　　　　　　　　　　　　/252

　　三、法理分析　　　　　　　　　　　　　　　　　　　　/252

咨询申请的认定及限度
——孙某荣诉吉林省人民政府行政复议不予受理决定案　/268

  一、案情摘要　/268

  二、裁判要旨　/269

  三、法理分析　/269

特许经营协议的解除
——寿光中石油昆仑燃气有限公司诉寿光市人民政府、
潍坊市人民政府解除政府特许经营协议案　/284

  一、案情摘要　/284

  二、裁判要旨　/286

  三、法理分析　/287

包容审慎监管原则的司法适用

——陈某诉济南市城市公共客运管理服务中心客运管理行政处罚案[①]

一、案情摘要

2015年1月7日，两名乘客通过网络召车软件与陈某取得联系，约定由陈某驾车将乘客从济南市八一立交桥附近送至济南西站，乘客支付车费。当日11时许，陈某驾驶私人小汽车行至济南西站送客平台时，济南客运管理中心（以下简称"客运中心"）的工作人员对其进行调查，查明陈某未取得出租汽车客运资格证、驾驶的车辆未取得车辆运营证。客运中心于2015年1月26日向陈某送达鲁济交（01）违通（2015）8716号"违法行为通知书"，认为其未经许可擅自从事出租汽车客运经营，拟处2万元罚款，没收违法所得。经听证程序后，客运中心于2015年2月13日作出鲁济交（01）罚（2015）8716号"行政处罚决定书"并送达陈某，以其非法经营客运出租汽车，违反《山东省道路运输条例》第69条第2款之规定为由，责令停止违法行为，处2万元罚款并没收非法所得。陈某不服，向济南市市中区人民法院提起行政诉讼，请求撤销处罚决定。经济南市市中区人民法院一

[①] 最高人民法院公报，2018（2）. 以下简称"专车案"。

审判决撤销客运中心所作的行政处罚、济南市中级人民法院二审判决维持后，山东省高级人民法院再审认为原审法院裁判未超出合法性审查范围，不属认定事实不清、审判程序违法，遂裁定驳回再审申请。

二、裁判要旨

随着"互联网＋"与传统行业的融合发展，客运市场上出现了"网约车"现象，该形式在很多城市和部分人群中确有实际需求且已客观存在。但这种客运行为与传统出租汽车客运经营一样，同样关系到公民生命、财产的安全，关系到政府对公共服务领域的有序管理，应当在法律、法规的框架内依法、有序进行。社会发展中出现新业态与调整传统行业经营模式的法律规定不相吻合时，行政管理应当创新监管方式，在防范风险的基础上，包容审慎地鼓励创新。在由此类冲突引发的行政诉讼中，人民法院既应当依据现行法律规定审查行政行为的合法性，也应当为社会创新留出相应的发展空间，尽可能将不利影响控制在最小范围和限度内。

三、法理分析

"专车案"的裁判较好地处理了新业态经济发展与现行法律法规滞后的矛盾，对行政机关实现行政管理目标与保护新生事物之间的平衡具有指导意义。在判断"网约车"经营行为的合法性时，法院结合现行法律法规体系框架和社会公众的感受，多维度考量"网约车"在满足社会需求、推动就业和促进创新等方面的作用。这一裁判过程充分展现了包容审慎监管原则的核心主张，是该原则在司法裁判中的初步体现。尽管包容审慎监管原则已经被写入《优化营商环境条例》第55条，但学界针对包容审慎监管原则的理论研究较少，该原则的适用条件与限度仍存在探究空间。

(一) 包容审慎监管原则的确立

2017 年以来,李克强总理在多个场合提出"包容创新的审慎监管制度""包容审慎原则""包容的理念审慎监管",包容审慎监管在实务界和理论界的热度不断攀升。[①] 包容审慎监管是在"互联网＋"和共享经济等新业态背景下,我国政府探索监管方式的重要思路,是国家权力在市场经济发展中的功能与地位的一次检视,也是政府为市场设定良好预期,鼓励市场自治的经验总结。在"放管服"改革持续深化、优化营商环境稳步推进的现实背景下,包容审慎监管契合当前行政改革理念,其重要性凸显。

1. 法律属性：从政策到原则

包容审慎监管是对审慎监管原则的发展,核心在于以包容监管来弥补传统审慎监管的不足,是包容监管和审慎监管的平衡和对立统一。[②] 因银行、证券等传统金融行业风险的不确定性,审慎监管原则奉"稳健乃至于保守"为圭臬被各国普遍认可。[③] 新经济的出现导致我国传统经济结构受到冲击,但由于其兼具创新性和波动性,传统监管方式经常处于无所适从的尴尬境地。监管过度可能会扼杀行业的创新力并产生阻碍其正向发展的负面效应,而监管不足则难免导致行业秩序紊乱并诱发系统风险。为克服审慎监管的诸多弊端,我国政府开始探索一种相对包容的监管方式。2018 年,李克强总理在考察国家市场监管总局召开座谈会的讲话中,详细阐释了"包容"与"审慎"的

---

① "包容创新的审慎监管制度"出自 2017 年 1 月 4 日国务院第一次常务会议;"包容审慎原则"出自 2017 年政府工作报告;"包容的理念审慎监管"出自 2017 年 3 月 15 日李克强总理答记者提问时的回答。

② 刘太刚.从审慎监管到包容审慎监管的学理探析——基于需求溢出理论视角下的风险治理与监管.理论探索, 2019 (2).

③ 罗培新.着力推进互联网金融的包容审慎监管.探索与争鸣, 2018 (10).

具体内涵,为包容审慎监管的适用指明了方向。① 随后,包容审慎监管在《国务院关于强化实施创新驱动发展战略进一步推进大众创业万众创新深入发展的意见》《国务院关于进一步扩大和升级信息消费持续释放内需潜力的指导意见》《国务院关于深化"互联网+先进制造业"发展工业互联网的指导意见》等文件中被多次提及。包容审慎监管是在坚持审慎监管原则的基础上,针对新事物的一种相对宽容的监管政策,是探索如何正确处理政府与市场之关系的新型监管理念。

《优化营商环境条例》第55条规定:"政府及其有关部门应当按照鼓励创新的原则,对新技术、新产业、新业态、新模式等实行包容审慎监管,针对其性质、特点分类制定和实行相应的监管规则和标准,留足发展空间,同时确保质量和安全,不得简单化予以禁止或者不予监管。"该条作为包容审慎监管的法律依据,表明包容审慎监管已然突破了政策属性,正快速成长为一项基本法律原则。学界对包容审慎监管的研究甚少且内容表述不一,以"包容审慎监管"为篇名在"中国知网"期刊文献检索系统中检索所得的31篇文章中仅有12篇涉及理论层面的探讨(截至2022年6月)。其中,有学者立足于"需求溢出理论",认为包容审慎是针对公共风险治理的监管原则,其深度和强度居于审慎监管、包容监管之中。② 有学者认为包容审慎监管是新经济领域政府监管权行使的原则。③ 有学者则认为包容审慎监管就是一项

---

① "所谓'包容',就是对那些未知大于已知的新业态采取包容态度,只要它不触碰安全底线。所谓'审慎'有两层含义:一是当新业态刚出现还看不准的时候,不要一上来就'管死',而要给它一个'观察期';二是严守安全底线,对谋财害命、坑蒙拐骗、假冒伪劣、侵犯知识产权等行为,不管是传统业态还是新业态都要采取严厉监管措施,坚决依法打击。"(中国政府网,http://www.gov.cn/guowuyuan/2018-09/12/content_5321209.htm,最后访问日期:2021-11-18。)

② 刘太刚.从审慎监管到包容审慎监管的学理探析——基于需求溢出理论视角下的风险治理与监管.理论探索,2019(2).

③ 刘乃梁.包容审慎原则的竞争要义——以网约车监管为例.法学评论,2019(5).

行政法基本原则，具有包容创新、审慎监管和有效监管三重含义。[①] 还有学者认为包容审慎监管是数字平台反垄断监管的法治原则，在后续适用中应当遵循立法谦抑与依法监管、科学监管原则，并注重监管效能。[②] 归纳而言，包容审慎监管这一极具中国特色的概念主要有三层含义：一是包容鼓励科技创新，二是审慎预防行业风险，三是尊重行业发展特性。该原则体现为政府秉持鼓励创新、尊重市场规律的理念对新业态经济进行监管，是处理政府与市场之关系的智慧结晶，体现在启动调查、听取陈述申辩、作出行政决定等的过程中。

2. 执法领域：从特殊到一般

随着"包容"元素逐渐被纳入监管领域，包容审慎监管原则也逐渐从对银行业的监管扩展至行政管理的各个领域。《优化营商环境条例》第55条规定适用包容审慎监管原则的范围主要是"新技术、新产业、新业态、新模式"领域。对于这类"互联网＋新业态"的经济模式，政府出于鼓励创新需要，多采用指导、约谈、责令改正以及同平台协同监管等方式，分类分况制定和实行相应的监管规则与标准，从而为其留足发展空间。以共享单车为例：中央倡导针对交通出行领域新业态的特征，按照包容发展原则调整优化准入标准、创新监管方式时[③]，各城市积极制定出台鼓励、规范、引导行业发展的规范性文件，如深圳市《关于鼓励规范互联网自行车的若干意见》、成都市《关于鼓励共享单车发展的试行意见》、黄石市《共享单车管理暂行办法》等。这些文件明确了一般商事主体的经营资格，按照公共企业模式进行管理。这类促进型规范有别于传统的禁止型规范，能更好地引导共享单

[①] 张效羽. 行政法视野下互联网新业态包容审慎监管原则研究. 电子政务，2020 (8).
[②] 孙晋. 数字平台的反垄断监管. 中国社会科学，2021 (5).
[③] 国务院办公厅发布的《关于创新管理优化服务培育壮大经济发展新动能加快新旧动能接续转换的意见》（国办发〔2017〕4号）。

车同环境保护、便利出行等社会发展需求相契合。①

伴随"软法"与公共治理的兴起,现代法治在理念和方式上寻求更多协商、更少强制、更高自由,柔性监管手段顺势而生。在需求溢出理论视角下,监管就是防范和处置监管对象所蕴含或引发的公共风险,也就是防范和处理由监管对象所导致的人的需求溢出。② 包容审慎监管原则立足于我国政府监管的现实状况,协调法律滞后性与行业创新性,强调监管有效性。因此,不仅新业态经济亟须遵循包容审慎监管原则,对一般领域的监管也应当将其奉为圭臬。2021 年《行政处罚法》确定的"轻微不罚""首违不罚""无错不罚"等制度突出处罚的教育功能,强调处罚在有力度时兼具温度,正是包容审慎监管原则的体现。③ 包容审慎监管原则不仅为经济发展培育了新功能,也为"保就业"提供了坚实支撑。尤其当国家面临重大突发公共卫生事件时,中央在强调"六保六稳"的背景下,鼓励地方政府探索对地摊经济管理的新方法新思路,逐渐放宽对临时性经营场所的监管。这种兼具"情、理、法"的理念正是包容审慎的真实写照。正如李克强总理在国务院常务会议上所强调的:"各部门都要树立'包容审慎'监管理念,为就业创造更大空间。"④ 包容审慎监管原则已然从行政执法的特殊领域跨越到一般领域,并将持久地嵌入执法理念。

3.应用空间:从行政执法到行政审判

自"包容审慎监管原则"被提出后,通过检索可以发现,包含"包容审慎监管"字样的行政法规有 1 部,地方性法规有 24 部,地方

---

① 叶姗.城市道路资源经营性使用的法律规制——基于互联网租赁自行车市场的发展.比较法研究,2019 (2).

② 刘太刚.从审慎监管到包容审慎监管的学理探析——基于需求溢出理论视角下的风险治理与监管.理论探索,2019 (2).

③ 胡建淼.《行政处罚法》通识十讲.北京:法律出版社,2021:6.

④ 李克强为何反复强调要秉持"包容审慎"的监管理念.[2021-11-20].中国政府网,http://www.gov.cn/xinwen/2017-09/23/content_5227149.htm.

政府规章有 3 部，地方规范性文件有 672 部。① 随着新一轮"放管服"改革的推进，面对互联网新业态监管时，行政机关设计了诸多宽松化的规制方案，实践中也出现了设定"包容期"②、"沙盒监管"③、"触发式监管"④、"合规监管"⑤ 等具体形式。此外，部分地区为激发民众创新创业热情和动力，向社会公布包容审慎监管清单，发布遵循包容审慎监管原则的执法案例，通过告知承诺，依法免罚、减轻从轻行政处罚，激励市场主体及时自我纠错，消除、减轻社会危害后果。如 2020 年 11 月湖南省张家界市市场监督管理局要求全市系统实施监管执法"四张清单"，2021 年 1 月广东省佛山市发布《2020 年十大包容审慎监管典型案例》，2021 年 10 月湖北省鄂州市公布《4 例包容审慎监管执法典型案例》。这些清单和案例的发布推动包容审慎监管机制逐渐完善，让人民群众从中真正感受到"有温度的执法"，提升监管质量和效率。

秉持包容审慎监管理念，法院在促进各地行政机关落实较为宽松的监管政策、维护创新驱动发展改革红利方面的作用也不可或缺。在"专车案"后，其中径自出现"包容审慎监管"字样的裁判文书数量呈

---

① 笔者以"包容审慎监管"为关键词在北大法宝法律法规库中进行全文检索，检索时间为 2021 年 11 月 20 日。

② 《广州市优化营商环境条例》第 68 条第 1 款规定："……市、区人民政府及其有关部门应当按照有利于市场主体经营发展的原则给予一定时限的包容期，不得简单予以禁止或者不予监管。"

③ 中国人民银行于 2020 年 1 月 14 日发布《金融科技创新监管试点应用公示（2020 年第一批）》，将"基于物联网的物品溯源认证管理与供应链金融""微捷贷产品""AIBank Inside 产品"等六项互联网金融产品列入首批"金融科技创新监管试点的应用"。

④ 2020 年 7 月 14 日国务院多部委发布《关于支持新业态新模式健康发展 激活消费市场带动扩大就业的意见》，提及"探索触发式监管机制，建立包容审慎的新业态新模式治理规则"，即政府部门为新兴业态提供宽松的发展环境，同时设定不可逾越的监管底线，一旦企业触碰监管底线，即启动监管执法。

⑤ 浙江在探索包容审慎反垄断监管过程中，主要实施企业竞争合规指引、重点企业反垄断辅导、涉垄断行为提醒告诫、重点产业竞争状况评估、竞争倡导政策以及垄断案件经营者承诺制度。中国法学会.浙江省"包容审慎原则与竞争政策发展"学术研讨会在杭州顺利召开.[2021-11-24].https://www.chinalaw.org.cn/portal/article/index/id/28930/cid/。

上升趋势，分布在"原告诉称""被告辩称""本院认为"等位置。这些案件以行政处罚案由居多，旨在诉请法院变更、撤销畸重的行政处罚。如在"青岛天地和装饰设计有限公司诉青岛市市北区市场监督管理局质量监督检验检疫行政管理案"中，原告诉称行政机关应循包容审慎监管的执法理念，其行为可被纳入不予行政处罚范畴。① 在"彭某海诉重庆市渝中区人民政府与重庆市渝中区市场监督管理局案"中，重庆市渝中区市场监督管理局辩称：其遵循包容审慎监管原则认定被举报人的行为轻微并及时纠正，没有造成危害后果，据此不予行政处罚。② 随着包容审慎监管原则在行政执法领域的广泛运用，行政相对人针对行政机关作出的违背包容审慎监管原则的行政行为向人民法院提起行政诉讼后，法院也应当发挥司法能动性，积极审查行政行为是否遵循包容审慎监管原则。

(二) 包容审慎监管原则的适用条件

现代法治国家思想在行政领域体现为"依法律行政"的原理，它要求行政权在法律的框架内行使，是行政裁判制度历史性和政治性的根本保障。③ 但包容审慎监管原则如果不能成为法院在行政审判中判断行政行为是否合法的标准，其对行政机关的影响将被严重削弱。④ 从"专车案"及涉互联网监管案件的论证思路中可以看出包容审慎监管原则进入司法实践已成为现实，但由于包容审慎监管原则仍处于发展初期，法院对其态度较为保守。基于此，该原则的适用条件主要有以下两个方面。

1. 原告的行为属于新经济模式

《优化营商环境条例》第 55 条将新经济的范围明确为"新技术、

---

① 山东省青岛市市北区人民法院（2020）鲁 0203 行初 204 号行政判决书。
② 重庆市渝中区人民法院（2020）渝 0103 行初 43 号行政判决书。
③ ［日］田村悦一.自由裁量及其界限.李哲范，译.北京：中国政法大学出版社，2016：1.
④ 张效羽.行政法视野下互联网新业态包容审慎监管原则研究.电子政务，2020（8）.

新产业、新业态、新模式"①。这类经济模式区别于传统经济，被称为新经济模式；因其借助互联网技术发展，故又被称为"互联网新经济"，如电子商务、移动支付、共享单车、跨境电商等。"专车案"中陈某的运营行为是"互联网＋交通"的模式，涉及此类行为的案件主要有以下特点：一是在现有法律规范体系适用范围外。新经济在发展初期或因缺乏行政许可，或因违背原有监管规定，往往被视为"非法"。这也是其频繁受到管制的原因。经济速度迅猛发展带来法律滞后性的问题，使得法官在裁判这类案件时难以在现有法律规范中获取法律规范的支撑。二是涉及多方权利义务关系。这类案件一般会有互联网平台参与，平台作为枢纽，支配着其他多个法律关系，加之平台企业的运营模式、主营业务、发展阶段等各不相同，平台运行所衍生的众多行为在经济性（垄断与不正当竞争）、社会性（民生与社会福利）、技术与安全性（网络安全与数据安全）等方面较为复杂。传统规则难以被运用在数字平台这一特殊对象，致使行政机关对其监管难度较大。② 实践中广泛流传一类"四方协议"：软件平台、汽车租赁公司、劳务派遣公司、司机四方主体签署规范彼此权利义务的协议。在"四方协议"中，又可以细分为三种经营模式，即"私家车＋私家车主"模式、"租赁公司车辆＋劳务公司驾驶员"模式、"平台自有车辆＋劳务公司（平台）驾驶员"模式。③ 其就是为了规避政府监管而将原本单一的法律关系拆解为若干法律关系。三是存在利益衡量的问题。互联网改变传统的经营模式，当新模式出现时，传统模式下的群体的利

---

① 笔者在北大法宝法律法规库中检索发现，现有地方性法规中，有21部将其表述为"新技术、新产业、新业态、新模式"，其中《中国（河南）自由贸易实验区条例》第48条表述为"新经济、新业态、新模式"；另有2部（《重庆市人力资源市场条例》《江西省人力资源市场条例》）未作明确阐述。

② 钱贵明，阳镇，陈劲．平台监管逻辑的反思与重构——兼对包容审慎监管理念的再反思．西安交通大学学报（社会科学版），2021（4）．

③ 侯登华．"四方协议"下网约车的运营模式及其监管路径．法学杂志，2016（12）．

益将在一定程度上受损。在"网约车"发展初期，其关联的服务平台、汽车租赁公司、劳务派遣公司等新模式下的利益群体毕竟是少数部分，若法院倾向于保护少数利益，则也会使出租车公司、司机等多数群体的利益遭受损失。

2.原告之行为的合法性难以认定

在新经济发展初期，法律规范往往缺位。法治作为人类社会对美好治理的向往，具化到现代市场体系建设中，表现为适度的政府规制与充分的市场自治。① 作为共享经济种类之一的"网约车"，它利用了立法者尊重私人自由未进行管制的空间，提供和受经济管制的市场所提供的相同的产品服务。② 现代市场体系建设的优劣，主要取决于国家通过法律和监管对二者辩证关系的处理与对有机变量的把握，追求实现以包容性法律环境促成包容性经济制度并与之匹配。③ "专车案"中争议焦点之一是陈某的行为是否构成未经许可擅自从事出租汽车客运经营。在该案一审时，《网络预约出租汽车经营服务管理暂行办法》④（以下简称《暂行办法》）尚未出台，一审法院曾四次以"无明确法律依据"为由延期审理。虽然一审法院根据《山东省道路运输条例》第8条和《济南市城市客运出租汽车管理条例》第16条认为陈某未经许可擅自从事出租汽车客运经营违反了现行法律的规定，但法院这种直接将陈某的行为认定为客运出租车行为尚有不妥。相比而言，在"蔡某诉广州市交通委员会、广州市人民政府行政处罚及复议纠纷案"（以下简称"蔡某案"）中，广州铁路运输中级法院认为"网约车"作为一种新型共享经济模式，其法律性质尚待明确，直接定性为

---

① 孙晋.数字平台的反垄断监管.中国社会科学，2021（5）.
② 张东阳.专车服务：制度创新抑或违法行为?.清华法学，2016（2）.
③ ［美］德隆·阿西莫格鲁，詹姆斯·A.罗宾逊.国家为什么会失败.李增刚，译，长沙：湖南科学技术出版社，2015：296-299.
④ 该办法由交通运输部、工信部等七部委于2016年7月27日联合发布，自2016年11月1日起施行，2019年修正。

非法营运并适用《道路运输条例》（2012 年修订）予以处罚，不符合法治的基本原理和精神，广州市交委、广州市政府以蔡某违反《道路运输条例》（2012 年修订）和《道路旅客运输及客运站管理规定》为由作出行政处罚，属于适用法律错误。①

（三）包容审慎监管原则的具体标准

分析包容审慎监管原则适用的基本条件，最为重要的就是厘清包容审慎的边界，即行政机关是否合理分配了包容监管与审慎监管的权重。由于包容审慎监管原则的新颖性和不确定性，法院往往会运用比例原则对涉诉行政行为进行审查。如在"郑州顺天缘食品有限公司等与北京市通州区市场监督管理局二审案"中，原告诉称行政机关应当对新兴产业实施包容审慎监管，但法院并未运用包容审慎监管原则裁判，而是参照适用比例原则。②虽然"专车案"的裁判要旨体现了包容审慎监管原则的核心内容，但直接运用包容审慎监管原则进行裁判的案例尚未出现。根据现行法律规定以及包容审慎监管原则的适用条件，可归纳出以下三个标准。

1. 新经济的社会危害性

2021 年《行政处罚法》第 5 条第 2 款规定："设定和实施行政处罚必须以事实为依据，与违法行为的事实、性质、情节以及社会危害程度相当。"对新经济的监管程度应当同其社会危害程度相当，若超出新经济的社会危害性对其实行过度监管，可能对新经济的发展造成阻碍，甚至导致新经济的消亡。因此，行政机关是否正确衡量新经济的社会危害性是法院审查的首要标准。"专车案"中，二审法院指出应当从现行法律法规以及社会公众感受两个方面对社会危害性进行判断。在"洛阳九九龄醋业保健品有限公司、洛阳市市场监督管理局司法行

---

① 广州铁路运输第一法院（2016）粤 7101 行初 1979 号行政判决书。
② 北京市第三中级人民法院（2020）京 03 行终 273 号行政判决书。

政管理再审案"中，虽然法院并未采纳原告的"免罚"主张，但指出，对社会危害性的判定可从主客观两个方面进行：在倡导优化营商环境的理念之下，主观上没有违法故意，客观上没有造成实际危害后果。[①] 在"蔡某案"中，法院在判断"社会危害性"时指出：行政机关在处罚时应当考虑行政相对人从事该行业的背景、时间、订单数、总金额等因素，而广州交委并未衡量在资源重新配置中获益者与受损者之间利益比例的问题，属于明显不当。[②]

2. 行政执法的正当性

客运中心根据《山东省道路运输条例》第 69 条第 2 款直接对陈某非法运营的行为处以 2 万元罚款。对于处罚幅度在 5 000 元以上 3 万元以下而言，对陈某的处罚的确畸重。就监管方式而言，被告可以选择警告、通报批评或少量罚款等处罚程度相对轻微的方式。此外，客运中心的选择性执法也是未遵循包容审慎监管原则的体现。依传统执法理念，行政执法的目标应当是对行政法律规范建构的理想法律秩序进行维护，通过惩戒行政违法主体来修复被破坏的行为规则体系。[③] 在"网约车"法律规范秩序尚未建构的客观背景下，客运中心仅处罚陈某而未追究网络平台的责任难谓为修复规则体系。一审、二审法院的判决也并未回应网络平台的责任，忽略了对客运中心只处罚陈某而不处罚网络平台这一选择性执法方式的说理。相比而言，在"蔡某案"中，广州铁路运输中级法院认为：在"网约车"运营模式下，网络平台运营商与司机共同作为不可分割的一方主体而向乘客提供预约运输服务，但广州市交委仅对提供服务的司机作出处罚而未对网络平台运营商予以处理，是错误的选择性执法。因此，执法机关及其执法人员在行使职权过程中理应秉持处罚公正原则，避免过度扩张裁量空间，法院则应当重点

---

① 河南省高级人民法院（2021）豫行申 316 号行政裁定书.
② 广州铁路运输第一法院（2016）粤 7101 行初 1979 号行政判决书.
③ 黄锫. 为什么选择性执法？制度动因及其规制. 中外法学，2021（3）.

审查该执法行为是否损害了宪法、法律赋予的基本权益。

3.行业的创新性

若行政机关的行政行为强行抹杀了新业态的创新属性，实际上是"杀死"了新业态。① 就"网约车"领域而言，判定行政机关的行为是否"扼杀"了创新性可以从该业态在我国发展期和用户的可接受度来衡量。自 2012 年第一家"网约车"公司"滴滴打车"成立后，我国"网约车"用户数据一度达到 38 947 万人，截至 2020 年 12 月末我国"网约车"用户规模也达到了 36 528 万人。② "网约车"作为共享经济产物，其运营有助于提高闲置资源的利用效率，缓解运输服务供需时空匹配的冲突，在更大程度上满足了人民群众的实际需求。客运中心对陈某作出行政处罚决定的时间在 2015 年，且处以 2 万元罚款。对于本案当事人陈某通过网络约车软件进行道路运输经营，与网络约车平台的关系及与乘客最终产生的车费是否实际支付或结算完毕、具体受益方等事实，客运中心均未提供证据证明。若将本案行政处罚所针对的违法行为及其后果全部归责于陈某，畸重的行政处罚将打压"陈某们"从事"网约车"经营的积极性。这种执法行为无疑会致使发展初期的"网约车"行业举步维艰。立足于未来促进新经济形式发展与激发市场活力的视角，客运中心显然未遵循包容审慎监管原则。

（四）包容审慎监管原则的适用限度

"法律至上"观念在一定程度上限缩了法律原则的司法适用空间。"专车案"的裁判较好地处理了尊重行政机关对新经济的包容审慎监管与平等保护权利之间的关系。③ 新经济突破了现有法律规范体系，但

---

① 张效羽.行政法视野下互联网新业态包容审慎监管原则研究.电子政务，2020（8）.
② 2021 年上半年中国网约车用户规模、市场规模及市场竞争格局分析.［2021-12-08］.产业信息网，https://www.chyxx.com/industry/202108/969938.html.
③ 章志远.新时代行政审判因应诉源治理之道.法学研究，2021（3）.

也并非对于涉及新经济的任何行为，行政机关要遵循包容审慎监管原则。在初创期，新经济或因缺少行政许可或因不符合传统监管规定而被认定为"非法"。对这类"非法"予以包容归因于法律滞后性与行业创新性间的客观矛盾。虽然法律的滞后性难以克服，但是新经济的发展也并非毫无风险。"专车案"中，二审法院的裁判智慧在于避开"网约车"运营的合法性问题，转而论证行政处罚的合理性问题。法院试图在"网约车"监管、社会风险、市场发展之间找到一个最佳平衡点，当需要对人身、财产安全以及公共利益的保护大于对行业创新性的保护时，新经济就无法被包容。因此，为避免包容审慎监管原则被恣意适用，有必要对其适用的限度展开分析。

1. 对人身、财产安全的保护

倡导将"网约车"行业纳入政府统一的管制之下的理由之一在于对乘客的安全保障。由于注册成为"网约车"司机的条件与程序较为简单，平台的相关审查也不应直接取代行政机关的严格的审批程序。对于乘客而言，与司机达成的一次性运输服务协议建立在信息不对称的前提下，乘客对司机的信用、人品以及车辆的车况、安全性等缺乏了解。如"郑州空姐滴滴顺风车遇害案""广州女乘客酒醉乘坐专车被司机性侵事件""女乘客称给专车司机差评后遭殴打事件"等来自"网约车"司机的恶性伤害事件多次出现。而在传统出租车行业中，根据《出租汽车经营服务管理规定》（2014 年），出租汽车的经营服务行为应当要同时保障乘客、驾驶员和出租汽车经营者的合法权益。该规定第二章明确了从事出租车行业运行人员应当要有从业资格、驾驶的车辆应当取得车辆运营证。政府通过这种特许经营和管制方式，在一定程度上能保障出租车行业的规范运行，减少出租车市场的安全隐患。基于对乘客人身、财产安全的保护，客运中心因陈某双证全无认定其行为违法，进而强制扣车并进行处罚也无可厚非。因此，若行政机关在对新经济的监管中发现其在人身、财产、个人信息等安全保障方面存在隐患时，就应当及时叫停。"网约车"无证的情形在实践中已得到整改，据全国"网约车"监管信息交互平台统计，截至 2021 年 6 月底，全国共有 236 家"网约车"平台公司取得"网约车"平台经营许可，还增加了诸如"网约车"驾驶员证、"网约车"车辆运输证等等要求。相关打车软件上也增加了"实时监控""一键报警"等安全功能以保障乘客权益。

2. 对社会及市场秩序的影响

在新经济出现伊始，其所代表的利益群体远不及传统行业具有的多数的、稳定的群体。对于传统出租车而言，基于平台补贴的"网约车"在运营时间、运营成本上都具备明显优势，可谓是运输服务领域强大的竞争者。"专车案"表面上是"网约车"合法性问题，本质上是客运市场秩序的建构问题。[①] 在"网约车"发展初期一度出现补贴乱象，虽然乘客受益颇丰，但该行为实质上涉嫌不正当竞争。倡导"专车"服务对出租车市场的冲击较大，传统出租车司机群体受影响最甚，"罢运"事件莫不与此相关。而在短期的福利消失后，补贴不可持续下的市场发展波动也会引发就业波动、社会资源浪费、负面情绪滋生等社会问题。[②] 此外，在新经济初创期还容易形成经营者集中，当其市场占有率达到一定比例后，竞争规则的缺位易诱发其滥用市场支配地位，导致市场竞争无序。[③] 因此，在新经济监管中，行政机关应当把握好包容与审慎的程度，包容并不意味着监管的退让与不作为，审慎也并不能导致增加新经济发展与整合的市场成本。

3. 对司法谦抑原则的遵循

随着现代科学技术日益进步，行政管理的专业化、技术化程度不断提高。在国家权力结构中，行政系统具有一批具备专业技术知识、

---

① 张东阳.专车服务：制度创新抑或违法行为?.清华法学，2016（2）.
② 刘乃梁.包容审慎原则的竞争要义——以网约车监管为例.法学评论，2019（5）.
③ 孙晋.谦抑理念下互联网服务行业经营者集中救济调适.中国法学，2018（6）.

受过各种专门训练的工作人员，拥有先进的技术设备和精细的管理规程，为对专业技术问题的事实判断提供了良好的资源基础。相比之下，司法系统则由精通法律知识、擅长化解矛盾的从业人员组成。由于行政机关对经济、社会发展的敏感度更高，包容审慎监管原则多适用于行政裁量行为，包括了行政机关的法律解释、事实认定、行为程序和处理结果。① 行政机关能够根据国家政策调整和社会情势变化适时进行更新，充分彰显行政活动特有的灵活性和适应性。对于强调稳定性和守成性的司法系统来说，尊重行政机关的专业技术认定无疑具备充分的社会基础。② "专车案"中合理的论证思路是在对当前"网约车"这类新型领域中符合包容审慎监管条件的方式进行考察后，结合具体案件事实，由行政机关对其所选取的监管方式的合法性进行举证，法院据此审查该方式是否遵循包容审慎监管原则。在法律规则缺位的前提下，相比直接牵强套用其他法律规范进行处罚，行政机关可以从提供服务或指引的角度，引导自然人、法人及非法人组织有序经营。包容审慎监管原则赋予了行政机关较大范围的自由裁量权限，本身具有不确定性，而行政机关通过运用专业知识、技术标准、经验法则、行政惯例、价值衡量等各种资源对包容审慎监管的内涵进行解释，其中蕴含着行政机关的判断余地。只有当行政机关违反包容审慎监管原则达到《行政诉讼法》第70条规定的"明显不当"时，法院才应当将相关行政行为予以撤销或部分撤销，否则，法院应当给予行政机关的裁量结果必要的尊重。

新技术的推行与法律制度的磨合是一种正常现象，更为反思及完善既有制度及法学理论提供契机。③《法治中国建设规划（2020—2025）》中明确指出"探索信用监管、大数据监管、包容审慎监管等

---

① 何海波. 行政诉讼法. 北京：法律出版社，2016：98.
② 章志远. 人民法院对行政机关专业认定的尊重及其审查. 治理研究，2021（6）.
③ 单平基. 从强制缔约看"打车软件"的法律规制. 法学，2014（8）.

新型监管方式"为构建职责明确、依法行政的政府治理体系的重要内容。当面临众多产业而难以在治理深度和治理强度上保持一致性时，包容审慎监管原则能有效地处理在新发展阶段政府和市场的关系，但若包容与审慎的界限模糊不清，亦将影响新阶段经济发展的质量。"专车案"对"网约车"市场这种新经济模式的包容，不仅促使"网约车"服务在我国蓬勃发展，为法律变化留有适度空间，而且也通过进入最高人民法院公报案例影响了后续类案的判决。就新经济监管而言，在法律空白、漏洞明显之际，法院减少行政处罚数额，使处罚这一传统行政规制手段的惩治效果大为减弱，将刺激政府未来探索制定变通性、容错性和受控性更强的监管方式。在大力倡导创新、绿色、开放、共享等发展理念的宏观背景之下，只有为新兴行业的发展创新预留充足的空间，才能促使其在一个相对自由宽松的市场环境中不断壮大。

过罚相当原则的司法适用

——苏州鼎盛食品公司不服苏州市工商局商标侵权行政处罚案[1]

一、案情摘要

苏州鼎盛食品公司（以下简称"鼎盛食品公司"）是一家专业从事生产、加工（焙）烘烤制品并销售公司自产产品等的外商独资企业。2009年8月，鼎盛食品公司开始生产月饼，并将其当年度所生产的月饼划分为"秋爽"、"美满"、"星月"、"和谐"以及涉案的

公报案例全文

"乐活"等总计23个类别，同时制作相应的广告宣传目录册。2009年9月初，鼎盛食品公司将上述类别的月饼投放市场，主要通过63家爱维尔直营店、加盟店销售，以及直接向公司订货和临时聘请外来人员以销售礼品券的方式进行销售。鼎盛食品公司在涉案"乐活"款月饼的手拎袋、内衬及月饼单粒包装盒外侧左下角显著位置均标注"I will爱维尔"与"乐活LOHAS"连用标识，在手拎袋两侧同时标注了生产商鼎盛食品公司的名称、电话、厂址等信息。第三人东华纺织集团有限公司（以下简称"东华纺织公司"）经国家商标局核准于2009年7月14日取得"乐活LOHAS"注册商标，核定使用商品为第30类

---

[1] 最高人民法院公报，2013（10）. 以下简称"鼎盛食品公司案"。

"糕点；方便米饭；麦片；冰淇淋"，但在法院判决前尚未在产品上使用该商标。2009 年 9 月 8 日，江苏省苏州工商行政管理局（以下简称苏州工商局）接到举报称鼎盛食品公司生产销售的"乐活 LOHAS"等月饼有商标侵权嫌疑，故展开相应调查。苏州工商局查明，鼎盛食品公司在当年生产销售的 23 款月饼中有一款月饼使用"乐活 LO-HAS"商标。2010 年 6 月 11 日，苏州工商局作出苏工商案字（2010）第 00053 号行政处罚决定，认定鼎盛食品公司的行为属于侵犯注册商标专用权的行为，并对鼎盛食品公司作出了责令停止侵权行为并罚款人民币 50 万元的行政处罚决定。鼎盛食品公司不服该行政处罚决定，向苏州市人民政府申请行政复议。苏州市人民政府决定维持工商处罚决定。鼎盛食品公司对此复议决定不服，遂向法院提起行政诉讼。

二、裁判要旨

江苏省高级人民法院终审判决将苏州工商局的行政处罚决定"1. 责令停止侵权行为，2. 罚款人民币 50 万元"变更为"责令停止侵权行为"。

法院以为：工商行政机关（现为市场监督管理机关——编辑注，余同）依法对行政相对人的商标侵权行为实施行政处罚时，应遵循过罚相当原则，综合考虑处罚相对人的主观过错程度，违法行为的情节、性质、后果及危害程度等因素行使自由裁量权。工商行政机关如果未考虑上述应当考虑的因素，违背过罚相当原则，导致行政处罚结果显失公正的，法院有权依法判决变更。

三、法理分析

本案的法理价值在于：第一，丰富了司法审查中过罚相当原则的适用经验。在本案即涉及商标侵权行政处罚的行政诉讼中，法院从相对人主观上无过错，侵权性质、行为和情节显著轻微，尚未造成实际危害后果等方面论证了过与罚的相当性标准。尤其在主观过错尚未被写入《行政处罚法》时，便将行政相对人不具有主观恶意作为判断过罚是否相当的考量因素，具有前瞻价值；明确了保证行政管理目标实现与保护行政相对人的合法权益兼顾，行政处罚要以达到行政执法目的和目标为限。第二，丰富了变更判决的司法适用。法院直接将行政机关的行政处罚决定中的两项内容变更为一项内容，更正了显失公正的50万元罚款部分。由此，本案促使法院在适用变更判决时对行政机关行政处罚合理性的审查，提升了行政诉讼的效率，增强了保护行政相对人合法权利的便捷性。第三，丰富了涉及商标侵权案件的行政审判经验。判断商品上的标识使用是否属于商标性使用时，必须根据该标识的具体使用方式，看其是否具有识别商品或服务来源之功能；侵犯注册商标专用权意义上的商标近似应当是混淆性近似，是否造成市场混淆是判断商标是否近似的重要因素之一。其中，造成市场混淆，在通常情况下，不仅包括现实的混淆，也包括混淆的可能性。本案中法官也正是通过对是否构成商标侵权的论证，发现了行政处罚显失公正的相关因素，进而以变更判决纠正过罚失当的行政处罚。

（一）过罚相当原则的定位

1.过罚相当是行政处罚法确立的法定原则

明确过罚相当在行政处罚法中的性质是理解其内涵并准确适用的基础。过罚相当是行政处罚法的一项独立的、具体的法定原则。

过罚相当原则是在成文法制定和司法实践中确立的。首先，理论界对过罚相当的定性仍有差异，有的学者将过罚相当作为处罚公正公开原则的一部分[1]，或者将过罚相当视为公开公正原则的一部分，或

---

[1] 姜明安主编.行政法与行政诉讼法.北京：北京大学出版社，2019：268.

者视之为处罚裁量规则的内容①；有的学者则把过罚相当作为比例原则的子原则②；也有的明确了过罚相当原则，认为《行政处罚法》第4条第2款规定的就是过罚相当原则，与刑法上的罪刑相当原则具有同构化意义。③ 其次，从立法原意来看，过罚相当就是行政处罚法的原则之一。立法者在1996年制定《行政处罚法》时，就将相应条款称为"过罚相当原则"在我国法律的具体表述④，并主要将行政处罚的公正原则聚焦在实施行政处罚上，就是"给予行政处罚，必须查明事实，以事实为根据，与违法行为的事实、性质、情节以及社会危害程度相当"⑤。从修法的过程来看，过罚相当原则在行政处罚法的修改中得到了承继。2009年、2017年、2021年《行政处罚法》的修改都对该条款作了延续和完善，在2021年新修订的《行政处罚法》对过罚相当原则进行了细化，通过将主观过错作为判断标准来细化"过"，通过引入行政处罚裁量基准来充实"罚"，并在行政处罚力度方面增加了"相当"的具体情形。⑥ 再次，过罚相当原则就是将刑法中的罪刑相当原则借鉴到行政处罚法中。参与制定《行政处罚法》的张春生曾指出："行政处罚的'过罚相当'原则，与刑法中的'罪罚相当'原则，精神实质是一致的。"⑦ 最后，过罚相当原则经过司法审判的不断适用，被明确为一项法定原则，如在"鼎盛食品公司案""方富林炒货店案"⑧等典型案例中，法院的判决均将《行政处罚法》第4条第2款援引为

---

① 杨海坤，章志远.中国行政法基本理论研究.北京：北京大学出版社，2004：264-271.
② 胡建淼.行政法学.4版.北京：法律出版社，2015：54.
③ 余凌云.行政法讲义.北京：清华大学出版社，2019：337.
④ 全国人大常委会法制工作委员会国家法、行政法室编.《中华人民共和国行政处罚法》释义.北京：法律出版社，1996：8-9.
⑤ 1996年3月12日全国人民代表大会常务委员会秘书长曹志在第八届全国人民代表大会第四次会议上作《关于〈中华人民共和国行政处罚法（草案）〉的说明》.
⑥ 黄海华.新《行政处罚法》制度创新的理论解析.行政法学研究，2021（6）.
⑦ 张春生主编.中华人民共和国行政处罚法释解.北京：中国社会出版社，1996：7.
⑧ 浙江省杭州市西湖区人民法院（2016）浙0106行初240号行政判决书.

过罚相当原则进行论证。有学者统计，将近一半的相关案例裁判文书在"本院认为"部分援引该条款并概括为"过罚相当"[1]。即使有法院在过罚相当条款的适用上或将该原则与其他原则混用，或者仅将该原则的具体内容作为说理的前提，也不能否认过罚相当原则在对行政处罚行为的司法审查中有不可或缺的作用。所以，过罚相当原则作为行政处罚法的法定原则，既是公正原则的应有之义，也是一项据以判断行政处罚是否具有合理性的独立法律原则。

2.过罚相当原则的确立目的

过罚相当原则的含义是指行政处罚的种类、幅度等应当与违法行为的事实、性质、情节以及对公共利益和社会秩序的危害程度相匹配、相适应。展开来说：首先，一方面，既不能过度处罚，滥用行政处罚权，加重行政相对人的负担，甚至侵害其合法权益；另一方面也不能行政责任缺位，对违法行为放任不追究或者无原则地轻缓处理，导致法律矫正效果不足，公共利益受损。[2] 其次，借助过罚相当原则，将过错程度纳入相当性判断中，既包括对行政相对人过错的主观性考量，也包括对过错程度的客观考量。最后，过罚相当原则也是行政机关行使处罚裁量权的依据和基础。行政处罚的执行主体应当严格依法执行行政处罚的相关规定，但是鉴于法律规范难以完全覆盖所有的违法行为和情形，为了实现行政处罚的惩罚和教育效果，需要行政主体以事实为依据，以法律为准绳，根据违法行为的事实、性质、情节以及社会危害程度实施行政处罚的裁量。结合行政处罚法的总则看，过罚相当原则被确立为一项法定原则，目的之一在于规范行政处罚的设定和实施，尤其是规范处罚裁量的设定和实施，防止裁量滥用和裁量怠惰。目的之二在于保障和监督有效实施行政管理。行政管理中应用行政处

---

[1] 陈太清. 过罚相当原则的司法适用. 法学, 2021：(10).
[2] 周永龙主编.《中华人民共和国行政处罚法》注释本. 北京：法律出版社, 2021：16-17.

罚的方式时，过罚相当是处罚合理性判断的重要标准，既要保障行政处罚纠正违法行为的制裁性，又要防止处罚权的乱行使和不行使侵害了公共利益和社会秩序。目的之三是保护行政相对人的合法权益。相对人可以援引过罚相当原则对不合理的行政处罚主张救济权或者在司法审查中通过基于过罚相当原则的判断实现个案正义。

（二）过罚相当原则的适用难题

1. 成文法规范中裁量和处罚要素不成体系

过罚相当原则的适用涉及对行政处罚合理性的判断，如何明晰参照依据应是难点之一。《行政处罚法》在第一章"总则"和第四章"行政处罚的管辖和适用"中列举了过罚相当原则的考量要素和适用的法定及酌定情节，但是规定分散且体系性较弱，为具体适用带来不便。一方面，过的事实、性质、情节、社会危害程度四个要素难以包含对违法行为作出符合相当性标准的行政处罚所需要考量的全部内容。另一方面，罚的内容涉及是否免罚、罚的种类、罚的幅度、罚的种类叠加等问题。立法和司法实践主要是对处罚后果的具体化，未能明确定义、区分类型、形成体系。从2021年新修改的《行政处罚法》来看，立法内容的完善有助于过罚相当的判断。首先，"总则"中过罚相当的原则条款内容并无变化。其次，在"行政处罚的管辖和适用"章中，细化了法定和酌定情节，比如第30条明确了未成年人作为行政处罚的责任阻却事由，以14岁和18岁为划分界限区分了法定免除、从轻或减轻处罚；第31条将智力残疾人与精神病人并列，作为责任阻却事由，第32条增加了受诱骗、受胁迫、主动供述作为应当从轻或减轻处罚的情节，并将法定从轻或减轻处罚情节的规定权限赋予法律、法规和规章；第33条第1款规定了首次违法的酌定免罚，第2款将"无主观过错"作为不予行政处罚的法定要素，规定了主观过错的证明标准和证明责任，并为法律、行政法规的细化规定预留了空间；第34条明确了行政处罚裁量基准为处罚的裁量依据，并规定了裁量基准的公开原则。2021年《行政处罚法》的修改对行政执法和司法审查中过罚相当原则适用的准确性有了一定提升，但是体系性不足、处罚和裁量要素之间的内涵不清、范围交叉问题仍然存在。最后，鉴于《行政处罚法》作为行政处罚制度的总则性规定，以原则性指导性规范为主，难以对过罚相当原则规定得过分细化和具体，需要通过下位规范予以补充。

2．司法审查中缺乏相当性的判断标准

对过罚是否相当的评判应是难点之二。2017年修正的《行政诉讼法》有两个条款是可以作为行政处罚是否符合过罚相当原则的裁判依据的，即第77条规定对明显不当的行政处罚可以适用变更判决，第70条规定对明显不当的行政行为可以适用撤销、部分撤销及重作判决。其中变更判决的适用情形，同1989年颁布、现已失效的《行政诉讼法》相比，有了两点变化：一是将行政处罚合理性的司法审查标准从显失公正调整为明显不当，二是增加了其他行政行为对款额确定和认定的是否有误。就行政处罚的过罚相当原则来说，新的《行政诉讼法》中的"明显不当"比显失公正的外延有所扩大，意味着不当比不公正要更容易判断，但是从司法审查的适用规则来说仍然缺乏明确的参照标准。

这种裁量的缺陷在于，容易将"明显不当"审查标准转换成其他类型的审查标准，从而"隐匿"了"明显不当"审查标准的适用形态。① 此外，以裁量未考虑应当考量的要素为由并不容易直接认定"明显不当"：首先，如果应考量的事项不符合《行政处罚法》的规定，那么法院也可以直接认定行政机关"违反法律、法规的规定"；其次，如果没有相关证据证明行政机关考量了某些应考量的事项，法院还可以认定行政机关作出的裁量决定"证据不足"。最后，假如法律没有及时规定

---

① 郑春燕."隐匿"司法审查下的行政裁量观及其修正——以《最高人民法院公报》中的相关案例为样本的分析.法商研究，2013（1）.

或者规定不明确，以考量的事项欠缺来否定适当性，理由并不一定具有足够的信服力。这就是法律规定模糊、不明确导致的司法审查困境。法官在作"明显不当"的判断前，法律"明确或者隐含地规定了应该考虑的因素"，方可以作为政府当局的法律义务[①]，也就是因素是明确或隐含的，明确是指法律条文有所明示，隐含是指符合立法目的的推论。

在司法裁判中对过罚相当的判断总的来说有三种方式：第一种是对法律规范规定的考量要素的对照适用，根据《行政处罚法》《治安管理处罚法》等法律法规以及有关自由裁量办法、裁量基准等的规范性文件中规定的与过罚相当相关的条款及其内涵，对照个案的案件事实考量相关要素。第二种是在阐释行政处罚明显不当的理由时，依据其他的法律原则内容如比例原则、平等原则、公正原则等，来论证。比较多的案件中依据的是比例原则，或者直接明示违反了比例原则，或者指出行政处罚违反了比例原则的子原则，诸如最小损害原则、均衡性原则等。第三种是通过同类案件的对比判断，主要是从案件事实的情节共性、过错和处罚考量要素的相似性，论证行政处罚的失当。对于以上三种主要的判断方式，使用的方法也有差异。有的案件是单一方式的使用，但绝大多数是案件是混合使用，在考量过罚相当的法律规范要素，参照相关法律原则的含义，进行同类案件对比的基础上，判断行政机关作出的行政处罚行政行为是否超越了过罚相当的限度。

3.行政处罚裁量的规范层级低，统一性较弱

因为《行政处罚法》中对处罚裁量的规定较为笼统，所以通过部门规章、地方政府规章、地方规范性文件的方式规范裁量权的实施、设定裁量基准。但是问题在于裁量的法律规范层级较低，在北大法宝法律法规数据库以"行政处罚""裁量"为关键词检索，有25件部门

---

① 周佑勇.司法审查中的行政行为"明显不当"标准.环球法律评论，2021（3）.

规章、21件地方政府规章、1810件地方规范性文件。其中对于行政处罚对违法行为的考量要素，在事实、性质、情节以及社会危害程度四个要素外，有的对某个要素具体化，有的增加了"等"作为兜底，有的重构了考量要素。[①] 比如《规范环境行政处罚自由裁量权若干意见》，涉及违法行为的具体方法或者手段、危害对象、破坏程度和社会影响，以及相对人的改正态度、改正措施及效果、初犯还是再犯、主观过错程度。《安全生产行政处罚自由裁量适用规则（试行）》规定"给予行政处罚的种类、幅度应当与违法行为的事实、性质、情节、认知态度以及社会危害程度相当"。增加了"认知态度"，并且规定了从轻、从重、不予处罚的情形。《市场监管总局关于规范市场监督管理行政处罚裁量权的指导意见》主要是明确了不予行政处罚、减轻行政处罚、从轻行政处罚和从重行政处罚的含义和内容。其规定的对过罚相当的考量要素与《行政处罚法》规定的一致。《规范住房和城乡建设部工程建设行政处罚裁量权实施办法》中规定视违法行为的情节轻重程度、后果影响大小，合理划分不同档次违法情形，从而明确了行政处罚的具体标准。

综合来看，过罚相当的判断以规范性文件为主裁量基准会面临法律位阶的适用问题，在行政执法中面临困境，也会为司法审查带来难题。法院在行政诉讼中是否应该认可对裁量基准的适用，是否需要审查裁量基准的合法性，适用裁量基准不合理是否构成行政处罚明显不当？在"周某明诉文山交警案"[②] 中，交警作出行政处罚时没有按照云南省公安厅设定的裁量基准，而是在法定幅度内实施上限处罚，从而引发了争议。这其中涉及的处罚裁量和司法适用问题就是作为裁量基准的规范性文件的性质、低于法律法规的层级效力导致的困惑。裁量基准涉及行政处罚法定幅度内的细化和格化，以及作出行政处罚并

---

① 李晴.论过罚相当的判断.行政法学研究，2021（6）.
② 云南省文川县人民法院（2007）文行初字第22号行政判决书，云南省文山壮族苗族自治州中级人民法院（2008）文行终字第3号行政判决书.

适用裁量基准时的考量要素。然而，一方面，囿于行政管理的差异性和复杂性，同样因层级低设定的程序简便，不同行政机关之间制定的细化和格化内容差异很大；另一方面，不同的法律规范中对考量要素的设定、规定也是差异巨大，不具有体系性。其客观原因在于：第一，行政处罚需要承担主动塑造功能，依赖行政机关合理行使自由裁量权；第二，行政处罚所调整的范围非常广泛，难以由一部法律集中规定，法定化程度低的劣势需要通过增加维度事项和机制约束来弥补。① 对过罚相当的判断确实急需从规范内涵改良的角度重构"过"的考量要素。② 此外，行政处罚裁量基准的统一性较弱也提高了行政相对人被处罚时的异议程度，加大了司法审查的难度。

（三）过罚相当原则适用逻辑的厘清

作为一项法定原则，过罚相当原则的直观体现是《行政处罚法》第 5 条，其具体内容规定在《行政处罚法》第四章"行政处罚的管辖和适用"中，细化规定主要体现在《治安管理处罚法》等单行法、《旅游行政处罚办法》等部门规章以及部门和地方颁布的其他涉及处罚裁量的规范性文件中。上位法律的原则性规定与下位规范的细化规定之间存在系统性不足、要素内涵冲突、参照标准不明等问题，需要通过厘清过罚相当的判断标准、提炼过罚相当的规则、构建过罚相当原则的内涵和规则的适用体系来解决。因为相较于规则以要么有效要么无效的方式适用，原则不是以要么有效要么无效的方式适用，并且原则可能互相冲突③，所以在行政处罚裁量和司法审查中，需要从成文的法律规范中有关过罚相当的零散且不统一的规定中提炼出一般性的过

---

① 黄海华. 新《行政处罚法》制度创新的理论解析. 行政法学研究，2021（6）.
② 李晴. 论过罚相当的判断. 行政法学研究，2021（6）.
③ ［美］迈克尔·贝勒斯. 法律的原则——一个规范的分析. 张文显，等译. 北京：中国大百科全书出版社，1996：12-13.

罚相当规则，在规则适用效力外通过明确内涵的过罚相当原则予以补充，并规定与该原则其他原则冲突时的适用方法。

通过过罚相当判断体系的构建和适用逻辑的厘清，司法审查行政处罚的合理性就有了参照标准，法院审查行政处罚是否明显不当就回到了"大前提—小前提"的三段论方法中，即法院首先直接依据法律条文的明确规定进行判定，然后再实施事实层面的审查。法院通过解释作为大前提的法律条文的具体内涵来确定行政机关作出的行政行为存在或不存在哪些法定事实情节，最后判定其与法律条文的符合性。①

1. 以过罚相当规则为适用基础

无论是将过罚相当原则中的"过"的考量要素划分为应受处罚行为构成要素和处罚裁量要素②，还是将过罚相当原则中的裁罚因素按照有无规范依据、时间节点和因素功能进行类型化③，均未能按照要素的性质、特点形成体系和层级，也未能产生参照性和适用性强的规则，而且很多要素是包含了责任和处罚两方面内容的，难以割裂开。

笔者参照刑法的两阶层④判断理论，将行政相对人应受行政处罚的违法行为的构成要件分为两个即违法构成要件和责任构成要件。首先，判断违法行为是否符合行政处罚的违法构成要件，即行政相对人违反行政法上义务之行为应受到行政处罚。行政法上义务包括作为义务和不作为义务等，对违法构成要件的设定和规定应当依据法律、法规和规章，并遵循处罚法定原则。其次，判断是否存在违法阻却事由，如正当防卫和紧急避险等。存在违法阻却事由时，虽然符合违法构成

---

① 周佑勇.司法审查中的行政行为"明显不当"标准.环球法律评论，2021（3）.
② 李晴.论过罚相当的判断.行政法学研究，2021（6）.
③ 陈太清.过罚相当原则的司法适用.法学，2021（10）.
④ 张明楷.刑法学.北京：法律出版社，2011：108-111.有的学者如熊樟林、陈太清等参考刑法的三阶层理论构建行政处罚法的三阶层理论，即该当性、违法性、有责性。笔者参照的是张明楷的两阶层理论，其中的违法构成要件即该当性，违法阻却事由即违法性。张明楷的两阶层理论可以更清晰地囊括相当性判断的考量要素，且结构简单。

要件，但是不构成违法行为。最后，判断违法行为的责任要件。责任要件可以分为主观方面和客观方面，笔者将法律规范中的主要考量要素类型化后分别归入了主观方面和客观方面，被纳入主观方面的考量要素包括但不限于主观过错程度、违法动机和目的、违法手段和方法等，被纳入客观方面的考量要素包括但不限于责任能力、违法对象、危害后果、社会影响等。将责任要件作主、客观方面的划分有助于为不同案件留出诠释空间，也有助于运用裁量权实现个案正义。此外，违法行为的违法要件决定了该行为是否应受行政处罚，责任要件则具体对应了该违法行为应受的行政处罚种类和幅度等。将考量要素全部放置于责任要件，避免将责任与处罚割裂看待，处罚裁量只需要考虑是否违法、违法后是否有责任以及对应的责任大小，之后就依据法律规范的规定（包括处罚的设定和裁量基准）决定行政处罚的种类和幅度。

在处罚裁量效果方面，首先，对于符合违法构成要件的违法行为，就应当作出行政处罚，除非有违法阻却事由。这是结果合法的判断。其次，根据责任要件中的考量要素，对应适用的行政处罚以及裁量基准，达到处罚效果符合相当性。此外，符合应受行政处罚行为的构成要件，不意味着行政处罚必然合法，仅构成要件仅仅是行政机关判断是否应给予行政处罚的法律规范基础。①

由此，在成文法规范中提炼出了"构成要件—考量要素—裁量效果"这一过罚相当判断规则。

表1 "构成要件—考量要素—裁量效果"过罚相当判断规则

违法行为构成要件			处罚裁量效果	
违法要件	责任要件		结果合法	效果相当
违法阻却事由	主观方面 （考量要素）	客观方面 （考量要素）	不予处罚/ 应予处罚	应予处罚
正当防卫	主观过错程度	危害后果	违法阻却的免罚	处罚的种类

---

① 袁雪石.中华人民共和国行政处罚法释义.北京：中国法制出版社，2021：29.

续表

违法行为构成要件			处罚裁量效果	
违法要件	责任要件		结果合法	效果相当
紧急避险	违法动机和目的	违法对象	责任阻却的免罚	处罚的幅度（从轻、减轻、从重）
其他维护更高阶法益的事由	违法手段和方法	行为人的责任能力（年龄、精神状况、智力水平）	—	单处或并处处罚
—	违法行为后的表现	社会影响	—	—
—	处罚前科	社会形势	—	—
—	—	违法行为人的生活状况	—	—

2. 以行政法原则为相当性的参照

（1）以比例原则为补充。

比例原则是指行政机关实施行政行为应兼顾行政目标的实现和保护相对人的权益，如为实现行政目标可能对相对人的权益造成某种不利影响，应将这种不利影响限制在尽可能小的范围和限度内，保持二者处于适度的比例。比例原则的三个子原则分别是必要性原则、适当性原则、最小损害原则。① 比例原则是行政主体为了实现行政目标、经过利益衡量选择收益大于成本且对权益损害最小的方案作为作出行政行为的一种法律原则。

在对行政处罚是否明显不当的司法审查中，法院援引《行政处罚法》总则中的过罚相当条款，但是将其解读为比例原则的案例如"专车案"，判决中认为过罚相当原则并不提供具体的适用规则且不具有可操作性，需要借助比例原则分析框架来判断过罚是否相当。② 有的案

---

① 姜明安主编.行政法与行政诉讼法.北京：北京大学出版社，2019：76-77.
② 章剑生，胡敏洁，查云飞主编.行政法判例百选.北京：法律出版社，2020：60.

件，比如"鼎盛食品公司案"中也援引了过罚相当条款，但是还是解读为过罚相当原则，只不过也会同时援引比例原则的子原则作为论证相当性的方法。笔者认为过罚相当原则是行政处罚法的法定原则且具有独立性，比例原则只是行政法学理上的原则，并非成文法源。过罚相当原则既不是比例原则在行政处罚领域的具体化，也不能与最小损害原则混同；作为非成文法源的比例原则同样难以承担过罚相当性判断标准的重任。法院在审查行政处罚是否适当时，在优先适用过罚相当原则及相关法律规则的基础上，如仍具备适用比例原则之条件与必要，应以比例原则为补充来衡量处罚效果。也即应当先构建过罚相当规则体系，完善过罚相当原则使其在实定法上具有独立性，将其他法律原则作为相当性判断的补充。

"现如今，行政裁量权的行使无法避免地被认为在本质上是一个立法过程：对受行政政策影响的各种（所涉）私人利益之间相互冲突的主张进行调节的过程"，它"要求行政机关在若干受影响之特定利益（如）星云密布般充斥其间的某个特定事实情形中，必须重新衡量和协调隐藏在立法指令背后的模糊不清的或彼此冲突的政策"[1]。正是因为行政管理的复杂性、专业性和变化性，行政机关仅仅依赖制定程序复杂的法律来规范调整行政管理秩序是难以满足现实社会生活的需求的，所以才有了规章对部分行政处罚的设定权以及规范性文件对裁量基准的细化和格化。这就必然会带来一定的司法审查难度，所以在判断规则的基础上还需要一般行政法原则尤其是比例原则的补充。

在裁判技术上，比例原则通过对两相冲突的利益进行对比衡量，"维护行政机关和相对人之间、公共利益和个人利益之间的平衡"[2]。通过比例原则的"手段—目的"框架来判断行政处罚的合理性，这其

---

[1] [美]理查德·B.斯图尔特.美国行政法的重构.沈岿，译.北京：商务印书馆，2002：21-22.

[2] 周佑勇.行政裁量的均衡原则.法学研究，2004（4）.

实就是一种有别于"形式法治主义"的"实质法治主义",它并不满足于行政活动在形式上符合法律,而是从符合人权保障的法律目的、内容出发,对行政形式提出相应的要求。①

(2) 以公平原则为参照。

公平原则实际上就是司法审查中的类案对比,是指在对行政处罚裁量时,对其处罚合理性通过相似案件或者相同案件中相似案情的对比作出评判,以减少同案不同判的不确定性,并消除执法、裁判的地域差异。比如"邬某勋与舟山市市场监督管理局金塘分局行政处罚案"② 中,法院在综合考虑上诉人邬某勋的违法情节,并对比定海区范围内对其他同类违法行为的处罚决定后,将上诉人金塘分局所作行政处罚的罚款金额由 2 万元变更为 1 万元。

但是,公平原则作为过罚相当判断的补充基准时,是指超越该案件的违法行为和事实本身,将行政相对人所受的处罚与已有案例中的处罚做对比。比对案件的事实难免完全相同,主客观方面需要考量的要素也难免存在差异。判断相当性的标准较难把握,所以公平原则更多的是在法律规则适用不足时的补充。

3. 把握过罚相当的司法审查限度

根据《行政诉讼法》第 70 条第 6 项的规定,行政行为明显不当的,法院判决撤销或者部分撤销。具体到行政处罚领域,《行政诉讼法》第 77 条第 6 项规定,行政处罚明显不当的,法院可以判决变更,但不得加重原告的义务或者减损原告的权益。由此可见,法院审理行政诉讼案件,不仅要对被诉行政行为是否合法进行审查,还要对行政行为裁量是否明显不当进行审查。对行政处罚来说,如果经审查存在明显不当的,法院还可以直接判决变更。但需要注意的是,立法在规定法院可以对被

---

① 江利红. 行政过程论研究——行政法学理论的变革与重构. 北京:中国政法大学出版社,2012:85.

② 浙江省舟山市中级人民法院(2015)浙舟行终字第 16 号行政判决书.

诉行政行为进行合理审查的同时，还强调必须行政行为"明显不当"的才可以予以撤销或变更。由此也可以看出法律对行政裁量司法审查的定位，即法院既要履行对行政裁量的审查职责，不能怠于履行，也要秉持谦抑态度来行使自己的审查权力，给予行政裁量必要的尊重。这也要求法院对行政处罚行为进行司法监督时必须在恪守适度原则的基础上开展合法性审查，不能逾越行政执法规律或者超越司法权边界。

尽管在利益均衡的过程中，不可避免地会掺杂法官的个人价值取向，进而产生"法治"瓦解而"人治"出现的风险[1]，但比例原则本身就是一种旨在保护个人宪法权利的分析工具和裁判工具，其立足于"限制公权力滥用"的理念。[2] 换言之，它允许价值进入司法裁判中，但却又通过利益权衡的过程与理由限制个人恣意。司法审查以明显不当标准审查行政处罚的合理性，实现实质合法性的标准，正是监督行政权的一种司法上的利益衡量。但是司法权难免有对行政权行使的专业性判断干预过度的可能，所以在司法能动性和司法谦抑性之间也需要一种遵循比例原则的均衡。

所以过罚相当的司法审查，尤其是涉及行政裁量的合理性的审查，其限度是：只要裁量决定在外界看来不具有明显的不合理性，审查机关就无权指涉——"两个合理的人可以对同一事件得出完全相反的结论，且不能指责这两个相反的结论有任何不合理"[3]。在行政裁量领域，其实仍旧存在着一定的意思自治空间[4]，因为"裁量主要服务于个案正当性"[5]。司法的谦抑性就决定了在尊重个案正当性的同时要维护法律的统一适用和权威。

此外，应当借助判例明晰司法审查的限度。"明显不当"的审查标

---

[1] 陈金钊.对形式法治的辩解与坚守.哈尔滨工业大学学报（社会科学版），2013（2）.
[2] 蔡宏伟.作为限制公权力滥用的比例原则.法制与社会发展，2019（6）.
[3] [英]韦德.行政法.徐炳，等译.北京：中国大百科全书出版社，1997：77.
[4] [德]维尔纳·弗卢梅.法律行为论.迟颖，译.北京：法律出版社，2012：49.
[5] [德]哈特穆特·毛雷尔.行政法学总论.高家伟，译.北京：法律出版社，2000：127.

准不仅在内涵上，意味着行政裁量决定不能在"事实"上存在"偏私"，要在"规范"上符合"法律的规定"，并且在"价值"上还要"实质合理且利益均衡"[①]。通过经典的判例，一方面，为行政机关过当的处罚裁量予以警示，并在变更判决和撤销判决的选择上，实现减少讼累和尊重首次判断权的平衡；另一方面，以案释法，划定司法审查的边界，并且通过司法裁判发挥行政处罚的公益维护作用，保障行政管理的有效实施。最重要的是，通过司法判例，与立法对过罚相当判断规则的完善、执法对过罚相当判断经验的提升一起，构建不断丰富的过罚相当判断体系、标准和理论。

（四）过罚相当原则适用逻辑的验证

1. 过罚相当原则的适用

"鼎盛食品公司案"中，法院首先对是否符合违法要件进行了判断。一方面，鼎盛食品公司使用的"I will 爱维尔"与"乐活 LOHAS"连用的标识与东华公司的"乐活 LOHAS"注册商标构成近似，其行为侵害了东华公司的注册商标专用权。另一方面，对于东华公司的涉案注册商标未实际使用这一客观情节，法院从法益衡量的角度论证了鼎盛食品公司的行为构成侵权，即侵权行为的认定要有利于对注册商标专用权的保护和减少对商标注册制度的冲击。其次，法院对鼎盛食品公司的商标侵权行为的过错程度进行了评判，即进行了责任要件的判断，并应用了要素对照、规则适用和原则补充的判断方法。

（1）将鼎盛食品公司主观上无过错，侵权行为的性质和情节显著轻微，尚未造成实际危害后果等因素与行政处罚法规定的事实、性质、情节和社会危害程度要素对照，因为"鼎盛食品公司案"判决作出时适用的 2009 年修正的《行政处罚法》并没有规定对无主观过错、危害

---

① 周佑勇. 行政裁量的均衡原则. 法学研究, 2004 (4).

后果情形的从轻和减轻处罚条款,所以法官仅能根据其对考量要素的判断形成判决依据。(2) 因为要素的笼统和规则的缺乏,法官只能参照适用比例原则的子原则——最小损害原则,敦促行政机关作出行政处罚以达到行政执法目的和目标为限,兼顾保护行政相对人的合法权益,使相对人的权益遭受最小的损害。最后,东华公司的涉案商标已注册但未实际使用的情节成为认定构成侵权应受处罚的违法要件之一,但未造成实际损害后果成为责任要件中客观方面的考量要素。

"鼎盛食品公司案"是法院生效裁判明确将 2009 年修正《行政处罚法》第 4 条第 2 款解读为"过罚相当原则"的公报案例。在此之前的案例,并未在判决主文中明确过罚相当原则,比如"张某利诉北京市公安局丰台分局治安管理裁决案"采用了"同案对比"的事实审。[①]

以类案对比、公平原则来论证行政处罚的明显不当,存在不周延之处:一方面,个案之间的事实不同,影响裁量结果的因素众多,类案在适用法律规则、法律原则之后作为参考是有信服力的,但是仅以此推论"显失公正"或者"明显不当"的话,不尽充分。在本案之后适用过罚相当原则的案例明显增加,但是其适用立场也处于变动中。[②] 如"方林富炒货店案"[③]、"杭州金菱印花公司案"[④] 适用了 2009 年修正的《行政处罚法》第 4 条第 2 款即过罚相当原则等,并根据《行政处罚法》第 27 条第 1 款关于"从轻、减轻的情形"的规定,综合行政处罚法中的过罚相当原则和法定情节,作出相应裁判。有的公报案例则直接将《行政处罚法》中的过罚相当的相关条款解读为比例原则,比如"专车案"。还有的公报案例如"上海中燃船舶材料公司案"[⑤] 的判决理由中并未引用过罚相当的条款,而是以"提升被诉处罚决定的

---

① 周佑勇.司法审查中的行政行为"明显不当"标准.环球法律评论,2021 (3).
② 章剑生,胡敏洁,查云飞主编.行政法判例百选.北京:法律出版社,2020:59.
③ 浙江省杭州市西湖区人民法院(2016)浙 0106 行初 240 号行政判决书.
④ 最高人民法院(2017)最高法行申 4273 号行政裁定书.
⑤ 最高人民法院公报,2020 (10).

适当性,以更好地体现坚持处罚与教育相结合的行政处罚原则"为由适用《行政诉讼法》第 77 条直接作出变更判决,依法调整处罚结果。

2. 主观过错作为主观方面的考量要素

"鼎盛食品公司案"中,二审法院的判决在 2012 年作出时就将行政相对人的"主观恶意"作为过罚相当的考量要素,并作为行政处罚过罚不当的原因之一。直到 2021 年《行政处罚法》才将"主观过错"写入法律,足见本案作为最高人民法院公报案例的意义和深远影响。

关于主观过错是否可作为应受行政处罚行为的构成要件,始终存在争议,相关的理论和实践也在不断发展。2017 年修正的《行政处罚法》确定的归责原则是无过错原则,即没有将主观过错作为应受处罚行为的构成要件,也没有将主观过错明文规定为过罚相当的考量要素。但是规范性文件在对过罚相当原则细化的过程中,多将行政相对人的主观过错作为裁量情节,即将主观过错程度放在责任要件中的主观方面予以考量:有的将过错纳入"根据"类别,与"情节"并列;有的将主观过错纳入"综合考虑""全面考虑"类别。① 本案涉及的《江苏省工商行政管理机关行政处罚自由裁量权适用规则(试行)》就是在第 8 条以"综合裁量原则"的形式进行补充,将主观过错归类到违法行为的主观方面。② 在 2021 年新修订的《行政处罚法》则在第 33 条第 2 款首次规定了主观过错,确定了过错推定原则。但是笔者并不认为这是将主观过错作为应受行政处罚行为的一般构成要件,而是认为,根据前文的分析,此次修法是将主观过错明确为责任要件中的一项法定的责任阻却事由,从而填补了法律的空白,体现了行政处罚法在归

---

① 舒畅.过罚相当原则具体适用的发展——基于对苏州鼎盛食品公司案的分析//章剑生主编.公法研究:第 18 卷.杭州:浙江大学出版社,2018.

② 《江苏省工商行政管理机关行政处罚自由裁量权适用规则(试行)》第 8 条规定:适用行政处罚自由裁量权,应当遵循综合裁量原则。全面分析违法行为的主体、客体、主观方面、客观方面及社会危害后果等因素,应用逻辑、公理、常理和经验,对违法行为处罚与否以及处罚的种类和幅度进行判断,并作出相应的处理决定。

责原则、责任主义①方面的进步。

在主观过错的举证责任和证明标准方面，本案中法院根据查明的事实直接以行政机关作出行政处罚时并未考虑"鼎盛食品公司不存在攀附被上诉人东华公司注册商标声誉的主观恶意"这个因素作为行政处罚显失公正的理由之一，鼎盛食品公司和苏州市工商局均未承担不存在主观过错的举证责任。法院论证商标侵权行为人不具有主观恶意的依据则是查明的事实，即"在'乐活LOHAS'注册商标核准之前，上诉人鼎盛食品公司就进行了相应的包装设计并委托生产"。正是因为当时的《行政处罚法》对主观过错没有明确的规定，所以法官参照《江苏省工商行政管理机关行政处罚自由裁量权适用规则（试行）》第8条，认为进行行政处罚裁量时应当分析违法行为人的主观方面。然而司法裁判仅以法律法规为依据，可以参照规章，并不以其为依据。所以法院径直适用过罚相当原则，将主观过错作为考量因素，结合案件事实加以论证。这充分体现了彼时法院在法律框架下能动司法作用的发挥和高超的裁判艺术。随着法治的进步、立法的逐渐完善，2021年修订的《行政处罚法》吸收了责任主义之精神，在第33条中确定了没有主观过错为不予行政处罚的情形之一；同时基于对行政效率的考量，将举证责任分配给当事人，证明是否具有主观过错不属于行政机关的初次证明义务；并将没有主观过错的证明标准设定为足以证明，证据的采信仍属于行政机关裁量和司法审查的范围；最后将例外规定的范围限制为法律和行政法规。立法的进步，一方面便利了过罚相当原则的适用，另一方面也是司法能动作用推动的结果。

3. 商标侵权行政处罚中的责任要件

本案是一起商标侵权行为引发行政处罚合理性争论的案件，也是首例法院以司法判决形式变更商标侵权行政处罚罚款数额的行政诉讼。本

---

① 王贵松.论行政处罚的责任主义.政治与法律，2020（6）.

案的终审判决一方面从保护注册商标专用权的立场出发，为尚未使用注册商标的商标权人预留一定的保护空间，进而确认鼎盛食品公司使用该商标构成商标侵权行为；另一方面从"乐活 LOHAS"注册商标核准的时间出发，既考量了注册商标核准前鼎盛食品公司使用该商标不存在攀附注册商标的主观恶意（这是责任要件的主观方面考量），又考量了该商标核准注册与侵权行为被查处、行政机关作出处罚之间时间短暂，并且该注册商标尚未实际使用，侵权行为并未造成实际损害后果，以及销售模式和注册商标因未使用而不存在市场知名度等方面，认为侵权行为和情节显著轻微（这是责任要件的客观方面考量）。由此法院得出处罚结果合法，但是高额罚款在效果上显失公正的结论，进而作出了变更判决。

本案的突出价值在于，行政机关或法院责令商标侵权人停止侵权行为的同时，是否并处罚款或判决赔偿损失，应将被侵权商标是否实际使用作为责任要件的考量要素，涉及主观过错、损害后果等主观和客观方面的内容。本案的审理思路促成了对 2001 年《商标法》第 56 条的修改[1]，也就是说，未使用的注册商标因为没有实际使用，也就没有区分商品来源的功能，并不会造成消费者认识混淆，就不会给商标权人造成损失，也就不成立侵权损害赔偿请求权。这也为准确理解商标法的立法精神和商标侵权判定标准，合理规范行使行政处罚的裁量权，起到了积极的指引作用。[2]

---

[1] 2013 年修正的《商标法》第 63 条、第 64 条，对应 2001 年修正的《商标法》第 56 条。2013 年修正的《商标法》第 64 条规定："第 64 条 注册商标专用权人请求赔偿，被控侵权人以注册商标专用权人未使用注册商标提出抗辩的，人民法院可以要求注册商标专用权人提供此前三年内实际使用该注册商标的证据。注册商标专用权人不能证明此前三年内实际使用过该注册商标，也不能证明因侵权行为受到其他损失的，被控侵权人不承担赔偿责任。"

[2] 高燕树.从一起商标侵权处罚案评新《商标法》第六十四条修改的正当性.中华商标，2014（8）.

正当程序原则在许可注销案件中的适用

——射阳县红旗文工团诉射阳县文化广电新闻出版局程序不正当注销文化行政许可纠纷案[①]

一、案情摘要

2009年8月19日，被告射阳县文化广电新闻出版局于向原告射阳县红旗文工团发放了营业性演出许可证。2013年5月13日，被告在未向原告说明理由和未听取陈述、申辩的情况下，根据《营业性演出管理条例实施细则》(2009年)第41条第1款*"文艺表演团体和演出经纪机构的营业性演出许可证包括1份正本和2份副本，有效期为2年"和《行政许可法》(2003年)第70条第1项**"行政许可有效期届满未延续的"，认为原告的许可证期限已经届满依法应当注销，并以公告形式在《射阳日报》和被告官方网站上登载注销决定，而未将该注销决定送达原告。原告在江苏省文化厅得知该注销决定后，认为该行为不合法并诉至法院。射阳县人民法院一审认为，被告在作出注销行为前未告知原告、未听取原告的陈述申辩，违反了程序正当原则，

公报案例全文

---

* 该细则于2017、2022年进行了修订，现为第37条。
** 2019年该法修正，本条未变。
① 最高人民法院公报，2018（8）.以下简称"红旗文工团案"。

遂判决撤销行政许可注销行为。射阳县文化广电新闻出版局不服一审判决并提起上诉。盐城市中级人民法院认为，射阳县文化广电新闻出版局作出注销之前未告知被上诉人依法享有陈述、申辩权，之后又未向被上诉人送达该注销决定，程序严重违法，故原审法院作出的撤销判决并无不当，遂判决驳回上诉、维持原判。

二、裁判要旨

行政机关设定和实施行政许可，应当遵循公开、公平、公正的原则。虽然现行法律对行政许可注销行为的程序没有具体规定，但行政机关在注销行政许可时仍应遵循程序正当原则，向行政相对人说明行政行为的依据、理由，以充分保障当事人的知情权和陈述申辩权。行政机关在注销行政许可前未告知行政相对人，未听取行政相对人的陈述申辩，违反了程序正当原则，在作出注销决定后又未依法将其送达行政相对人，行政相对人要求撤销行政机关行政许可注销行为的，人民法院应予支持。

三、法理分析

自"张某银诉徐州市人民政府房屋登记行政复议决定案"[①]以来，正当程序原则逐渐成为我国司法判决中的重要裁判依据。"红旗文工团案"中法院将正当程序原则运用于注销，便是正当程序原则被广泛适用于行政诉讼的鲜活例证。有关注销的探讨，学界目前仍停留在其性质层面，亦有学者对注销应遵循的程序展开了研究[②]，而有关注销的

---

① 最高人民法院公报，2005（3）.
② 徐晓明.建构行政许可注销程序设想.理论探索，2008（1）；王太高.论行政许可注销立法之完善.法学，2010（9）；吕长城.行政许可注销制度的实施困境与体系构建.中国行政管理，2021（7）.

法理构造和应否接受正当程序原则的约束等问题，理论上与实务中的追问仍有不足。本案中法院将正当程序原则引入行政许可注销案件，赋予注销行为相对人以充分的司法救济，为研究注销行为的法理构造提供了生动的分析样本与契机；此外，法院对正当程序原则的援引也为其在司法裁判中的灵活运用提供了思考空间。

（一）行政许可注销行为的法律属性

《行政许可法》（2013年）第70条仅规定注销是一种手续以及应当注销的情形，而对于注销的性质以及应当遵守的程序则未作出详细规定。行政许可是典型的授益性行政行为，一旦行政许可被撤销、撤回、吊销或注销，相对人都不再享有从事该特许事项的权利。但是，在上述列举的各行为中，法律赋予相对人的权利存在较大差异。例如在行政许可吊销中，相对人依法享有较为充分的程序参与和实体救济权利，而有关注销的实体和程序法律规范则明显阙如。

1.注销的行为定性

注销是行政许可实施过程中的重要行政监督检查措施，却未如同行政许可决定、撤销或变更等问题引起学界的广泛关注，围绕注销能否影响行政许可的效力，学界存在"许可失效说"和"程序行为说"两种观点。前者认为注销具备直接终结行政许可的法律效力，是具备实体处分性的行政行为，代表性论述如"行政许可的注销是在特定的情况下，由行政机关依法作出的，使已经颁布的行政许可的效力归于消灭的行为"[①]。后者是目前学界的主流观点，认为注销仅是行政机关处理行政许可相关事务的一道流程，不具备使行政许可效力丧失的法律效果，行政许可效力丧失的时间应当在注销作出之前，代表性的结论如"行政许可注销是行政机关在行政许可效力终止后办理的手续，

---

① 马怀德主编.中华人民共和国行政许可法解释.北京：中国法制出版社，2003：248.

是一种程序行为"①。

《行政许可法》（2013年修正）第70条将注销以"手续"一词涵盖，意图采纳学界的主流观点，但是法律法规并未一概地将注销局限于程序行为中。《药品管理法》第83条第2、3款规定："经评价，对疗效不确切、不良反应大或者因其他原因危害人体健康的药品，应当注销药品注册证书。已被注销药品注册证书的药品，不得生产或者进口、销售和使用。"注销决定一旦作出，药品注册证书持有人继续生产、进口、销售或使用该药品的权利将直接被终结，作为药品行政许可载体的药品注册证书中所设定内容的效力也归于消灭。《海域使用管理法》第48条规定："违反本法规定，按年度逐年缴纳海域使用金的海域使用权人不按期缴纳海域使用金的，限期缴纳；在限期内仍拒不缴纳的，由颁发海域使用权证书的人民政府注销海域使用权证书，收回海域使用权。"注销海域使用权证书的后果是海域使用权被收回，附载于该证书的行政许可的效力将因注销而终结。而依据《律师法》第9条的规定，司法行政部门撤销准予执业的决定后，"并注销被准予执业人员的律师执业证书"。可见，注销律师执业证书仅是撤销决定后的一道程序。

行政许可注销应当是行政许可失效后由行政机关作出的程序行为。由于注销制度的目的仅在于通过注销手续这一载体，将先前行政许可效力已经终结的事实向外界予以呈现，所以注销并不具有产生实体法律效果的意思表示内容，其自身并无影响行政许可效力的法律效果，本质上是一项程序型事实行为（见图1）。另外，行政机关只能在法定的行政许可失效情形满足时作出注销，通过注销来执行行政许可的失效机制，即通过注销使行政许可相对人有秩序地退出行政许可领域。

---

① 王太高.论行政许可注销立法之完善.法学，2010（9）.

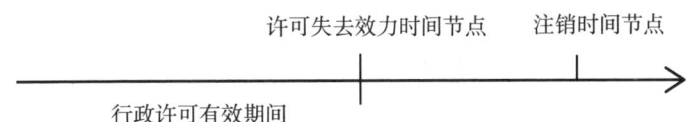

图1 作为"程序行为说"基础的注销与行政许可失效之间的时间关系

2.注销的功能分析

"程序行为说"的观点显然是一种基于注销固定时点的静态考量,忽视了由该行为引发的内外部效果和法律关系变动,即注销的功能。对注销功能的分析应当回归行政许可制度的目的和现代政府的角色,进行整体性的动态检讨。提供公信力背书、合理配置社会资源和预防公共资源配置混乱的风险,是行政许可制度功能的集中体现。注销作为行政许可实施的重要环节,其直接目的在于保证行政许可信息的完整、准确,将已经终结的行政许可事项通过注销方式记录在案并予以公告,以便社会主体能够及时获取相关交易信息。① 行政许可效力的发生和终止均需行政机关以通知、公告等能够被外界感知的方式作出,社会公众判断某一主体是否具备能够达成交易目的之资质、资格的基础,在于对行政机关发布信息之内容的绝对信赖。凭借对市场信息资源的全面掌握,政府扮演着愈加重要的"信息主导者"角色,市场交易主体间的信赖关系往往建立于政府的背书之上。

根据注销发挥作用的场景,可以将其功能划分为外部功能和内部功能。注销的外部功能在于保证行政许可相关信息的准确性与完整性,该功能通过注销信息的传递过程实现。例如,在"红旗文工团案"涉及的"期限届满型"注销中,行政许可失去效力的原因是行政许可期限的届满,这是行政许可效力的自然消灭。由于该事实所引起的法律效果不能自发向外界传递,所以需要注销作为传达的媒介,将该法律

---

① 王太高.论行政许可注销立法之完善.法学,2010(9).

效果消失的情况予以记载并向适当主体告知。根据《律师法》第 9 条，律师执业证书仅是证明公民具备从业资格的书面材料，当作为执业资格基础的行政决定已经被撤销时，该证书不再具有证明的意义。即使行政机关未能及时办理注销登记，执业律师也由于行政许可决定的撤销而不再具备从事律师职业的法定资质。此时行政机关进行注销，目的在于填补行政机关与社会公众之间的信息鸿沟，避免社会公众基于对证书的信任而委托不具备律师资格的公民开展诉讼活动，从而实现维护行业秩序的行政任务。而注销的内部功能在于实现社会资源配置信息在行政系统内的同步更新。行政许可作出、变更或消灭等信息在不同行政机关间能够通过现代数据平台保持同步。如果注销行为相对人继续从事许可事项，因执法部门所掌握的行政信息中相对人的资质、资格已被取消，其有权将相对人继续从事特许事项的行为宣告违法并依法追究责任。

3. 注销的法律效果

在厘清注销的基本性质与内、外部功能后，需要结合实践中有关注销性质的观点碰撞，考察其法律效果的特殊生成机制。在"红旗文工团案"中，行政机关作出注销决定所依据的《营业性演出管理条例实施细则》（2009 年）第 41 条和《行政许可法》（2003 年）第 70 条，属于采纳"程序行为说"的法律规范，但法院仍然持正当程序原则的适用前提在本案中成立的观点，即双方争议的注销决定涉及相对人的权利义务。申言之，无论法律是否规定注销为一项程序行为，都不能排除注销可能产生减损权利的法律效果。与"红旗文工团案"的裁判观点相反，在"靖江市黄浦旅游服务有限公司诉靖江市水利局注销行政许可通知案"①（以下简称"靖江案"）中，法院基于被诉注销通知不侵犯黄浦旅游公司实体权利的理由，认为对案涉注销行为不应当适用正当程序原则，从而展现出

---

① 江苏省南京市中级人民法院（2019）苏 01 行终 936 号行政判决书.

注销是严格程序行为的司法态度。① 对比这两起案件，无论是被诉注销行为所基于的期限届满情形，还是当事人提出的适用正当程序原则的诉求，都极其相似，但是法院所持态度及判决结果大相径庭。"红旗文工团案"中法院采取与理论通说相反的做法，认为注销具有实体权利处分性，应当受到正当程序原则的约束。与"靖江案"相对比，"红旗文工团案"中法院并未对注销进行深入的学理剖析，而是通过正当程序原则的适用，间接承认注销能够对相对人的利益产生不利影响。"靖江案"中的严格"程序行为说"呈现出一种传统行政行为形式论的典型观点——行为作出前后存在或衍生的法律关系难以被纳入考量范围内，以此否认行为的终局性将引发抑制权利救济的负面效应。② 但若仅基于该理由承认注销的实体性，则与其基本性质相违背。在采用"程序行为说"时，应当在对行政许可及其注销制度的功能分析中寻求答案。

　　立足于法律关系变动的视角，就注销的外部功能而言，行政机关注销行政许可并公告的行为能够产生相对人使用公共资源的权利已经丧失的外观，即社会公众基于对政府发布信息的信赖，在获知注销内容后自然认为行政许可相对人的资质已经被取消而不再具备参加特定活动的可能，所以将拒绝与其发生缔结合同等法律关系，相对人通过行政许可获得的特许权利实际上已经形同虚设。就注销在行政组织内部发挥的作用而言，执法部门在执法过程中借助政府信息来判断相对人是否具备资质的依据、注销相对人继续从事许可事项的行为的合法性。另外，即使不存在强制终结相对人特许权利的行政决定，相对人从事特许经营权等事项的信息也已经从行政许可记载名册上消除，该行政许可

---

　　① 该案的裁判逻辑为：行政许可注销是一种程序行为，且基于行政许可已经失效的前提作出，因此未对黄浦旅游公司的合法权益造成不利影响。由此根据正当程序原则和比例原则，在注销中没有适用正当程序原则的必要。

　　② 赖恒盈.行政法律关系论之研究.台北：元照出版有限公司，2003：56.

决定的效力在实质上仍然归于终结。譬如执业律师的职业资格被注销后,继续从事律师业务的行为将被执法部门查处,当事人的执业活动至少在事实层面上无法进行。因此,无论注销在规范意义上是否具有终结行政许可的效力,相对人实施特许事项的权利都难以得到实现。

通过对注销的内、外部功能的探讨可知,本应仅作为一项纯粹程序行为的注销,在法定情形所对应的事实不存在时,因具有减损权利的可能而转变成法律上的处分行为,与撤销、吊销、撤回等行为并不具备本质上的差别(见图2)。即使采用"程序行为说",也无法从客观上避免行政机关在法定情形所对应的事实不具备时作出注销决定,导致行政许可的效力在外观上被提前终结,实质上产生影响相对人的权利义务的法律效果,故应当允许相对人寻求法律救济。

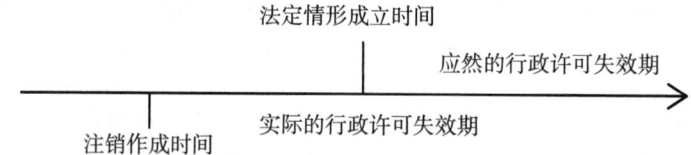

图2 作为注销独特构造的行为作成与行政许可失效之间的时间关系

(二)行政许可注销中正当程序原则的适用基础

正当程序原则运用于注销的首要前提是注销行为中蕴含着适用正当程序原则的基本逻辑。另外,由于我国"并不具有正当程序的法律传统"[①],对外来法律原则向来也保持一定的谨慎态度,适用正当程序原则还应当具备充分的客观条件即扎实的法治理念的生存土壤,该原则进入注销制度的程序要求才能兼具理论与实践基础。

1.符合"最低限度的公正"的核心内涵

在制定法没有规定或规定不完整时,为体现法律适用的公平,自

---

① 章剑生.现代行政法总论.北京:法律出版社,2019:219.

然正义原则被法律默示可以作为补充。自然正义原则包括了两个最核心的部分：一是任何人或团体在行使权力可能使别人受到不利影响时，必须听取对方意见，每一个人都有为自己辩护和防卫的权利；二是任何人或团体不能做自己案件的法官。[①] 行政机关在行使权力时也要保持前述最低限度的公正，公民有权利提前获得通知以了解行政机关决定的事实与理由，并在此基础上进行辩护。[②] 行政权的运作受正当程序原则约束，其理论基点在于自然正义要求国家机关允许公民参加与自身利益相关的决定过程。封闭式决策方式的弊端在于将公民意志从利益分配过程中剥离，这种行政垄断决策模式与自然正义的内在价值相悖。严格"程序行为说"将行政许可注销界定为单一的过程行为，未能识别注销的法律效果特殊生成机制，试图否定正当程序原则在注销制度中的适用价值，直接剥夺了相对人参与程序的权利。通过对注销法理构造的进一步检视可知，具备法律效果生成条件的注销能够产生减损权利的实体影响，在相对人有因注销而遭受私人利益受损之虞，应当保证相对人参与程序的权利不受外界阻碍，所以在注销中适用正当程序原则符合"最低限度的正义"的要求。另外，从功利主义的立场看，由于注销的法定情形分别具备不同特性，某些事实是否符合法定情形需要由行政机关在注销程序中进行首次判断，甚至应当综合考量多方利益和借助技术鉴定手段，而私方通过多种方式参与行政决策的过程，有利于促成注销依法作出。坚持封闭式的注销决策方式将导致公民参与程序的权利被"手续"一词所阻隔，在存在受到法律上不利影响的可能性时，公民表达个人权利主张的渠道被截断，难以符合自然正义理念对程序正当的基本要求。

2. 契合法治实践发展趋势

从被行政程序法定的内涵完全包裹到独立构成依法行政的必要条

---

① 王名扬.英国行政法. 北京：中国政法大学出版社，1987：152.
② 翁岳生.行政法：下册. 北京：中国法制出版社，2002：1072.

件，正当程序原则逐渐成为法治政府建设水平的重要衡量标准，为其适用于注销铺垫了充分的外部条件。在正当程序原则进入我国之初，实务界则普遍视正当程序原则为仅存在于理论层面上的事物，认为其难以作为直接适用的依据。正当程序的精神在我国司法案件中最初显现，是在1999年第4期《最高人民法院公报》刊登的"田某诉北京科技大学案"（以下简称"田某案"）中，但是当时的观念认为有关程序上的裁判说理部分自身难以担当起支撑原告诉讼请求的重任。[1] 2004年，国务院颁布的《全面推进依法行政实施纲要》（以下简称《依法行政纲要》）规定"程序正当"是依法行政的基本要求，从而有力拓宽了程序规范缺失下的依法行政路径。[2] 虽然《依法行政纲要》同时化解了法院因规范空缺引发的疑虑[3]，但直到2013年，适用正当程序原则作出裁判的案件仍然极为稀少，所涉及的行政行为类型及行政领域也较为有限。之后，《中共中央关于全面推进依法治国若干重大问题的决定》和《法治政府建设实施纲要（2015—2020年）》，均将"程序正当"与"法定程序"相并列，并将其确定为依法行政的基本要求。这意味着正当程序原则开始摆脱依附法定程序的生存困境，传统司法理念中对正当程序原则保持的畏戒开始出现松动。案例指导制度也为正当程序原则的普遍化适用提供了直接推动力。[4] 除"田某案"被最高人民法院遴选为指导性案例外，地方较高级别的法院也开始以"十大典型案例"等形式，认可正当程序原则在行政审判中的重

---

[1] 何海波.司法判决中的正当程序原则.法学研究，2009（1）.

[2] 在一定程度上受《依法行政纲要》的影响，有法院也陆续开始大胆运用正当程序原则审查行政行为的合法性。例如在"裘某花与绍兴市国土资源局土地行政确认上诉案"中，法院作出如下阐述："程序正当已为国务院《依法行政纲要》所规定，正当程序是行政法上的基本原则，其核心是在作出使他人遭到不利影响的行政决定前，应当听取当事人的意见，以保障行政管理相对人的知情权、参与权。"[浙江省绍兴市中级人民法院（2007）绍中行终字第18号行政判决书。]

[3] 蒋红珍.正当程序原则司法适用的正当性：回归规范立场.中国法学，2019（3）.

[4] 周佑勇.司法判决对正当程序原则的发展.中国法学，2019（3）.

要价值。① 运用正当程序原则并载于裁判文书中的案件呈现一种"领域多元化"与"行为多样化"相结合的发展趋势。另外，在立法领域，正当程序原则的概念也开始被部分法律法规和规章吸纳。②

（三）行政许可注销程序的层次化构造

虽然注销具备适用正当程序原则的理论与实践基础，但是不同于传统的侵益性行政行为，注销受何种程序机制的约束才符合"最低限度的正义"，应当结合注销的法律效果生成机制作出适当的逻辑调整，根据注销的特点纳入对效率价值的考量，进而形成严密的分层程序。

1. 注销中正当程序原则适用逻辑的演变

在注销的法理构造中，法律效果由区别于典型行政行为的特殊原因产生，正当程序原则的适用逻辑将发生结构上的变动。无论是在作为正当程序原则起源地的英国，还是在经由司法审判实践使内涵得到丰富的我国，适用正当程序原则的逻辑起点都具备着高度的相似性：正当程序所围绕的行为必须是能够对相对人的利益产生不利影响的行政决定。倘若某一行为不具备影响当事人的权利义务的能力，那么所谓不利影响就无从谈起。严格的"程序行为说"完全排除正当程序原则在注销中的程序规范价值，与充分保障公民权利的法治理念相悖。③

---

① 典型的如：2017年3月24日江苏省南通市中级人民法院"南通行政审判2016年度十大典型案例"中的启东某液化气公司诉启东住建局行政处罚案；同年10月份安徽省高级人民法院"行政诉讼十大典型案例"之三王某某诉淮南市房地产管理局房屋登记案；2018年8月，广东省高级人民法院"2017年度广东法院行政诉讼十大典型案件"中的阳光小区业委会诉罗定市人民政府行政复议纠纷案；2018年12月4日，黑龙江省高级人民法院"行政审判十大典型案例"之十刘某某等24人诉哈尔滨市南岗区人民政府强制拆除房屋案。

② 例如，2005年《普通高等学校学生管理规定》第55条规定："学校对学生的处分，应当做到程序正当、证据充足、依据明确、定性准确、处分恰当。"2011年《国有土地上房屋征收与补偿条例》第3条规定："房屋征收与补偿应当遵循决策民主、程序正当、结果公开的原则。"

③ 如在"靖江案"中，法院在将注销定义为绝对的程序行为后，便完全否定了正当程序原则在该案中的适用空间。

在主流的逻辑结构里，适用正当程序原则的起点是行政决定将涉及公民的权利义务，需要考虑的客观情况是行政机关的径行判断可能侵犯相对人的私人利益，所演绎出的结果为相对人拥有说明理由、陈述申辩以及申请听证的权利。各界对注销制度之特殊性的认知模糊和对正当程序原则的理解仍较为刻板，是产生这种误解的直接原因。

在前文对注销法律效果的阐述中，只有法定情形所对应的事实基础不存在时，注销才具备影响权利义务的能力。换言之，作为程序的注销无法对相对人的权利义务产生影响，更不会造成对利益的损害，但是注销一旦发生实体效果，即构成对私人利益的侵犯，因此避免行政机关因判断错误而在法定情形成就之前就作出注销行为，构成相对人参与注销程序的正当理由。正当程序原则在注销中的完整逻辑结构演变为：行政机关对于部分法定情形成就与否的决策，存在有错误判断的可能性而提前注销，这种提前作出的注销能够产生减损相对人权利的法律效果，为了预防行政机关判断错误，相对人有告知理由、陈述申辩或听证的程序权利。即使被认为是程序性行为，注销中依然存在着正当程序原则的适用空间，正当程序原则在注销制度中适用的逻辑起点将从"不利影响"要件转移至"法定情形判断错误的可能性"要件，相应地，适用目的也由预防权利损害向前移动至预防对法定情形的判断错误。[①]

2. 公正与效率价值的衡量

面对数量巨大的注销事务，综合权衡公正与效率两种法律价值是符合现实的妥当选择。在适用正当程序原则的既往司法裁判中，"正当程序原则要求行政机关应当保障相对人的陈述申辩权以及知情权"是占据主流的文书表达，但是法院在行政许可注销案件中无差别地适用

[①] 杨建顺教授从行政过程论的视角，提出将参与程序前移至行政决策开始阶段以规制恣意［杨建顺.论土地征收的正当程序.浙江社会科学，2019（10）］，而笔者提出参与程序前移的目的则在于使正当程序原则的适用逻辑与注销法律效果的产生机制相契合。

同一程序上的司法审查标准，有对行政机关科以过重程序义务之嫌。正当程序原则的运用应当溯源"自然正义"理念，其"最低限度的公正"本身就包含了对效率的考量。倘若一味地鼓吹绝对的程序公正，为追求程序价值而机械地放弃行政效率，行政机关的正常运转终将陷入僵滞状态，正义也就无从谈起。虽然此前有学者依照注销程序的启动方式，结合正当程序原则和效率价值，试图将注销制度的程序予以精细化重建①，面对种类纷繁的注销事项，需要寻求既符合正当程序原则的要求又能维持基本行政效率的程序分层标准。

《行政处罚法》中有关说明理由、陈述申辩和听证的程序制度是正当程序原则被纳入法律规范的重要体现。对较重的行政处罚类型规定听证程序，而在较轻的处罚中未赋予相对人该项权利，这种体系化的程序安排体现了侵益性行政行为的程序分层构造，即以"惩戒的严厉程度"作为标准来构建行政处罚的程序。不同于行政处罚行为的直接侵益性，正当程序原则在注销中的适用并不应当以权利受减损程度作为分层构造的标准，而是需要注重正当程序原则在注销中适用逻辑的个性演变，借助上述"法定情形判断错误的可能性"要件来建立相匹配的程序机制。美国联邦最高法院在"马修斯诉埃尔德里奇案"中对正当程序原则的运用，即"三因素理论"，为本问题的解决提供了思考方向。② 程序的严格与否应当与"利益可能被错误剥夺的危险"呈正比关系，并且应当将实现公正的行政效益维持在可以接受的水平。"三因素理论"展现了比例原则的典型特征③，在注销的程序制度中表现为，对于私人利益被

---

① 吕长城.行政许可注销制度的实施困境与体系建构.中国行政管理，2021 (7).
② 美国联邦最高法院认为正当程序原则的适用必须考虑三个不同的因素：第一，受行政行为影响的私人利益；第二，行政机关运用的程序使这些利益可能被错误剥夺的危险，以及采取增加的或代替的程序保障可能得到的任何效益；第三，包括相关的行政作用在内的政府利益，以及增加的或代替的程序要求可能带来的财政的和行政的负担。[美] 理查德·J.皮尔斯.行政法：第2卷.苏苗罕，译.北京：中国人民大学出版社，2016：581.学界称之为"三因素理论"。
③ 杨登峰.法无规定时正当程序原则之适用.法律科学（西北政法大学学报），2018 (1).

错误剥夺的危险较为明显的注销，应当赋予相对人以充分的程序参与权利。对于通常不存在判断错误可能性的注销，即使作出告知理由和听取陈述申辩等程序安排，在绝大多数情况下也不存在实际意义。由于行政程序的效益也在正当程序的内涵之中[①]，因此仅需赋予相对人以适当程度上的程序权利。

3.注销程序的分层构造

笔者以"法定情形判断错误的可能性"为标准，将注销划分为"简易事实型""期限届满型""专业判断型"，并以兼顾权利保障和效率作为价值衡量目标，分别建构出不同的程序机制对注销加以规范，以保证公正价值在相对人程序参与权利和行政效率之间实现均衡分配。

（1）"简易事实型"注销的效率优先程序。

"简易事实型"注销，指在对简易事实的判断基础上作出的注销。防止行政权力滥用与提高行政效率，是行政程序立法目的之基本内涵。[②] 大多数情况下，注销决定都是根据对简易事实的判断作出，如果在每件注销事项办理时都需要听取相对人的意见，那么与注销相关的行政许可工作将难以实施。基于国家机关具体决定的内容作出的注销，因为具备清晰明确的事实基础且不存在裁量空间，行政机关判断错误的可能性较低，导致相对人的事前参与缺乏实际意义。在这种情形下，试图通过增加其他程序来避免错误侵犯私人利益，无疑会造成行政成本的浪费。同时，"简易事实型"的注销往往是对类似行政事务的批量处理，这种特殊性允许行政机关在保持程序的公正时考虑行政效能，将公正的最低要求回拨到合理的水平。[③] 听取陈述申辩和听证等程序标准不适宜被用于此种注销中，建立以提高效率为取向的注销程序由此具备了正当性基础。无论是何种公正与效率的利益权衡结果，

---

① 江必新.论行政程序的正当性及其监督.法治研究，2011 (1).
② 应松年.中国行政程序法立法展望.中国法学，2010 (2).
③ 沈岿.论行政法上的效能原则.清华法学，2019 (4).

"最低限度的公正"都应当是被保留的。在"简易事实型"注销决定作出后,行政机关应当以合理方式向特定或不特定社会公众进行公开告知。这是行政机关在作出涉及相对人权益的行为时必须遵守的程序要求,也是注销具有信息公示意义的直接体现。

于《行政许可法》第 70 条中的"公民死亡""法人或者其他组织依法终止""撤销、撤回、吊销"及其他法律、法规规定的情形,行政机关对这些事实的判断往往仅需借助工商、民政登记或行政处罚决定等文书,将公民、法人或者其他组织的身份信息与本机关行政许可职权的事项相对应,就可以依法准确作出注销。即使是在涉及较复杂行政法律关系的"撤销、撤回、吊销"等注销情形中,相对人在前行政行为程序中已经获得充分的程序参与空间。在"北京市石景山区金梦圆老年乐园医务室诉北京市石景山区卫生和计划生育委员会许可决定上诉案"[①] 中,法院认为被上诉人在撤回决定中已经履行必要的正当程序,此后直接向上诉人送达"行政许可注销决定书"的行为程序合法,并无不当。前置行政决定生效后再次赋予相对人程序参与权利,将导致程序的严重空转和行政决定的确定力遭到破坏,无益于维持行政秩序的稳定。

(2)"期限届满型"注销的提醒预告程序。

"期限届满型"注销,指行政许可期限届满导致行政许可失效情形中的注销。在这种注销情形中,行政许可由于所附期限届满而自动失去效力,不需行政机关再次作出新的行政行为,相对人亦有权在期限届满之前向行政机关提出延续申请,经审查符合延续条件时,行政许可不会因期限届满而失去效力。"期限届满型"注销的作出需要具备两个事实条件:一是相对人未在法定期限内提出延续申请,二是行政许可期限届满。"期限届满未延续"属于能够直接展现于外部的事实,行

---

① 北京市第一中级人民法院(2017)京 01 行终 692 号行政判决书.

政机关不需再对相关事项进行实质的调查、取证及论证等判断程序。行政机关工作人员通过查阅延续申请记录或向相对人进行询问,并根据许可证或执照上登载的发证日期与期限,便可以对两者条件是否满足进行客观明晰的判断,较低的事实认定错误可能性导致相对人通过参加程序来纠正行政机关错误的空间极其有限。虽然与"简易事实型"注销相比,"期限届满型"注销内在的"法定情形判断错误的可能性"无明显变化,但是就前者中程序向效率所作出的符合比例原则的让步而言,仍然需要加以权衡的是,行政许可的期限一旦届满,相对人冀图继续从事该行业资质、资格相关事项时,必须重新提出行政许可申请;相应地,行政机关需要依法重新进行审查。这种做法导致相对人以及行政机关成本的无端消耗,反而有悖于简化程序之追求效率的目的,因而应重新审视公正与效率的权衡结果在本类型注销中的作用。

在前述"简易事实型"注销的程序构建中,允许适当简化程序的理由在于对效率价值的正当考量,而当某一程序的加入反而能够提高整体效率时,正当程序原则又恢复其作用空间。在实体权利面临过期之虞时及时进行提醒,是对行政效率和相对人权利保障的双向有益之举,有利于实现社会整体效率的最大化。正当程序原则所蕴含的效率不仅是个案中的行政效率,还包括行政管理效率和社会整体效率。提醒预告程序的增加能够实现社会整体效率的提升,且没有烦琐至妨碍推进程序的程度,同时符合正当程序原则中有关公正与效率的要求。此时行政机关再行说明理由的做法并非在于追求程序的本位价值,这亦非程序的公正价值超出效率价值所形成的权衡结果,而是对效率价值的考量回调了前述程序简捷化构建的思路。在"期限届满型"注销中,行政机关应当适时提前告知相对人期限即将届满的事实。提醒预告可以借由说明理由制度实现,在充分告知申请延续行政许可的权利并说明理由后,相对人仍不提出申请的,行政机关可以径行作出注销决定,并予以公告。在"红旗文工团案"和"靖江案"中,行政纠纷均是由行政许可期限届满情形下的注销引起。在"靖江案"中，主审法官基于构建服务型政府和充分保护行政相对人权益的考虑，高度认可了行政机关"利用合理方式向可能因过期而失效的行政许可权利人发出提示"的做法，为"期限届满型"注销的程序构建发挥了有力的司法指引作用。

(3) "专业判断型"注销的听证主导程序。

"专业判断型"注销，指需要对复杂事实进行判断再作出的注销行为。其在引发行政争议的风险方面不亚于吊销、撤销行政许可等行为。体现正义的裁量是实现正当程序原则保障的当事人实体权利的手段之一，然而愈烦琐的行政事务愈容易导致行政的专横武断。不同于对简易事实的直接判断，在需要甄别复杂事实的"专业判断型"注销中，行政机关需要借助更为专业的技术力量，在对相关要件的判断中也包含着必要的裁量权力。注销情形判断的复杂性意味着在对其进行调查、协商、规划、建议和论证等一系列的行政过程中，"每一个问题的每一个方面都必然涉及一个单独的裁量性决定"[1]。从程序裁量的角度出发，法律对程序暂无明文规定时，程序就进入了行政裁量的领域中，正当程序原则此时最重要的目的在于防止程序自由裁量权的滥用。[2] 如果不公开据以作出注销决定的裁量过程或依据，那么私方当事人就无法预防行政机关对法定情形判断的任意或无意偏离。为了预防行政机关的恣意并使其保持冷静和理性的决策态度，有必要通过正当程序原则赋予相对人以充分的程序参与权来实现行政裁量的外部规制[3]，听取意见和说明理由程序成为必要，在涉及当事人重大利益的注销中，相对人还应当拥有申请听证的权利。

《行政许可法》第70条中的"丧失行为能力"和"不可抗力导致

---

[1] [美]肯尼斯·卡尔普·戴维斯.裁量正义.毕洪海，译.北京：商务印书馆，2009：23.
[2] 江必新.行政程序正当性的司法审查.中国法学，2012 (2).
[3] 姜明安.论行政裁量的自我规制.行政法学研究，2012 (2).

行政许可事项无法实施"的情形,属于"专业判断型"的注销。关于公民是否丧失行为能力的问题,应当通过专业机构的鉴定得出初步结论,在特殊情况下还需要行政机关借助专业知识并结合行政许可事项的实质要求,判断行为能力丧失的程度与免除相关资格之间是否具备充足的关联性。在"不可抗力导致行政许可事项无法实施"这一注销情形中,则涉及对"不可抗力"和"无法实施"这两个不确定法律概念的解释,以及对二者之间的因果关系与许可事项是否具有本质性关联的判断。行政机关就此拥有较大裁量空间。某一事实状态的产生、变更或消灭是否构成不可抗力,以及该不可抗力所导致的消极影响是否足以达到致使行政许可无法进行的程度,都涉及较为复杂的事实判断及衡量。由行政机关单方面认定利益交织的复杂事实并径行决定注销,可能潜存着较大的法定情形判断错误的风险。相对人程序参与的深度与裁量空间的广度呈正比,有利于促使行政机关形成合理的决策。在"星海湾休闲会所诉茂名市电白区卫生和计划生育局许可证行政纠纷案"[1]中,因原告的经营场所已经被拆除,被告认为行政许可事项继续实施的条件已经丧失,遂依据《行政许可法》第70条第5项的规定将其卫生许可证予以注销。法院在裁判中认为该注销决定涉及原告的重大利益,行政机关应遵循程序正当原则,保障原告享有陈述、申辩或者申请听证的权利。在涉及复杂事实判断和重大利益的注销中赋予相对人充分的程序权利,能够促使行政机关作出法定情形要件是否齐备的正确判断。即使法定情形确实满足,相对人可以通过程序参与的途径获知不可抗力类型及影响行政许可存续的原因,并取得调整经营状态的机会,以此尝试消除或降低不可抗力的消极影响,最终实现行政许可效力的存续。这亦是注销语境下的正当程序原则所欲促成的效率价值的体现。

---

[1] 广东省茂名市茂南区人民法院(2017)粤0902行初52号行政判决书.

学术自治原则的司法适用

——何某强诉华中科技大学履行法定职责纠纷案[1]

一、案情摘要

原告何某强系第三人华中科技大学武昌分校（以下简称武昌分校）2003级的本科毕业生。武昌分校无学士学位授予资格，委托被告华中科技大学对符合学士学位条件的本科毕业生授予学士学位。两校的学位授予细则均规定大学生英语四级考试是申请学士学位的必备条件之一。2007年，由于何某强在本科学习期间未通过全国英语四级考试，华中科技大学未授予其学士学位。2008年，何某强起诉华中科技大学，要求其履行颁发学士学位的职责。一审法院认为被告及第三人将通过英语四级考试作为学士学位授予的具体条件之一，没有违反《中华人民共和国学位条例》（以下简称《学位条例》）第4条和《中华人民共和国学位条例暂行实施办法》（以下简称《学位条例暂行实施办法》）第25条的规定，遂判决驳回原告的诉讼请求。何某强不服一审判决，向武汉市中级人民法院提起上诉。二审法院认为：武昌分校有权在国家学士学位授予基本原则范围内自行制定授予学士学位的学术标准和规则。对学士学位授予的司法

公报案例全文

---

[1] 最高人民法院公报，2012 (2). 以下简称"何某强案"。

审查不能干涉和影响高等院校的学术自治原则，对学位授予类行政诉讼案件的司法审查的深度和广度应当以合法性审查为基本原则。因此，二审法院驳回上诉，维持原判。

二、裁判要旨

高等学校在不违反上位法所规定的授予学位基本原则的基础上，有权力和职责在学术自治范围内制定学位授予标准。各高等院校根据自身的教学水平和实际情况在法定的基本原则范围内确定各自学士学位授予的学术标准，是学术自治原则在高等院校办学过程中的具体体现。法院对学位授予的司法审查不能干涉和影响高等院校的学术自治原则，对学位授予类行政诉讼案件的司法审查的深度和广度应当以合法性审查为基本原则。

三、法理分析

面对高校与学生的纠纷，法院应实施何种限度的审查，如何平衡学术自由与学生权利之间的关系，一直是理论界与实务界争论不休的话题。"何某强案"针对此类诉讼困境提出两个重要的裁判要点：一是高校制定学位授予细则属于学术自治的范畴；二是出于对学术自治的尊重，司法审查对学术自治以合法性审查为限。这两个裁判要点对此后类案的处理具有十分深远的影响，学术自治原则得到广泛运用。本文立足于"何某强案"的这两个裁判要点，从发展演变与规范表达角度介绍学术自治原则的产生发展，并基于相关法律规范与司法判例，归纳我国语境下的学术自治原则内涵。对学术自由与学生权利的价值衡量要求司法对高校学术自治既予以充分尊重，也加以有限的审查。

出于对学术自治的尊重，法院通常不对学术自治的合理性进行实质审查，也不代替高校作出学术判断。在对学术自治的审查中，法院首先应当判断高校的管理行为是否属于学术自治范围。对属于学术自治范围的高校管理行为，法院应重点审查学术自治是否与上位法基本原则相抵触以及是否合乎程序正当要求。

（一）学术自治原则的内涵

归纳我国语境下的学术自治内涵应当从西方的大学自治出发，以我国现存法律、法规、规章为基础，并参考具体案例对该原则的适用。学术自治最早起源于西方，其内涵随着历史的演变而不断变化。我国语境中的学术自治内涵与西方的有所差异，应对学术自治与大学自治进行区分。高校学术自治不仅包括学位授予标准的制定，还包括其他学术管理行为，但并非高校制定的所有学位授予标准都属于学术自治范围，应具体区分学术标准与非学术标准。

1. 学术自治原则的发展演变

学术自治原则是处理政府与学校之关系的原则，其与大学自治有着密切关联。学术自治与大学自治的内涵虽具有一定差异，但前者本质上是后者的本土化嬗变，二者有着密不可分的关系。学术自治原则可追溯至西方大学自治的发展与演变。大学自治起源于欧洲中世纪时期，经历几百年的演变发展，逐渐成为世界各国的大学治理原则。在中世纪西方处于教会神权与世俗政权斗争的漩涡中，当时大学的学术研究对社会舆论有很大的影响，因此，大学成为两方势力的"必争之地"。教师与学生为了在神权与政权的纷争中保持独立，效仿手工业者和商人，组成具有自卫性质的行会[①]，通过罢课、迁移，甚至暴力抗

[①] 行会是中世纪手工业者和商人为了有效反抗封建主和教会的剥削而组成的具有自卫性质的组织。

争等方式从教皇、国王那里争取到了类似法人性质的特许状及特权。这种行会自治是大学自治最初的样态。此时的大学自治意在抵抗来自教会与封建势力的干涉，其权力内涵十分广泛，政治特征明显，包括：(1) 免税免役权和司法权。大学师生被免除各种税赋，同时被免除服兵役的义务。大学有权设立校内的特别法庭，涉及大学师生的诉讼均由大学自己审理。(2) 颁发任教特许状和授予学位权。大学有权审查并授予教师资格、教授职称、学位证书等。(3) 罢课和迁校权。大学在与教会、封建领主等主体发生冲突，或遭到外界干涉时，有权罢课或迁移。[1]

随着社会的不断发展，大学的行会性质在逐渐减弱，但大学作为一个固定组织机构的特征在逐渐增强，其与国家之间的关系也愈加紧密。国家权力的扩大使大学所享有的自治权相应缩小，慢慢限缩为学术范围内的自治，大学的一些自治权，例如税务与司法等方面的特权，都被国家收回。[2] 在 19 世纪民族国家兴起后，欧洲国家开始进行教育改革，大学自治模式发生了很大的变化，衍生出更多元化、更成熟的治理模式，并开始与学术自由相结合。以德国为例：1806 年第一次普法战争的失败使其将民族复兴的希望寄托于大学教育，并展开一系列的教育发展措施。1810 年柏林大学创办并将学术自由作为学术生活的基本原则，至此学术自由成为大学自治的内涵之一。[3] 在 1848 年以后的宪政主义时期，高校获得了独立地位，研究自由、教学自由与学术自治通过立法成为大学自治的基本原则，大学既是国家机构，又具有自由的科学法人社团特点。[4] 此外，现代大学往往承担着更多的社会职能和责任，同时受到更多来自国家的规制。国家开始通过法律规制

---

[1] 陈列.关于西方学术自由的历史演进.世界历史，1994 (6).

[2] 周慧蕾.高校学位授予权研究.北京：中国社会科学出版社，2016：102.

[3] ［瑞士］瓦尔特·吕埃格.欧洲大学史：第 3 卷·19 世纪和 20 世纪早期的大学.张斌贤，杨克瑞，林薇，等译.石家庄：河北大学出版社，2014：87-126.

[4] 姚荣.德国大学自治公法规制的经典内涵与现代诠释.高等教育研究，2017 (10).

等方式对大学施加影响，大学自治与国家干预均获得了法律的肯定和保障。一方面，法律对大学自治进行规范上的指引；另一方面，这些规范往往是概括性立法，以便为大学自治留下一定的空间。①

2.学术自治原则的规范表达

我国并无针对学术自治的直接表达，其内涵主要体现在部分法律规范当中。法律中的学术自治表达集中于《中华人民共和国教育法》（以下简称《教育法》）、《中华人民共和国高等教育法》（以下简称《高等教育法》）和《中华人民共和国民办教育促进法》（以下简称《民办教育促进法》）。《民办教育促进法》第5条"民办学校与公办学校具有同等的法律地位，国家保障民办学校的办学自主权"与《高等教育法》第11条"高等学校应当面向社会，依法自主办学"，均肯定了高校的自治权力。关于学术自治的规定并不局限于上述三部法律，而是更多散见于各类的法规、规章及规范性文件中。《国务院关于印发国家教育事业发展"十三五"规划的通知》《国民经济和社会发展第十四个五年规划和2035年远景目标纲要》等一系列的规范性文件，将学术自治原则上升至教育基本政策的高度，并使之持续成为未来教育改革所坚持的方向。但这些表述较为零散，且多为倡导性规范，对该原则的具体内涵没有过多表述。②

相比其他规范性文件中的零散规定，《高等教育法》与《教育法》对高校自主办学权的范围列举更为详尽，对探寻学术自治原则的内涵具有重要的规范分析意义。《教育法》第29条与《高等教育法》第32条至第38条列举了高校具有的权力，可以归纳为教学、招生、学籍管理、人员任免、经费使用、科学研究、学位授予、日常管理八项。将

---

① 湛中乐，尹婷.论大学自治——兼析《高等教育法》中的"自主办学".陕西师范大学学报（哲学社会科学版），2018（1）.

② 湛中乐，黄宇骁.再论学术自由：规范依据、消极权利与积极义务.法制与社会发展，2017（4）.

几项高校管理权力以学术性与非学术性为标准进行区分，涉及学术自治的主要包括招生、教学、科学研究与学位授予。除对教育机构自主权的列举式规定外，兜底条款"法律、法规规定的其他权利"为高校的自治留下更多空间。

上述规范表明学术自治这一表达在我国规范性文件中并不常见，取而代之的是"办学自主权"，二者的内涵不尽相同，应予以区分。办学自主权包括行政管理自治权与学术自治权，前者是指高校作为行政主体为实现组织目标，依照章程对大学自身进行管理的权力；后者是高校教师、学生或研究人员自主地从事学术研究、进行学术活动的权利。学术自治权并不等同于高校自主权或大学自治权，其是高校自主权的一项子权力，所涉内涵仅限于学术相关事宜。

3. 学术自治原则的理论内涵

"何某强案"的判决明确"高校制定学位授予标准"是高校学术自治的具体体现，但对学术自治这一原则的具体内涵并未详尽论述。学术自治的边界直接决定了法院在涉高校行政诉讼中保持何种程度的谦抑，厘清其内涵的关键在于：一是除了学位授予标准的制定外，高校其他管理行为是否属于学术自治范围；二是高校制定的所有学位授予标准，如"英语四级考试""计算机二级""论文发表要求"等，是否都属于学术自治范围。为了更好地分析上述两个问题，笔者试图从当前的司法实践获得启发。在"北大法宝"上以"行政案件"为检索范围，以"全文"中包含"学术自治"为检索条件，共检索到52份裁判文书。剔除重复的裁判文书、裁判评析后，得到有效裁判文书26份。

就第一个问题而言，学术自治不仅包括学位授予标准的制定，还包括其他的高校学术管理行为。在上述26份既有的判决中，法院确认属于学术自治的事项大多为学位授予细则的制定，高达20件。但仍有少数其他高校管理行为被认定为学术自治事项，例如"校学位评定委员会行使学位授予审议权的过程"①、"组织专家对硕士研究生论文进行评阅"②、"对学位授予细则中不确定概念的解释"③、"招生工作中的学术标准的制定"④、"认定上诉人申请博士学位时提交的学术论文具有学术不端的行为"⑤ 等。前述事项都涉及高校对学术问题作出的专业性评价,而非一般行政管理,故可将其归纳为高校的学术管理行为。学术管理行为与行政管理行为皆属于自主办学权的范畴,但其具体内涵大相径庭。前者涉及高校对学术事宜的自主判断,后者包括与学术无涉的日常教学活动、学籍管理、学生处分等事宜。"何某强案"及上述类案均将学术自治限缩于高校学术管理,排除行政管理。例如,在"武某俊与云南中医药大学教育行政管理案"中,法院认为"争议无涉被上诉人所称能排除或限制法院审查的学术自治权",从而将开除学籍处分排除出学术自治的范畴。⑥ 申言之,学术自治的内涵不限于学位授予标准的制定,但也绝非容纳所有的高校管理行为,应当具体区分学术管理行为与行政管理行为。虽然当前司法实践对学术自治原则在其他高校管理行为方面的适用还处于摸索阶段,但学术自治的内涵远不止上述所列举的,在未来的司法实践中仍会不断涌现不同类型的学术自治事宜。"任何试图一一列举学术自治事项的努力都难免挂一漏万"⑦,对学术自治内涵的界定,应结合相关法律、法规、规章以及规范性文件,在个案中具体判断。

就第二个问题而言,并非高校自制的所有学位授予标准都属于学术自治,应当具体区分学术标准与非学术标准,仅高校制定学术标准

---

① 广西壮族自治区南宁市西乡塘区人民法院(2011)西行初字第4号行政判决书.
② 广州铁路运输中级法院(2020)粤71行终2828号行政裁定书.
③ 西安铁路运输中级法院(2018)陕71行终82号行政判决书.
④ 新疆维吾尔自治区高级人民法院(2019)新行申30号行政裁定书.
⑤ 广州铁路运输中级法院(2020)粤71行终2779号行政判决书.
⑥ 云南省昆明市中级人民法院(2020)云01行终12号行政判决书.
⑦ 郑磊.论学术自治尊让原则的具体化——基于最高人民法院指导案例39号之展开.郑州大学学报(哲学社会科学版),2016(3).

属于学术自治。在前述 26 个案例中，高校针对自身的人才培养要求设置了各式各样的学位授予标准，最为常见的是将"考试作弊"与学位授予挂钩，共 7 件，占此类案件的 26.9%。其次是将"英语考试等级"与学位授予挂钩，共 4 件，占此类案件的 15.4%。此外，有部分高校将"论文答辩次数""学习年限""补考次数""平均成绩分数""发表论文数量与级别"等标准与学位授予挂钩。案件中高校自制的学位授予标准各异，但法院几乎无差别地予以尊重，认可其是学术自治原则的具体化，不予深入审查。然而细究之下可以发现，并非所有的学位授予标准都应被纳入学术自治范畴，这种"一刀切"的认定方式过于武断，有利用学术自治规避司法审查之嫌，也使学生的合法权益难以得到实质性保障。并非高校设定的所有学位授予标准都是学术自治原则的具体体现，要实现司法对学术自治的有效审查，应对学位授予标准进行类型化区分。学界一般依据学位授予标准涉及内容的性质，将其划分为学术标准与非学术标准[①]，但关于这两种标准所包含的具体内容仍有所争议。在早前非学术标准指向对学位申请人遵纪守法、道德品行的评判，直至 2003 年国务院学位委员会《关于对〈中华人民共和国学位条例〉等有关法规、规定解释的复函》（学位〔2003〕65 号）将《学位条例》第 2 条"拥护中国共产党的领导、拥护社会主义制度"扩大解释为学位授予标准后，非学术标准又可分为政治标准和品行标准。虽然当前学界对于非学术标准是否包括政治标准还有所争议，但无论采取哪种观点，非学术标准都不应当被纳入学术自治的范畴。学术自治原则旨在保护学术自由，保证高校学术科研的活力与创

---

① 例如：徐靖，张敏.论学位授予中的非学术标准设定.复旦教育论坛，2020（4）；周佑勇.高校惩戒学生行为的司法审查——基于最高人民法院相关指导性案例的观察.南京师大学报（社会科学版），2019（3）；王霁霞，张颖.设定学位授予条件的边界与标准——基于近三年 34 起学位授予案件的分析.学位与研究生教育，2018（11）；郑磊.论学术自治尊让原则的具体化——基于最高人民法院指导案例 39 号之展开.郑州大学学报（哲学社会科学版），2016（3）。

造力，避免其受其他事务的过多干扰，故其适用范围应当限制于学术标准的制定。界定学术自治的内涵重点在于对学术标准内容的明确。对学术标准从字面意义上可理解为评价学术水平高低的客观参照，是一种纯粹的专业判断过程。有学者参照英国、美国、法国等西方国家的学位法律、学生法则和学术质量评价标准，将学位授予中的学术标准分为三类：一是语言类标准，确保学生具有一定的外文资料研究能力，例如大学英语四六级考试；二是课程类要求，包括学分、课程类别、学习年限、成绩等要求；三是论文类标准，包括发表论文的数量级别和学位论文水平要求等。①

（二）司法对学术自治原则的充分尊重

学术自由是宪法上的基本权利，高校具有学术上的专业判断优势，在涉及高校学术事宜的诉讼中，司法应当对学术自治予以充分尊重。法院在司法审查中通常不对学术自治的合理性进行实质审查，仅就合法性进行审查；且不代替高校作出学术判断，学术自治事由的最终结果仍由高校作出。

1. 充分尊重的缘由

司法基于保护学术自由的宗旨，对学术自治予以充分尊重。我国《宪法》第47条规定，中华人民共和国公民有进行科学研究、文学艺术创作和其他文化活动的自由。国家对于从事教育、科学、技术、文学、艺术和其他文化事业的公民的有益于人民的创造性工作，给以鼓励和帮助。该条中虽未直接出现"学术自由权"的表述，但"科学研究自由"作为学术自由的中国式表达已经蕴含了宪法对学术自由的保护。学术的专业性与复杂性对专业外的人形成天然的知识"壁垒"，高校作为科学研究的主要机构对涉及学术的事宜具有专业判断优势。这

---

① 龚向和，张颂昀. 论硕士、博士学位授予的学术标准. 学位与研究生教育，2019（3）.

种判断优势不仅体现在科学研究上,也体现在对学生的学术管理上。在论文评定、学术不端认定、学分认定等学术自治领域,如果没有充足的知识储备和长期管理经验,根本无法获得清晰的认知,作出精准的判断。司法系统由一大批精通法律知识的人员组成,他们难以对每一领域的专业知识有所了解,更不要说精通。出于对学术自由的保障,法院面对此类问题应当保持谦抑,尊重高校的专业判断。

2. 充分尊重的体现

第一,法院通常不对学术自治的合理性进行实质审查。

德国的判断余地理论认为行政机关通过适用不确定的法律概念获得一种独立的、法院不能审查的权衡领域或判断领域,法院必须接受在该领域内作出的行政决定,只能审查该领域的界限是否得到遵守。虽然德国联邦法院后来认为行政机关不享有判断余地,法院应当对不确定概念进行全面审查,但在职业考试中,这一理论仍然得到承认。例如教育领域的考试涉及专业学科及教学上的判断,具有不可回转性,事后进行司法审查时缺乏与其他考试参加人成绩的比较,因此对考试内容不能进行内容审查,而只能进行形式审查。审查的内容仅涉及程序规定是否得到遵守、是否考虑了相关的案件事实、是否遵守公认的判断标准。[①] 我国司法实践虽未明确提出"行政判断余地"的概念,但对学术问题等专业性问题的司法谦抑或多或少蕴含了这种观念。在进行涉及是否颁发毕业证书、学位证书等高度属人性的价值判断时,由于结果具有不可替代性,因此其属于行政机关的专业判断领域。[②] 高校本身具有更丰富的专业知识和经验,更接近具体的专业问题,其在合理范围内作出的决定都应当被认定为合法。"学术判断乃司法审查的禁区——这是法院在教育行政案件审理过程中所必须遵循的铁律;

---

① [德]哈特穆特·毛雷尔. 行政法总论. 高家伟,译. 北京:法律出版社,2000:134-138.

② 伍劲松. 行政判断余地之理论、范围及其规制. 法学评论,2010(3).

学术事务是专家的自由领地；举凡学术事务，法院一律不得涉足。"①法院在审理涉高校诉讼案件时，应当保持司法的谦抑性，避免对学术自治的过分干预。如何认定学生是否达到授予学位标准是一个十分专业的问题，尤其是涉及学生的考试、学分、论文等学术性事项评价时，法院不能以自己的判断代替高校及专业人员的判断，即法院只能对高校学术管理行为的合法性予以审查，而不能对学术自治具体内容的合理性进行审查。

法院对学术自治给予充分尊重可从许多经典案例中窥见一二。"白某山等诉武汉理工大学教育行政行为纠纷案"中一审的裁判理由为"学位的授予是对学位获得者学习成绩和学术水平的客观证明，学校以培养人才为目的，有权对自己所培养的学生质量作出规定和要求。学校如何规定自己学校学生的质量和水平，不是司法审查的对象，但其有无权力作出规定以及该规定是否合法是司法审查的内容"②。当时学术自治原则尚未被司法判决所适用，合法性审查标准也未被全然归纳出，但司法裁判对学术自治的尊崇已经充分体现。法院在判决中表明，司法审查无权对高校学术自治的具体内容进行实质审查，只能对学术自治是否有上位法授权，以及学术自治是否合法等法律问题进行审查。"何某强案"创设性地提出学术自治的概念并对此范围内的高校管理行为保持司法审查的谦抑与自制，开启了"合法性审查"的先河，为此后的涉学术自治案件所沿用。"柴某杰诉上海大学教育行政案"中，面对备受争议的论文发表学位授予标准，法院始终保持谦抑："通过规定发表论文数量和期刊载体的方式评价博士的学术水平，历来颇受争议，但此属高校学术自治的范畴，本院予以充分尊重"③。在案件审理始末，法院均未对涉及专业判断的学术问题进行实质审查，而是将审查

---

① 徐靖.高校校规：司法适用的正当性与适用原则.中国法学，2017（5）.
② 湖北省武汉市中级人民法院（2006）武行终字第60号行政判决书.
③ 上海市浦东新区人民法院（2019）沪0115行初362号行政判决书.

的重点限于高校管理的法律问题，例如高校是否具有授予学位的权力，学校规则的制定、公布程序是否合法，学生的知情权与陈述申辩权是否得到保证等。

第二，法院不代替高校作出学术判断。

教育行政纠纷当事人常提起履行之诉，要求法院判决高校履行颁发学位证书的职责，但法院通常不直接代替高校作出是否授予学位的决定。作出什么样的学术管理决定涉及高校的专业判断，应当由高校自主决定。法院仅有权依据既定事实及现存法规判断高校行为的合法性，无权直接代替高校作出涉及学术自治的决定。学术判断、成绩评定、学位授予决定等高度专业的学术事务应当由高校自主决定，学术自治中的法律问题才是法院应当审查的重点。例如，在"何某娴诉重庆第二师范学院不予授予学位案"（以下简称"何某娴案"）中，一审法院判决撤销被告作出的"重庆第二师范学院不授予学士学位告知书"，原告不服，提起上诉，请求法院判决被告在 30 日内颁发学位证书。对此，二审法院判决，"各高等学校根据自身的教学水平和实际情况在法定的基本原则范围内确定各自学士学位授予的学术水平衡量标准，是教学自主权和学术自治原则在高等学校办学过程中的具体体现。基于此，在何某娴能否被授予学士学位尚需重庆第二师范学院调查裁量的情形下，司法权不能代替学位授予单位的行政权直接作出能否授予学士学位的决定"①。

针对当事人提起的教育行政诉讼，法院的裁判以撤销判决和确认违法判决为主，即使法院作出有履行内容的判决，也并非履行内容明晰的实体判决，而是一种带有指令重做性质的判决，例如"对原告学位申请重新作出回复"②、"对授予学位重新审查处理"③、"重新作出授

---

① 重庆市第五中级人民法院（2020）渝 05 行终 514 号行政判决书。
② 广州铁路运输第一法院（2016）粤 7101 行初 2515 号行政判决书。
③ 辽宁省沈阳市中级人民法院（2017）辽 01 行终 335 号行政判决书。

予学位的决定"①等等。此类抽象的答复判决是对学术自治尊重的充分体现，法院不对高校是否应当授予学位直接作出评价。但也有个别案例中法院直接判决学校作出具体行政行为。例如，在"赵某文诉济南大学案"中，法院认为被告济南大学不授予原告学士学位证书的行为证据不足、程序违法，故判决被告自判决生效之日起六个月内依法履行向原告赵某文颁发学士学位的法定职责。②此判决实际是法院代替高校行使学术自治权力，有过度干预学术自治之嫌。法院只能对高校的学术自治行为作出撤销或确认判决，即使是有履行内容的判决也应当是较为抽象的程序性判决，而不能直接越过高校进行自主判断。

（三）司法对学术自治原则的有限审查

对学术自治的尊重并不意味着无限制地放任，出于对学生权利的保护，有限审查是处理高校诉讼案件的基本准则。面对教育行政诉讼案件，法院应当首先判断争议事实是否属于学术自治事由，在区分学术自治事由与非学术自治事由的前提下，对高校学术自治进行最低限度的审查。法院对学术自治的审查要点在于学术自治是否与上位法的基本原则相抵触、学术自治是否合乎程序正当要求。

1. 有限审查的缘由

司法基于保护学生权利的宗旨，对学术自治加以有限审查。在教育领域，学生具有双重身份，即国家公民和受教育者，并享有双重权利。③作为国家公民，学生享有宪法与法律赋予公民的一切权利，如政治权、人身权、社会经济权和文化教育权等；作为正在接受教育的公民，学生既是高校教育和管理的对象，又是受教育主体，享有与教育相关的一系列权利，如获得公正的学术评价、评奖评优、获得学位

---

① 广东省广州市天河区人民法院（2015）穗天法行初字第669号行政判决书.
② 山东省济南市中级人民法院（2017）鲁01行终498号判决书.
③ 余雅风主编.学生权利概论.北京：北京师范大学出版集团，2009：27.

证书等权利。高校学术管理中的漏洞可能侵害学生权利,这决定了外部监督机制存在的必要性。国家为了保护学生权利,避免大学成为封闭的学术孤岛,仍需对大学自治作若干限制。① 倘若高校的不当学术自治无法得到及时的监督与纠正,机制的短板容易助长高校制定校规的任意性,加剧学生的弱势地位。司法审查作为局外的、有严格程序保证的、具有传统权威性的监督,是最受社会和个人信赖的权力监督方式。② 司法介入学术自治对规范高校学术管理具有举足轻重的意义,同时能够在学生的基本权与受教育权受到侵害时提供外部救济渠道,保障学生的权利。

2. 有限审查的体现

"何某强案"确立了对学术自治的合法性审查限度,根据《行政诉讼法》第69、70条的规定,法院审查被诉行政行为合法性的内容包括六个方面:事实证据、法律适用、法律程序、超越职权、滥用职权、明显不当。涉学位授予案件的诉讼标的是高校学位授予决定的合法性,包括学位授予所依据的校规的合法性和学位授予程序的合法性。合法性审查限度集中体现于两方面:一是法律适用,即审查高校制定的学位授予细则是否与上位法的基本原则相抵触;二是法律程序,即审查高校学位授予程序是否合乎程序正当要求。

第一,判断高校管理行为是否属于学术自治范围。

并非所有的高校管理行为都能被装进学术自治这个箩筐里,有限审查运用的前提是对高校管理行为之性质的判断。涉学位授予案件中,法院应先对高校制定的学位授予标准进行学术标准与非学术标准的区分,并排除非学术标准对学术自治原则的适用。在前述26个案例中,高校因考试作弊而拒绝授予学位的纠纷最为常见,可见将考试作弊与

---

① 周志宏.学术自由与高等教育法制.台北:高等教育文化事业有限公司出版,2002:130.

② 王名扬.美国行政法.北京:中国法制出版社,1995:563.

学位授予挂钩存在较大争议。正如在"刘某鹰诉中山大学新华学院不授予学位决定纠纷案"中，法院的裁判指出："将学位授予与学生考试作弊的处理直接挂钩，混淆了学位授予与学生管理的边界，有悖学位授予的根本目的。对于考试作弊学生，学校已有多种惩戒及处理措施，以作弊为由直接作出不授予学士学位的决定明显不当。"[1] 诸如考试作弊、记过处分等不涉及学术自治的事项应当被排除出学术自治的范畴，由法院对其进行全面审查。介于学术性与非学术性之间的问题既可能属于学术自治范畴，也可能不属于学术自治范畴，应审慎适用学术自治原则。随着高校与学生之间的纠纷与日俱增，争议的学位授予标准不再局限于考试作弊、学位评定这一类事由，而是扩展至英语四六级考试、计算机二级考试、记过处分、论文抄袭、重修学分过多等。许多争议事由性质模糊，无法被直接归入学术标准或者非学术标准。例如，"何某强案"中法院认可通过英语四六级考试为学位授予标准，理由是这一标准涉及高校的学术自由，应当予以尊重。这显然是将英语四级考试划入学术性事由的范畴。这一划分引发争议，英语四级考试并未被涵盖在各大高校的教学大纲中，也难以用来衡量非英语专业学生的学术水平，严格来说该成绩并不属于学术授予标准中的"学业成绩"。将其作为"学术类学位授予标准"直接归入"涉高校自主权的事宜"有失偏颇，但此考试确已超出高校行政管理事由范围，也不宜被定性为涉教育行政权事由。兼涉教育行政权与高校自主权的事由应当在司法审查中另成一类，进行权衡审查。即使肯定高校有权将英语四六级考试作为学位授予的学术标准，"但该标准是否合理需要法院综合审查该校自身的教学条件、学生整体的学习素质、学生通过该学术标准的比例、未通过学生的学习状况等原因进行考虑"[2]。

---

[1] 广州铁路运输中级法院（2016）粤 71 行终 1826 号行政判决书.
[2] 周佑勇.高校惩戒学生行为的司法审查——基于最高人民法院相关指导性案例的观察.南京师大学报（社会科学版），2019（3）.

第二，审查高校学术自治是否与上位法的基本原则相抵触。

"何某强案"为首次明确学术自治合法性审查标准的判例，其裁判理由中对"合法性"的表述为"在不违反上位法有关规定的情况下，根据自身的教学水平和实际情况，在学术自治范围内制定的授予学位的学术水平标准"。由此可见，"何某强案"中法院采取了"不抵触"标准，即高校制定的学位授予标准不与宪法、法律、行政法规的具体内容相抵触即可。此后，高校制定学位授予细则不得与上位法的基本原则相抵触已经成为司法审判共识，几乎所有涉及学术自治原则的裁判中都有同样的表述——"不违反《学位条例》所规定授予学士学位基本原则的基础上"。但关于这一适用前提的表述往往停留于此，对于高校设定的学位授予标准，大多数法院默认其符合上位法的基本原则，少有法院对此进行真正审查。如何判定学术自治是否与上位法的基本原则相抵触，应当是理论研究与司法实践探究的重心所在。

"不抵触"标准与法律保留原则不同，法律保留意味着没有法律、法规、规章的明确授权，高校不得超越上位法制定校规。针对学术自治的"不抵触"原则赋予了高校更大的自主空间，它可对应至行政法理论中的法律优先原则，即行政应受现行法律的约束，不得采取任何违反法律的措施。这一原则要求：在法律已经对某个事项作出规定时，法规、规章不能与之相抵触。法律、法规、规章对同一事项都有规定的，应当优先适用法律；法规、规章抵触法律的，执法机关应当适用法律，而不能适用法规、规章。① 结合法律优先原则的基本内涵，对高校自制学位授予标准的合法性审查应当遵循以下要求：当上位法对部分学位授予的规定处于空白时，高校可在不违反上位法的基本原则的前提下进行补充；当上位法对相关学位授予标准仅有原则性的规定时，高校校规可对其进行细化；当法律、法规、规章对相关学位授予

---

① 何海波.行政诉讼法.北京：法律出版社，2016：265.

标准有所规定时,高校可根据自身的水平与办学目标设立严于上位法的标准和要求。只要高校制定的学术自治校规没有存在明显不当,没有与上位法的原则相抵触,并经过了法定的制定和公布程序,法院在审判中就应当予以尊重。法院对其合法性的审查应当立足于高校校规的文本,审查其是否超越上位法的基本原则和精神设定与学位授予基本要求无关的事项,增加学生负担。例如,在"杨某智诉济南大学不授予学位案"中,法院判定"学位授予单位制定的工作细则是对《学位条例》和《学位条例暂行实施办法》规定的学位条件的细化和具体化,而不能超越《学位条例》和《学位条例暂行实施办法》的原则规定,增加与学业成绩及学术水平无关的限制条件,给高等学校本科毕业生获得学士学位增加额外的义务"[1]。《学位条例》的第2条、第4条、第5条、第6条对学位授予条件的范围进行了限制,获得学位的条件包括政治标准、品行标准、成绩标准与学术水平标准,法院应当在审查时予以参照。高校应当遵循教育为主、惩戒为辅的基本原则,以培养高素质人才为出发点,不得损害学生的合法权益。"甘某不服暨南大学开除学籍决定案"同样是司法对学术自治的合法性进行审查的典型案例。在该案中,法院认为暨南大学对学生作出的学籍处分不能违背《普通高等学校学生管理规定》(以下简称《学生管理规定》)相应条文的立法本意,并进一步解释《学生管理规定》第54条第5项"剽窃、抄袭他人研究成果"指向"学生在毕业论文、学位论文或者公开发表的学术文章、著作,以及所承担科研课题的研究成果中,存在剽窃、抄袭他人研究成果的情形"。据此,暨南大学作出的开除学籍处分属于适用法律错误,有违上位法的基本原则。[2]

第三,审查高校学术自治是否合乎程序正当要求。

在实体法未对学术自治的程序合法性进行明确时,应当适用程序

---

[1] 山东省济南市中级人民法院(2011)济行终字第29号行政判决书。

[2] 最高人民法院(2011)行提字第12号行政判决书。

正当原则进行审查。学位授予的行政权属性要求其在程序性问题上必须坚守程序正当原则。程序正当原则作为保障人民基本权利的重要原则之一有其工具价值与独立价值：前者体现在程序正当性与最终的实质正义有着内在的关联，有助于对实体问题作出正确决定，是实现正义的路径；后者体现在程序性权利能够促进形式正义和法治的实现。①自"田某案"将程序正当原则作为审查学术自治合法性的重要原则后，涉高校诉讼案件中法院基本上遵循这一审查标准。例如在"于某茹诉北京大学违法撤销学位案"中，法院指出"北京大学作为法律、法规授权的组织，其在行使学位授予或撤销权时，亦应当遵守正当程序原则。即便相关法律、法规未对撤销学位的具体程序作出规定，其也应自觉采取适当的方式来践行上述原则，以保证其决定程序的公正性"②。可见，即使在现行的法律法规中未有明确规定，学术自治也不得脱离程序正当原则的约束，是否符合程序正当原则是法院审查此类案件的重点。

我国相关法律法规对程序正当原则的具体内涵并未予以明确，法院对这一审查原则的运用可从相关司法判例当中进行归纳。"田某案"的判决"从正当程序原则出发，被告应将此决定向当事人送达、宣布，允许当事人提出申辩意见"③，即将程序正当归纳为向当事人送达、宣布和听取当事人的意见。"刘某文诉北京大学拒绝颁发毕业证书纠纷案"（以下简称"刘某文案"）的一审判决审查了学位授予评定程序的合法性，并认定"该决定未经校学位委员会全体成员过半数通过，违反了《学位条例》第 10 条第 2 款规定的法定程序"。"刘某文案"中法院同时归纳了学位授予过程中程序正当原则的具体内涵：学位授予决议作出前应当告知学生、听取学生的申辩意见，在作出不批准授予学

---

① 余凌云. 行政法讲义. 北京：清华大学出版社，2014：102.
② 北京市第一中级人民法院（2017）京 01 行终 277 号行政判决书.
③ 北京市第一中级人民法院（1999）一中行终字第 73 号行政判决书.

位的决定后,应当将决定向本人送达或宣布。[①] 概言之,程序正当原则要求在学位授予过程中,高校作出不授予学位决定或者其他对当事人不利的决定时,应当事先告知当事人,说明理由并听取当事人陈述和申辩。论文答辩评定以及学位评定委员职称、投票出席人数、投票表决方式等均应严格依照《学位条例》与《学位条例暂行实施办法》的规定。学位评定委员对学生是否具有学位授予资格进行评定时,与该学生有利害关系的委员会成员应当回避,以保证评定结果的公平。在信息公开方面,学术授予标准应当通过书面文件的形式正式发布,辅导员等学校行政人员的口头告知只能作为告知的辅助方法,而不是唯一途径,要保证每一个学生都及时准确了解学校的学位授予标准。[②] 同样,学位评定的结果以及与当事人有关的决定也应当及时以书面形式告知并送达当事人。

[①] 北京市海淀区人民法院(1999)海行初字第 103 号行政判决书.
[②] 上海市浦东新区人民法院(2019)沪 0115 行初 362 号行政判决书.

履行判决中履行期限的确定

——启东市发圣船舶工程有限公司诉启东市人民政府渡口行政许可及南通市人民政府行政复议案①

一、案情摘要

2014年10月，启东市北新镇人民政府、启隆乡人民政府根据启东市发圣船舶工程有限公司（以下简称发圣公司）的申请，向启东市政府提交汽渡设置申请，建议重设启东至启隆的航线。2016年6月，因启东市政府未予答复，发圣公司提起行政诉讼。南通市

公报案例全文

中级人民法院于同年11月作出（2016）苏06行初86号行政判决，责令启东市政府在判决生效后60日内作出答复。2017年2月，启东市政府向发圣公司作出不予许可决定。此前，启东市政府曾向启东海事处、崇明海事局等部门针对该项许可申请征求意见。

2017年3月，发圣公司不服不予许可决定，向南通市政府申请复议。南通市政府作出维持不予许可决定的行政复议决定。发圣公司不服复议决定，以启东市政府的行政行为超过（2016）苏06行初86号行政判决确定的60日履行期限，构成程序违法为由，向南通市中级人民法院提起诉讼，请求撤销不予许可决定和行政复议决定。经审理，

---

① 最高人民法院公报，2020（12）.以下简称"启东案"。

法院判决驳回发圣公司的诉讼请求。发圣公司不服一审判决，向江苏省高级人民法院提起上诉。法院判决驳回上诉，维持原判。

在案件审理过程中，两级法院都将该案的争议焦点之一归结为：启东市政府作出的行政行为在程序上是否合法，是否超出了（2016）苏 06 行初 86 号行政判决确定的履行期限。对此，两级法院均认为启东市政府依法向海事等部门征求意见所花费的时间应当扣除，所以行政行为并未超出履行期限，不构成程序违法。二审法院在作出这一认定的同时，还在判决书中阐述了确定履行期限的基本规则。

二、裁判要旨

人民法院在确定行政机关履行法定职责的期限时，应当遵循一定的原则。当法律规范中明确了行政机关的履行期限时，人民法院原则上应当参照相关法律规范的规定确定行政机关的履行期限。若法律规范未对行政机关履行期限予以规定，人民法院应结合具体案情，充分考虑对当事人合法权益保护的及时性和行政机关履职的可行性等因素，根据《行政诉讼法》第 47 条的规定，确定行政机关的履行期限。除非存在正当事由或不可抗力，行政机关超过该期限作出行政决定的，构成程序违法。

三、法理分析

"启东案"的重要意义在于明确了法院在履行判决中确定履行期限的基本规则，为法院在该事项上的司法裁量权行使提供了必要指引。以下法理分析将从论述履行期限确定中的司法裁量问题出发，解析"启东案"中法院所阐述的履行期限确定规则，最后论证和说明这些规则何以有助于法院合理地行使司法裁量权。

（一）履行期限确定中的司法裁量问题

《行政诉讼法》第 72 条规定，人民法院经过审理，查明被告不履行法定职责的，判决被告在一定期限内履行。依照该条，法院在作出履行判决时，须在判决主文中为行政机关确定一个具体的履行期限。此处的"一定期限"在含义上具有不确定性，实际上赋予了法院较大的司法裁量空间。因而，法院如何于个案中行使司法裁量权确定适当的履行期限，成了一个问题。

针对这一问题，最高人民法院历年颁布的司法解释曾作出一些规定。2000 年出台的《最高人民法院关于执行〈中华人民共和国行政诉讼法〉若干问题的解释》（以下简称 2000 年《行诉解释》）第 60 条第 2 款规定：人民法院判决被告履行法定职责，应当指定履行的期限，因情况特殊难于确定期限的除外。对此，蔡小雪法官给出的说明是："法院在判决被告履行法定职责时，都应当限定期限。但在审判实践中，还是存在法院因情况特殊难以确定期限的情形。因此，第 60 条第 2 款确立了'以指定履行期限为原则，以不指定期限为例外'的规则。"[①] 之后，2009 年出台的《最高人民法院关于审理行政许可案件若干问题的规定》第 12 条规定："被告无正当理由拒绝原告查阅行政许可决定及有关档案材料或者监督检查记录的，人民法院可以判决被告在法定或者合理期限内准予原告查阅。"该条对《行政诉讼法》规定的"一定期限"标准作了进一步的限定，即所谓的"法定期限"或"合理期限"。尽管这一规定仅面向行政许可类诉讼案件，但由于期限属于行政程序中的共通性事项，所以该规定对于其他履行法定职责行政诉讼类案件也具有一定的参考意义。

总体而言，前述司法解释的规定针对履行期限的确定问题给予了

[①] 蔡小雪.行政审判与行政执法实务指引.北京：人民法院出版社，2009：83-84.

进一步的回应，但仍然存在着些许模糊性，表现在：其一，法院在履行判决中是否负有确定履行期限的义务？换言之，法院在是否确定履行期限的问题上有无裁量权？其二，如果以"法定期限"作为参照对象，那么，对这里的"法"在规范层级上有何具体要求？其三，对所谓"合理期限"的含义又应当作何理解？法院应在考量何种因素的基础上加以裁量确定？

在履行判决中确定行政机关的履行期限，乃是法院不可回避的裁判责任。在法理层面，"履行判决本身就是对怠于作为程序违法的救济，其目的在于督促行政主体高效行政，履行期限的设定应是履行判决内容的必要组成部分"①。在规范层面，2000年《行诉解释》的规定并没有被2014年修订的《行政诉讼法》及其司法解释所吸纳，因此已无不予确定履行期限的例外情形。有观点认为：2018年出台的《最高人民法院关于适用〈中华人民共和国行政诉讼法〉的解释》（以下简称"2018年《适用解释》"）第91条使用"可以"作为助动词，表明法院在是否确定履行期限的问题上，享有"决定裁量"权，即法院在判决履行法定职责的同时，可不予确定履行期限。② 这一见解似乎有待商榷，因为从语法上来分析，此处的"可以"修饰的是"判决履行法定职责"，而不是"确定履行期限"。使用"可以"，意在表达法院有选择其他判决类型的可能性。③

综上，法院有义务在履行判决中为行政机关确定履行期限，至于履行期限的具体长度，由其行使司法裁量权加以确定。然而，从目前的法律规范来看，法院对这一司法裁量权的行使，因缺少明晰的规则指引而面临着种种问题；特别是如何在这一过程中处理履行期限与法

---

① 章剑生主编.行政诉讼判决研究.杭州：浙江大学出版社，2010：290.
② 史笔，张松波.履行判决期限的法律属性及确定原则.人民司法（案例），2021（14）.
③ 根据《行政诉讼法》第74条第2款第3项的规定，当被告不履行或者拖延履行法定职责，判决履行没有意义时，法院应当作出确认违法判决。

定期限之间的关系,"是一个司法实践中必须加以解决的常见难题"[①]。此外,规则指引的缺乏,既令人怀疑法院能否理性地给定一个适当的履行期限,也降低了司法裁量运作过程的透明程度,进而削弱了诉讼当事人对结果的可预期性。在"启东案"中法院在判决书中对履行期限确定问题的阐述,及《最高人民法院公报》从中归纳的裁判摘要,可被视为对这些问题作出的回应。这一回应,一方面使含义不明确的"一定期限"概念,可经由法院于个案中遵循一定的确定规则而获得具体的内容指向;另一方面,也将在一定程度上规范法院在该事项上所享有的司法裁量权。

(二)"启东案"中的履行期限确定规则及其解析

对于履行期限的确定问题,"启东案"中,法院在判决书中指出:"人民法院在确定行政机关履行法定职责的期限时,虽然拥有一定的裁量权,但该权力的行使并非不受限制,应当遵循一定的原则。当法律规范明确规定了行政机关履责期限的,除因特殊情形外,人民法院一般应当按照法律规范的规定确定行政机关的履责期限;如法律规范未对履行期限作出明确规定的,人民法院应结合个案具体情况,考量相关因素后,根据《行政诉讼法》第四十七条的规定,确定行政机关的履责期限"。归纳而言,这段论述体现了在确定履行期限问题上约束司法裁量权的基本规则:其一,优先参照法定期限;其二,在无法确定期限时,参照《行政诉讼法》第47条的规定,兼顾个案因素确定履行期限。此外,法院还特别强调:"除非存在正当事由或不可抗力,行政机关超过该期限作出行政决定的,构成程序违法。"这一论述也被《最高人民法院公报》归纳的裁判摘要所吸收,作为履行期限确定的法律效力内容,亦应被视为履行期限确定规则的必要组成部分。

---

① 史笔,张松波.履行判决期限的法律属性及确定原则.人民司法(案例),2021(14).

1. 优先参照法定期限

法定期限被视为确定行政机关履行期限的主要根据，这也是司法实践中的常见做法。那么，法定期限为什么能够对法院确定的履行期限形成限制呢？对于这一问题，或许可以从以下两个方面出发加以解释：一方面，法定期限本身即是在考察各方利益状况、行政机关执行能力等诸多因素的基础之上而设置的，所以法院依照既有的法律规范来确定履行期限是一种比较稳妥的选择。另一方面，法定期限的设置，为各方提供了明确的行动预期，尤其对于行政相对人一方，通过法定期限，其将对行政机关在未来一定期限内履行职责产生信赖，而履行判决可以重启相对人的这种信赖，因而法定期限可再次对法院与行政机关形成约束。

但以法定期限作为参照标准，仍有以下三个问题有待作进一步澄清：

其一，对于法院据以参照的法律规范，在效力层级上有无要求？换言之，"法定期限"中的"法"所指为何？尤其当法院依《行政诉讼法》第 47 条判断行政机关的履行期限时[①]，就会产生这一问题。当法律、法规未对履行期限作出规定时，如果规章和行政规范性文件对此作出规定，法院是应否参照其来确定履行期限呢？由于行政机关在法定履行期限届满时仍不履行职责，是行政相对人提起诉讼的条件之一，因此依照《行政诉讼法》第 47 条的规定，在没有法律、法规设置履行期限时，行政相对人可于行政机关接到申请之日起两个月后提起诉讼。然而，如果有规章设置了超过两个月的履行期限，而法院最终参照它作出履行判决，表面上就会产生这样的悖论：法院在判定行政机关是

---

① 《行政诉讼法》第 47 条第 1 款规定：公民、法人或者其他组织申请行政机关履行保护其人身权、财产权等合法权益的法定职责，行政机关在接到申请之日起两个月内不履行的，公民、法人或者其他组织可以向人民法院提起诉讼。法律、法规对行政机关履行职责的期限另有规定的，从其规定。

否构成不履行法定职责的问题上，适用两个月未履行的标准，而履行判决反而依照规章确定了更为宽松的期限。但这一现象其实并无矛盾之处，因为下文将指出，《行政诉讼法》第 47 条设置的两个月的期限与履行判决中的履行期限具有不同的功能。

其二，在实践中，有的法院在判决中会直接以"法定期限"来表述行政机关的履行期限，如在"南昌弘益科技有限公司、南昌弘益药业有限公司诉国家药品监督管理局要求作出药品注册许可及行政复议案"中，法院判决国家药品监督管理局于判决生效后的法定期限内对南昌弘益科技有限公司、南昌弘益药业有限公司提出的新药申请作出处理。[①] 此时，倘若多个不同层级的法律规范分别设置了不同的履行期限，那么，在这种情况下，法院应该选择哪一期限作为认定行政机关在后续履行职责的期限标准？如果按照法的效力层级原理，似乎应当适用上位法优先于下位法的原则，依据上位法来确定履行期限；但在法适用层面，又存在下位法优先适用的原则。[②] 对此，如果从及时保护行政相对人之合法权益的立场出发，或可作出这样的区分讨论：（1）如果下位法的期限设置超出了上位法，因下位法与上位法相抵触，那么应以上位法的期限设置为准；（2）如果下位法的期限设置短于上位法，那么因下位法的规定更有利于行政相对人，所以应当以下位法的期限设置为准。

其三，法定期限对于法院而言是否具有绝对的参照意义呢？前文阐述了法定期限优先参照的两点理由，但这两点理由似乎尚不足以证立法定期限对于法院有着绝对的参照意义。主要原因在于：就设定目的而言，履行期限与法定期限在目的上存在一定差异。行政诉讼的目的在于事后监督行政机关依法行使职权，保护行政相对人的合法权益，解决行政争议。履行期限也应当服务于这一目的的实现。而法定期限

---

① 北京市高级人民法院（2021）京行终 1280 号行政判决书。
② 舒国滢，王夏昊，雷磊. 法学方法论. 北京：中国政法大学出版社，2018：140.

的设置乃是为了在事前对行政机关施加控制，以督促其积极作为。如果法定期限的事前控制目的未能达成，面对行政机关不履职的违法行为以及行政相对人未能及时获得保护的合法权益，法院应当采取更为主动的姿态，通过确定合理的履行期限监督行政机关尽快履职，尽量挽回相对人的期限利益损失，最终达到解决行政争议的目的。因此，法定期限的参照意义不是绝对的，它所起到的是"基准线"功能，并不排斥法院为实现上述多元目的，根据案件的特殊情况而确定一个适当的履行期限。① 对此，"启东案"的主审法官也在其案例分析文章中指出："即便法律法规对履责期限有规定，法院也可以根据案件实际需要确定与上述期限不同的履行期限。换言之，法院确定的履行期限可以适当长于或短于法律法规确定的履行期限。"②

2. 无法定期限时参照《行政诉讼法》第47条

"启东案"的判决认为，在无法定期限的情形下，法院可以参照《行政诉讼法》第47条所规定的两个月的期限来确定履行期限。根据该条，在无法律、法规规定履行期限时，自行政机关接到申请之日起经过两个月，行政机关仍未履行法定职责的，行政相对人便可以行政机关为被告提起履行提起法定职责之诉。但问题在于：为什么这两个月的期限可以作为确定履行期限的参照标准呢？对此，有见解认为，《行政诉讼法》第47条所规定的期限属于一种兜底性质的法定履行期限，"一般来说，对于行政机关履行期限应当由行政程序法来规定，由于我国缺乏行政程序法的规定，本条规定实际上明确了行政机关的按期履行的法定义务"，"如果规章和规章以下的规范性文件规定了履行职责的期限，仍然适用本条两个月的期限"③。

---

① 关于法定期限的效力，"启东案"中法院的观点及《最高人民法院公报》的裁判摘要也留有余地，即"除因特殊情形外"，法院应当参照法定期限，但至于何谓"特殊情形"，其未作展开。

② 史笔，张松波.履行判决期限的法律属性及确定原则.人民司法（案例），2021（14）.

③ 梁凤云.新行政诉讼法逐条注释.北京：中国法制出版社，2016：342.

《行政诉讼法》第 47 条对两个月的期限设置，应是考虑了行政机关履行法定职责所需的通常时间。行政机关在两个月的期限内不履行法定职责之时，应视为"行政不作为"作出或成立之日。① 行政相对人可由此获得诉权，以提起诉讼的方式敦促行政机关履行职责。并且，当两个月的期限届满时，将开始起算行政相对人的起诉期限。因此，与前述规范行政机关的法定期限不同，这两个月的期限的直接规范对象是行政相对人，其设置的出发点是在无法定期限的情形下，保障行政相对人的诉权行使。

但这种拟制的履行期限似乎并不能完全等同于行政机关履行特定法定职责的合理消耗时间。毕竟，它与法定期限存在着不小差异，因为后者服务于特定的法定职责履行，其期限设置经过了一定的事先评估。另外，从司法实践来看，这两种期限之间的关联程度并不高，法院也可以在这一规定之外，根据个案的具体情形裁量确定履行期限。例如，在"赵某诉安徽省蚌埠市公安局交通警察支队不履行法定职责案"中，赵某向市交警支队提出核发机动车检验合格标志的申请，市交警支队以机动车处于违法未处理状态为由不予核发，赵某遂提起诉讼，请求判令市交警支队履行法定职责。法院经审理认为赵某的诉讼请求成立，并在相关法律、法规未对交管部门核发检验合格标志设置履行期限的情形下，判决市交警支队于判决生效之日起 30 日内，履行为赵某的车辆核发车辆检验合格标志的法定职责。② 可见，虽然这一期限也可作为参照标准，但不排除法院结合个案因素确定适当的履行期限。当然，在"启东案"中，江苏省南通市中级人民法院在（2016）苏 06 行初 86 号行政判决中确定的 60 日的履行期限，应该是参照了《行政诉讼法》第 47 条设置的两个月的期限。

---

① 江必新，梁凤云. 行政诉讼法及司法解释关联理解与适用：上册. 北京：中国法制出版社，2018：397.
② 安徽省蚌埠市中级人民法院（2021）皖 03 行终 38 号行政判决书.

3. 对个案因素的考量

个案因素是因特定案情而形成的，法院在确定履行期限时应予斟酌考量的因素。法院在何种情况下应当考量个案因素呢？如前所述，如果认为法定期限对于法院的参照意义并不是绝对的，那么在任何案件中，法院都负有考量个案因素确定合理期限的义务。"启东案"的裁判摘要提示的两个因素分别是当事人合法权益保护的及时性、行政机关履责的可行性。

其一，当事人合法权益保护的及时性。权益保护需具备实效性，在履行法定职责之诉中，行政机关本就未能于法定期限或合理期限内履行职责，而诉讼程序的开启又将拖延原告大量的时间。此时若再确定较长的期限，当事人的权益或将进一步减损乃至消灭。因此法院应当对当事人权益保护的实效性作出评估，作为确定履行期限的依据。这一点在紧急情况下尤为明显。《行政诉讼法》第47条第2款规定："公民、法人或者其他组织在紧急情况下请求行政机关履行保护其人身权、财产权等合法权益的法定职责，行政机关不履行的，提起诉讼不受前款规定期限的限制。"对于这类相对人在紧急状况下提起履行法定职责之诉的情形，法院在判决时亦可考量相对人权利救济需要的紧迫性，合理确定一个短于法定期限的履行期限，必要时甚至可以判决行政机关当即履行。

其二，行政机关履行职责的可行性。法院在确定履行期限时须尊重行政活动的技术性、专业性，给予行政机关充足的时间，以便其正常履职。对此，法院可从案件的实际情况出发，根据案件的复杂程度、客观履行条件等因素作出判断。例如，"启东案"的一审法院认为，江苏省南通市中级人民法院所作原判决即是考虑到启东市政府在作出答复前需要勘查及对发圣公司的申请材料进行审核，所以限定其在判决生效后60日内作出答复。又如，在"高某诉哈尔滨市南岗区人民政府不履行法定职责案"中，一审法院判决南岗区人民政府于判决生效之日起15日内启动作出补偿决定的程序,就补偿问题作出处理,但二审法院认为:"虽然《国有土地上房屋征收与补偿条例》并未规定作出征收补偿决定的期限,但考虑房屋征收事项自身的复杂性及需要被征收人积极配合等因素,对南岗区政府作出房屋征收补偿决定的期限限定六个月为宜。"①

然而,以上两种因素之间实际上存在着紧张关系。一方面,当事人权益保护的及时性要求法院尽量确定一个较短的期限;另一方面,行政机关履行职责的可行性又要求法院保证行政机关具有充足的处理时间,尤其是当一个行政决定的作出还需要行政相对人的参与,有时甚至还需要第三方或者其他行政机关的配合或介入时。因此,法院需要在这两种因素之间进行平衡。对此,一个可能的平衡思路是:法院可以在参考行政机关以往履行相同或近似职责通常耗时的基础上,结合当事人权益保护的紧迫程度,确定适当的履职期限,使行政争议得到实质性化解。

除了上述两种个案因素之外,履行判决的裁判时机也可作为一类个案因素予以考量。2018年《适用解释》第91条以是否尚需行政机关进行调查或者裁量为标准,区分了两种不同内容的履行判决:(1)具体判决,即如果履行之诉的理由具备,且达到裁判时机成熟的程度,法院可以直接作出具体判决,如"被告有义务向原告颁发……的许可";(2)答复判决,即如果裁判时机尚未成熟,法院应当作出答复判决,使行政机关有义务对原告作出答复,对其诉请作出处理。②据此,在作出具体判决的情形下,考虑到经过诉讼之后,行政机关耽误的履行期限已经较长,法院可以根据个案情况确定一个较短的期限要求行政机关履行法定职责。这在司法实践中已有体现,如在"陈某

---

① 黑龙江省高级人民法院(2017)黑行终280号行政判决书.
② 李广宇.新行政诉讼法司法解释读本.北京:法律出版社,2015:403.

豪诉南京市房产局继承人要求查询被继承人名下房产信息案"① 中，法院判决南京市房产局于判决生效之日起 5 日内依原告陈某豪的申请，履行查询陈甲名下房屋登记信息的法定职责。对于答复判决，法院虽不能就具体行政行为的内容作出判决，但其可以通过判决理由的部分论述揭示行政机关正确履行职责的方式，以减轻行政机关的任务，所以此时履行期限可短于法定期限。②

4. 履行期限确定的法律效力

"启东案"中法院在判决书中写道："一旦人民法院确定了行政机关的履责期限，即便该期限与法律、法规所规定的行政机关履责期限不一致，也因人民法院具有司法裁判权，进而在案件审理中拥有最终确定行政机关履行法定职责期限的权力，故行政机关应依据人民法院确定的履责期限作出相关行政处理决定。"这段论述阐明了履行期限确定的效力及其原因。在规范层面，履行期限的效力直接来自《行政诉讼法》第 94 条的规定，即"当事人必须履行人民法院发生法律效力的判决、裁定、调解书"。在法理层面，可由行政判决对行政机关的拘束力作出解释，拘束力理论要求行政机关在自身的行动中切实尊重判决内容，按照判决意旨行动。③ 由于履行期限既是履行判决本身的组成部分，又为行政机关确立了在后续行政程序中的行动准则，因此，履行期限的确定将同时产生两种法律效力。

其一，诉讼法上的法律效力。法院确定的履行期限同时也是行政机关对生效判决的履行期限。根据诉讼法的基本原理，含有给付内容的生效判决具有强制执行力，即通过动用国家权力来强制实现其给付内容的效力。对于判决所确定的义务，义务人应当在指定期限内自觉履行，否则法院可根据权利人的申请或依职权强制其履行。履行判决

---

① 江苏省南京市中级人民法院（2015）宁行终字第 403 号行政判决书.
② 章剑生主编.行政诉讼判决研究.杭州：浙江大学出版社，2010：289-290.
③ 王贵松.行政诉讼判决对行政机关的拘束力——以撤销判决为中心.清华法学，2017（4）.

要求行政机关向行政相对人作出某种行政行为，或者笼统要求行政机关作出处理，此时，基于司法权与行政权之间的界限，法院无法直接对行政机关实施强制执行。但法院可依照《行政诉讼法》第96条的规定，通过采取各类强制执行措施，督促行政机关及时履行生效判决。

其二，行政法上的法律效力。依照行政判决对行政机关的拘束力原理，在行政程序上，履行判决所确定的履责期限将起到与法定期限相同的功能，即为行政机关确立履行法定职责的行为时限，令其在后续的行政程序中以该期限作为标准加以执行。但据"启东案"的主审法官介绍，在审理过程中，有观点对此提出了不同意见：如果将法院裁量期限等同于法定期限，则行政机关如果超出履行期限作出行政行为，就可能将面临双重不利后果，"一是法院依据当事人的申请，对行政机关未履行生效判决的行为通过罚款等方式采取强制执行措施；二是确认行政机关未在规定期限内履行生效判决程序违法。显然，履行期限本身无法承担上述两种性质不同的功能……行政机关因一个不当行为而承受两种不利后果，这显然是荒谬的。因此，他们主张履行期限仅是原告申请法院强制执行的条件，认定行政机关履行生效判决所作出的处理决定程序是否合法的依据依然是行政法律规范的相关规定"[①]。

但这一意见有待商榷，理由在于：一方面，法院在履行判决中确定履行期限的目的，并非单纯像民事判决确定当事人义务履行期限那样，只是为了转接生效裁判文书的执行制度，而是为了监督行政机关及时履行其先前未能依法履行的法定职责，故行政机关应当受到该期限的严格拘束，履行期限应当成为判断行政机关后续履行法定职责在程序上是否合法的依据。另一方面，既然在诉讼法上肯定了履行期限对行政机关的拘束力，则为何行政机关又可以另行参照法定期限标准

---

① 史笔，张松波.履行判决期限的法律属性及确定原则.人民司法（案例），2021（14）.

来执行行政判决？既然在行政法上行政机关参照法定期限标准执行即可满足程序合法性，则其为何还要受到强制执行措施的惩戒？行政机关的同一个行为，在同一个法秩序框架内，何以既是"合法"的，又是"不合法"的？可见，倘若否定这两种法律效力的共存，反而会产生一种法秩序上的矛盾。

综上，法院在履行判决中对履行期限的确定，将并存两种法律效力：一是面向诉讼法制度的效力，即行政机关如未在履行期限内履行职责，应当依法承担判决执行层面的法律后果，行政判决的强制力由此获得保障；二是面向行政法制度的效力，即履行期限将作为判断行政行为程序是否合法的依据。

（三）履行期限确定规则对司法裁量的三重助益

如前所述，法院在履行判决中对履行期限的确定在本质上是一个关乎司法裁量权如何行使的问题。"启东案"中法院所阐述的履行期限规则，其效用即在于指引法院在个案中合理地行使司法裁量权。这些规则之所以能够发挥这样的指引作用，是因为它们对履行期限的司法裁量具有三重助益：协调司法权与行政权之间的关系、填补行政程序法的规则空缺、促进行政争议的实质性解决。

1. 协调司法权与行政权之间的关系

履行期限确定规则的最大亮点就在于妥当协调了行政权与司法权之间的关系。前文述及，法院在裁量确定履行期限时遇到的一个难题即在于如何处理履行期限与法定期限之间的关系。而履行期限与法定期限二者关系问题的实质，正是行政权与司法权之间的关系协调问题，"司法权和行政权具有各自的管辖范围和边界，两者既不冲突，也不交叉。但在履行期限上，两种权力却不期而遇"[①]。

---

① 史笔，张松波.履行判决期限的法律属性及确定原则.人民司法（案例），2021（14）.

法定期限原本是行政程序的一个构成要素，其设置意在要求行政机关在规定的时间长度内履行行政程序，完成特定的行政任务。因此，法定期限是一种对行政机关行为的约束，旨在促进实现行政的效率价值。当行政机关未能于法律规范设定的期限内履行其职责时，法定期限的行为规制目的将随之落空。此时，期限的经过，标志着行政相对人将获得以行政机关为被告提起履行法定职责之诉的诉权。如果行政相对人提起诉讼，而法院经审理后认为行政机关构成不履行法定职责的，法院将判决行政机关在一定期限内履行职责。这也就意味着，法院判决将"接棒"前一次法律规范所设定的期限，通过再次设定期限来延续对行政机关行为的约束，继而形成一种"二次约束"。这时，司法权将介入原本由行政权掌控的领域。如前所述，对于在多长期限内履行职责，本应由行政机关自身在法定期限内作出相应的计划和安排，故二者间的协调问题由此产生。另外，因期限最初由某一立法主体通过制定法律、法规、规章而设定，将对法院裁判产生约束作用，因而，法院在确定履行期限时，势必要将这一初始的期限设定纳入考量范围。所以，这种"二次约束"事实上还将涉及法院与某一立法主体之间的关系。因立法主体可包含行政机关，在此意义上，亦会产生司法权与行政权之间的协调问题。

由上可见，法院如何在判决主文中妥当地裁量确定履行期限时，将不得不直面司法权与行政权之间的关系协调问题。进而言之，这一协调问题的关键在于两种不同权力之行使目的的协调。在整体上，司法权作为一种判断权，其目的在于通过居中裁判来化解社会纠纷，维护社会秩序。[①] 而在行政诉讼领域，司法权的行使则有着更为多元的目的，按《行政诉讼法》第1条所规定之立法目的，行政诉讼中的司法权行使，不仅是为了"解决行政争议"，还应起到"保护公民、法人

---

① 周永坤.法理学——全球视野.北京：法律出版社，2016：283.

和其他组织的合法权益,监督行政机关依法行使职权"的功能。行政权作为一种执行权,其旨在通过执法来具体实现法律规范的预定目标,因而行政权之行使所考量的,是执法方式本身能否充分、高效地达成管理公共事务之目的。又因这两种权力的不同行使目的也会延伸至履行期限确定的问题上,进而产生了二者之间的目的协调问题:就行政权而言,应存在一个适当的履行期限以助其顺利完成行政任务;就司法权而言,亦应确定一个适当的履行期限来解决行政争议,同时保护行政相对人之合法权益,监督行政权之行使。

　　对于这一问题,还可将其置于行政诉讼权力结构的大背景之下加以审视。由于行政诉讼制度旨在将行政机关的行政权行使纳入司法监督的范围,以此规制行政权运用的合法性,保护公民的合法权益不受侵犯,所以,在行政诉讼中,法院更应当中立、客观地对行政行为之合法性作出裁断,排除行政机关的不当干涉,确保司法的公正性。但据此不能推导出法院有权在所有的审查事项上,全然以自身的意志代替行政机关的意志作出判断。相反,司法审查的有限性恰恰是行政诉讼的基本理念。这一理念立足于这样两个涉及权力结构特征的基本前提:其一,司法权与行政权分别指向两种不同的功能,代表了两种不同的价值。这决定了法院在审查行政行为的合法性时,不应重复行政机关的工作,否则将破坏二者的职能分工以及国家制度设计的初衷。其二,法院自身的机构能力限制了其对行政行为展开审查的能力。一方面,法院审判独立,适合解决法律问题;另一方面,法院的审查面向过去的事实,较少关注政策的形成,因而难以深入理解和认识行政的机构文化,这客观上限制了法院深入介入行政的能力。[①] 基于这一理念,法院在行使司法裁量权时,应把握好司法介入的尺度,在一定之范围内关照行政事务之技术性,尊重行政机关所作之专业判断。此

---

① 杨伟东. 权力结构中的行政诉讼. 北京:北京大学出版社,2008:174-179.

中最为经典的问题当属法院对行政行为是否构成"明显不当"的判定。在这一问题上,法院"既要对行政行为的合理性进行审查,又要对行政裁量予以足够的尊让"[①]。

"启东案"中,法院对履行期限确定问题作出的阐述,充分显示了司法权对于行政权的必要尊让,为二者在此问题上的关系协调提供了出路。一方面,将法定期限视为裁量确定的核心标准,表明法院原则上应尊重规范制定者对行政权运行效率的事先评估,从而保证行政机关有足够的时间履行其职责。当然,在宽泛意义上,《行政诉讼法》第47条所规定之两个月的期限也可被视为一种履行职责的法定期限,故其亦有一定的参照作用。另一方面,在无法定期限可循时,或者在特殊情形下,法院准备相对脱离于法定期限而确定履行期限时,其也应当考察行政机关对相关行政事务的处理能力和效率水平,从而确定一个具有可行性的、切合实际的履行期限。

2. 填补行政程序法的规则空缺

"启东案"中,法院在区分存在法定期限和无法定期限这两种情形的基础上,阐述了履行期限的确定规则。其中,在后一种情形下的履行期限确定规则,实际上要求法院在个案中扮演类似于规则制定者的角色,填补行政程序法的规则空缺。

在学理层面,期限属于行政程序法的范畴,所以有关期限的规则属于程序性规范。在规范层面,我国关于行政程序期限的规则散落规定在各类不同行政管理领域的法律规范之中,或者出现在《行政处罚法》《行政许可法》《行政强制法》这类就某一形式化行政行为作出总括性规定的法律规范之中。这样"单点突破式"的规范设置,其好处在于立法者能够面向特定的行政领域或者行为形式作出具有针对性的规则安排,但这样的做法也难免会挂一漏万。"启东案"中便出现了这

---

① 何海波.论行政行为"明显不当".法学研究,2016(3).

样的状况：对于行政许可机关应当于多长时间内作出渡口设置的行政许可决定，相关法律、法规、规章并没有作出规定。

对此，较为理想的状态或许是存在一部行政程序法典，专门对行政程序的期限事项设置全面而详细的规则，由此便可于单个行政法律规范在此问题上出现"缺口"时，发挥兜底性的规制功能。它的规范价值，诚如应松年教授所言，"以行政的公正、公开、参与、高效为立法目标的行政程序法，是现代国家规范行政权力的基本法，它的制定对国家机关之间的关系、国家与公民之间的关系有着深远影响。当今社会，无论中外，行政权力空前强大，一国如果没有建立起完善的行政权力规范机制，法治的实现无从谈起，公民权利的保障难以实现"[①]。从世界范围内来看，自 20 世纪后半叶以来，越来越多的国家选择创制统一的行政程序法典对行政程序的实施作出规范。我国学界虽早在 1986 年便开始动议行政程序法典的制定，然而至今尚未实现。

这样的程序规范空缺，会给法院对履行期限的确定带来一定的困难。如前所述，当存在法律规范对行政机关的履行期限作出规定时，法院应在确定履行期限时将之纳入考量范围。此时，法定期限就起到了"基准线"的功能。但如果出现规范空缺，法院便没有这样的"基准线"以供参照。如此一来，法院应当依据何种标准为行政机关设定一个妥当的履行期限便成了问题，过长或过短的期限可能都不利于行政机关履行职责，也有碍于及时保护相对人的合法权益。另外，规范空缺也将使前述司法权与行政权的关系协调问题变得更为棘手——在有规范可循时，参酌既有规范尚可最大限度地保障履行期限设定之合理性，便利行政机关的职责履行；而在并无规范可循时，法院又应以何者来保障履行期限设定之合理性呢？毕竟，法院的自身定位决定了

---

① 应松年.中国行政程序法立法展望.中国法学，2010（2）.

其只是解决法律问题的权威，而非处理行政事务的专家。

面对上述问题，"启东案"中法院阐述的履行判决期限确定规则尽管要求法院在个案中填补这一规则空缺，但也没有完全将法院置于规则制定者的地位，而是先求诸既有的法律规范，表现在：法院创造性地将《行政诉讼法》第47条的规定与履行期限的确定问题进行了"联动"解释，并且这一"联动"解释具备逻辑上的正当性——第47条对两个月期限的设置，是为了应对法律、法规未对行政机关的履行期限作出安排的情形，又因履行判决中履行期限的确定问题也会遭遇类似情形，所以法院也可以参照第47条的规定来确定履行期限。如此一来，法院仍然是以既有的法律规范作为确定履行期限的"基准线"，而不是忽略法律规范，直接去扮演规则制定者的角色，因而此举将在最大限度上恪守依法裁判的理念。当然，本案中法院也敏锐地体察到第47条所预设的情形同履行期限的确定问题存在一定差异，所以并没有将前者视为绝对的参照标准，而是一并融入了对当事人合法权益保护的及时性、行政机关履职的可行性等个案因素的考量。所以在整体上，这种规则填补既保持了对既有法律规范的尊重，亦不失灵活性。

"启东案"的判决对行政程序规则的另一项填补，在于履行期限的扣除问题。启东市政府作出不予许可决定所花费的时间，之所以超出了（2016）苏06行初86号行政判决确定的60日的履行期限，是因为其在征求海事等部门意见并等待答复的过程中耗费了大量时间。对于这类时间花费是否应当从履行期限中扣除，相关的法律、法规并未作出规定，《行政许可法》第47条亦未明确行政机关向其他机关征求意见的时间是否应当计入期限的问题。在此情形下，法院通过论证征求海事等部门的意见是启东市政府在处理渡口申请过程中应当履行的法定程序，且所用时间在合理范围之内，来说明启东市政府履行法定职责所需征求意见的时间应当从履行期限中扣除。这一论证结论与现行的一部分立法例也是相暗合的。①

3.促进行政争议的实质性解决

在过往的行政审判实践中，许多行政争议之所以陷入了"循环诉讼""程序空转"，难以实现息诉罢访、案结事了，有时是因为法院未能深入触及行政争议的"内核"，回应当事人的真实需要。因而，如何推动行政争议的实质性解决，成为近年来我国行政审判领域中一个聚讼纷纭的话题。从学理内涵来看，行政争议实质性解决的基本要义在于，"人民法院在审查行政行为合法性的基础上，围绕行政争议产生的基础事实和起诉人真实的诉讼目的，通过依法裁判、调解和协调化解相结合并辅以其他审判机制的灵活运用，对案涉争议进行整体性、彻底性的一揽子解决，实现对公民、法人和其他组织正当诉求的切实有效保护"②。

在此背景下，法院应如何激活履行判决的实际效用，提升其纠纷化解能力，也是一个亟待探讨的问题。一方面，有论者指出，判决难与判决内容明晰度过低是当前履行判决所面临的主要问题之一，例如，在司法实务中，仍然有法院只是作出所谓的"纯粹性程序判决"，即判决的内容仅仅是宣告被告履行某项法定职责的义务，而不涉及履行的方式、数量、种类、期限等事项的确定问题。③ 像这样内容简易的履行判决很可能导致行政相对人的权益得不到充分的救济，难以达成其诉讼目的，进而迫使其寻求其他的救济途径。如此一来，行政争议的实质性解决便无从谈起。另一方面，囿于前述司法权与行政权在行政诉讼场域中的特殊关系，法院在确定履行判决的内容时不得不把握一

---

① 如《地图管理条例》第20条第1款规定：涉及专业内容的地图，应当依照国务院测绘地理信息行政主管部门会同有关部门制定的审核依据进行审核。没有明确审核依据的，由有审核权的测绘地理信息行政主管部门征求有关部门的意见，有关部门应当自收到征求意见材料之日起20个工作日内提出意见。征求意见时间不计算在地图审核的期限内。

② 章志远.行政争议实质性解决的法理解读.中国法学，2020（6）.

③ 温泽彬，曹高鹏.论行政诉讼履行判决的重构.政治与法律，2018（9）.

定尺度，以避免司法权对行政权的僭越。但这并不排斥法院可在合理范围内发挥司法能动性，将行政争议化解在诉讼程序中。在行政不作为问题较为突出的情况下，"如果司法权过于消极而不能为公民提供有效的司法救济，那么很难在行政机关败诉后再通过行政机关来满足原告的利益诉求"[①]。

履行期限作为履行判决的必要组成部分，在一定程度上也关系到履行判决能否实质性解决行政争议，因为：法院如果确定过长或过短的履行期限，要么导致行政相对人一方的权益救济失去实效，迫使其再度提起国家赔偿等救济程序；要么导致行政机关一方无所适从、草率履职，使其后续作出的行政行为再次面临被提起诉讼的风险。这都不利于行政争议的彻底化解。

"启东案"的判决所阐发的履行期限确定规则，将有助于提升法院通过行使司法裁量权实质性解决行政争议的能力。理由在于：一方面，履行期限确定规则的确立，可使司法裁量的运作过程理性化，因为这些规则使《行政诉讼法》第72条中的"一定期限"成为一个以一定操作规则作为指引的法律概念，这些规则的直接效用即是对司法裁量的运作过程施加一定的外部控制，以确保这一过程的展开是有条理的、有章可循的，避免法院在个案中武断、肆意地确定履行期限，从而为履行期限的合理性提供基础。另一方面，从具体内容来看，以法定期限为基准，同时对个案因素予以关照的履行期限确定规则，能够最大限度地平衡各方当事人的利益，兼顾行政机关履行职责的可行性与对行政相对人权益保护的实效性，据此而确定的履行期限将有助于后续行政程序的顺利展开。

为了进一步提升履行期限确定规则对实质性解决行政争议的促进作用，法院在判决中应作出必要的理由说明。在司法实务中，法院很

---

① 刘群.实质解决行政争议视角下的行政履行判决适用研究.行政法学研究，2019（2）.

少会对履行期限的确定给出理由说明，开示其裁量确定的相关考虑因素。这可能会削弱履行判决的内容对于各方当事人的说服力，尤其是当法院脱离法定期限，或者在无法定期限情形下裁量确定履行期限时。为此，有必要强化法院在此事项上的理由说明义务，使其司法裁量过程更为透明化。这样的理由说明甚至还可以带来一定的溢出效应，即引起相关规范制定者的注意，促使其完善有关履行期限的程序性规范。

滥用职权的司法认定

——刘某务诉山西省太原市公安局交通警察支队
晋源一大队道路交通管理行政强制案[①]

一、案情摘要

2006年12月,山西省太原市公安局交通警察支队晋源一大队(以下简称晋源交警一大队)在执法中查出涉案车辆未经年检,并以此为由将其扣留,车辆所有人刘某务随后携带车辆年检相关证明前往处理该起违法行为。晋源交警一大队在核对信息时发现无法

公报案例全文

看到车辆的发动机号码和车架号码,遂以车辆涉嫌套牌为由继续扣留,并口头通知刘某务提供相关证据。在刘某务提供该车因更换发动机缸体而造成不显示发动机号码、车架用钢板铆钉加固致使车架号码被遮盖等证明材料后,晋源交警一大队仍以其不能提供车辆合法来历证明为由扣留该车。刘某务不服,提起行政诉讼,请求法院撤销晋源交警一大队的扣留行为并返还该车。山西省太原市中级人民法院认为扣留涉案车辆的行为属于事实行为,故晋源交警一大队在行政执法过程中的程序瑕疵不能成为撤销扣留行为的法定事由。山西省高级人民法院二审认为晋源交警一大队作为行政执法机关,

---

① 最高人民法院公报,2017(2).以下简称"刘某务案"。

对认为来历不明的车辆可以自行调查,但晋源交警一大队一直没有调查,也未及时作出处理,构成行为不当。最高人民法院再审认为扣留车辆属于行政强制措施,且存在违反法定程序、主要证据不足和滥用职权的违法情形。

二、裁判要旨

本案的重要意义在于法院对滥用职权审查标准的积极适用。最高人民法院在认定被诉行政行为存在违反法定程序、构成主要证据不足的同时,进一步明确晋源交警一大队在作出扣留这一暂时性的行政强制措施之后,既不调查核实又长期扣留车辆的行为构成滥用职权。首先,将滥用职权情形明确作为行政行为合法性的审查内容,强调应当依据行政机关作出行政行为时所收集的证据、认定的事实、适用的法律和主张的理由等综合判断其合法性。其次,依托于相关法律原则,积极探索滥用职权的多元化审查标准。强调行政主体应以既有利于查明事实,又不额外加重相对人负担为原则,在足以实现行政目的的前提下,尽量减少对相对人权益的损害。

三、法理分析

我国法院对行政主体滥用职权的司法审查最早依托于1989年《行政诉讼法》第54条的规定,经历2014年《行政诉讼法》的重大修改,滥用职权始终作为行政行为法定的撤销事由之一。但在司法实务中,滥用职权相较于其他法定撤销事由,却存在并非必要适用、具体判断标准不一、与其他法定撤销事由模糊等现实问题。这与滥用职权自身在学理上的概念、适用范围、属性存在争议而法院倾向于适用明确的法律概念,对司法权与行政权的界限考量,以及滥用职权本身的判断难度较大等因素相关。"刘某务案"作为法院适用滥用职权条款审查行政行为合法性的典型案例，为滥用职权司法认定标准的厘清提供了支撑。对适用滥用职权条款的相关公报案例的整合、研究，能够在明确当下滥用职权价值定位的基础上，提炼出司法实践对于滥用职权的适用情形和判断标准，为滥用职权理论与实践的衔接提供支持。

(一) 滥用职权的理论争议

自《行政诉讼法》颁布之后，理论界即开始了对滥用职权概念与具体表现形式的探讨。由于立法至今未对滥用职权进行明确的界定，伴随司法实践的不断发展，理论界对于滥用职权的概念、范围、表现形式、判断标准等的讨论不断深入，但至今并未达成较为一致的观点。

1. 滥用职权的概念之争

1989年《行政诉讼法》颁布之后，全国人大常委会法工委组织编写了《行政诉讼法释义》，将滥用职权解释为"行政机关作出的具体行政行为虽然在其权限范围以内，但行政机关不正当行使职权，不符合法律授予这种权力的目的"[①]。在此基础上有观点认为，我国理论界在初涉滥用职权这一理论问题时，在其内涵确定上就基本达成了共识，即认为"滥用职权指行政主体在权限范围内，不正当行使行政权力，而违反法定目的的行政行为"；并以此揭示了滥用职权包含的三项内容：一是以遵守法定权限为前提，二是以不正当行使权力为特征，三是以违背法定目的为结果。[②]

伴随《行政诉讼法》的修改及司法实践对滥用职权条款的适用，对滥用职权的讨论开始出现分化。学者从不同角度对滥用职权进行描述，从而产生了如"违反目的、原则说""内容列举说""结果显失公

---

① 胡康生主编. 行政诉讼法释义. 北京：北京师范学院出版社，1989：92.
② 胡建淼. 有关行政滥用职权的内涵及其表现的学理探讨. 法学研究，1992 (3).

正说""行政职权不规范或者超常规使用说""违反原则说"等学说。①"违反目的、原则说"从行为目的、对法律原则的遵从角度分析,认为滥用职权是行政机关行使职权时背离法律、法规的目的,背离法律的基本原则,主要包括以权谋私、武断专横、反复无常、具体行政行为的方式方法违法和故意拖延五种表现形式。②"内容列举说"从行政行为的表现形式角度分析,认为滥用职权是一个弹性极大的概念,对其进行精确描述并不现实,应当结合实际确定其内容。因此该说并未对滥用职权进行定义,而是将滥用职权的表现形式进行了较为全面的列举。③"结果显失公正说"从行为结果的角度分析,在对比滥用职权与显失公正的基础上,将显失公正作为滥用职权的结果标准,认为滥用职权,即滥用行政自由裁量权,是指行政主体在自由裁量权限范围内不正当行使权力导致显失公正的行政违法行为。④"行政职权不规范或者超常规使用说"从权力行使的规范性角度分析,认为滥用职权是指行政主体在行使行政权力或履行行政管理职能的过程中对法律赋予的行政职权不规范或者超常规的使用。⑤"违反原则说"从对法律原则的遵从角度分析,认为滥用职权即滥用自由裁量权,是行政主体及其工作人员在职务权限范围内违反行政合理性原则的自由裁量行为。⑥以上学说虽然从不同角度对滥用职权进行了规范描述,但似乎均未超出对其内涵确定的基本共识,即"在权限范围内—不正当行使权力—违反法定目的"。伴随对滥用职权讨论得不断深入,关于三项内容的具体

---

① 章剑生.什么是"滥用职权".中国法律评论,2016(4).
② 罗豪才,应松年主编.行政诉讼法学.北京:中国政法大学出版社,1990:250-251.
③ 该说认为滥用职权应当包含以下十部分的内容:不正当的目的、不善良的动机、不相关的考虑、不应有的疏忽、不正确的认定、不适当的迟延、不寻常的背离、不一致的解释、不合理的决定、不得体的方式。江必新.行政诉讼问题研究.北京:中国人民公安大学出版社,1989:272-276.
④ 胡建淼.有关行政滥用职权的内涵及其表现的学理探讨.法学研究,1992(3).
⑤ 姜明安主编.行政法与行政诉讼法.北京:北京大学出版社,2015:518.
⑥ 朱新力.行政滥用职权的新定义.法学研究,1994(3).

判断标准开始出现分歧，首当其冲的即是对"权限"的标准判断是否应当限于自由裁量权。

2.滥用职权的适用范围之争

统观前述滥用职权相关学说，多数观点认为"滥用职权即滥用自由裁量权"，从而将滥用职权的适用范围限定在自由裁量行为。但近年来，部分学者在细致剖析滥用职权意义的基础上，对主流学说提出了质疑和挑战。笔者将其划分为滥用职权适用范围的"狭义说""广义说""最广义说"，其中"狭义说"和"广义说"均认为滥用职权针对的是裁量权，但对"裁量权"本身又存在狭义与广义的不同理解，而"最广义说"则认为滥用职权的适用范围并不仅限于自由裁量权。

"狭义说"认为，行政自由裁量权是行政职权的一种，指在法律无详细规定的条件下，行政主体可以依据事实，凭自己的判断，在职权范围内作出适当行为的权力。对于羁束行为因行政机关只能按照法律的规定作出，不存在自由选择的可能，因此其只会引发合法性的争议。滥用职权实质上就是对行政自由裁量权的滥用：一方面，滥用职权概念出现于法院对行政的司法控制从羁束行为扩大到自由裁量行为之时；另一方面，司法监督原则强调"行政机关的自由裁量权不得干涉，但滥用职权的除外"，滥用职权就是自由裁量权限范围内的一种行使裁量权的违法。[1]

"广义说"同样认为"滥用职权即滥用自由裁量权"，但认为"狭义说"将自由裁量权局限在行政机关作出行政行为的范围内，实际上缩小了立法对行政机关授予自由裁量权的广度。[2] 其认为自由裁量权应当包括法定权限范围内行政主体就行为条件、行为秩序、作出行为与否和作出何种行为等方面进行合理选择的权力，具体表现为法律要件确认上的自由裁量权、行为程序选择上的自由裁量权、是否行为的

---

[1] 胡建淼.有关行政滥用职权的内涵及其表现的学理探讨.法学研究，1992（3）.
[2] 朱新力.行政滥用职权的新定义.法学研究，1994（3）.

自由裁量权以及法定种类和法定幅度内选择的自由裁量权。

"最广义说"则认为滥用职权的范围不限于自由裁量权。有观点在分析现行立法对滥用职权的具体规定及日常用语的基础上，认为滥用职权应当包括羁束裁量权和自由裁量权①；有观点认为羁束裁量权与自由裁量权的区分是相对的，实践中滥用职权与滥用自由裁量权在行为后果、法律依据、原因分析等方面均存在不同，因而不能将滥用职权与滥用自由裁量权等同②；有观点认为之所以有大量学者论证滥用职权适用于自由裁量权，主要是因为自由裁量权被滥用的概率更高。对于滥用职权的适用范围，从行政实体法与行政救济法衔接的角度来看，应当认为滥用的是职权而不仅仅是自由裁量权，且对自由裁量权也应当作广义的解释。③ 有观点则认为，羁束行为中亦存在行政主体的主观意志，不能以羁束行为已经排除主观意志为由将其排除在司法审查的范围之外。④

3. 滥用职权的法律属性之争

如果说对于滥用职权条款之适用范围的讨论更多地集中于滥用职权本身，那么对滥用职权法律属性的争议除了涉及其自身之外，还涉及其与其他法定撤销事由的关系。例如有观点认为，滥用职权属于传统形式合法性审查的内容，"是一种行政违法行为，而不是行政不当行为"⑤。基于行政裁量既包括要件裁量也包括效果裁量，它存在于行政机关的事实认定、法律解释、行为程序和处理结果的各个过程之中。在此基础上，滥用职权的认定应涵盖主要证据不足、适用法律法规错

---

① 姚锐敏.关于行政滥用职权的范围和性质的探讨.华中师范大学学报（人文社会科学版），2000（5）.
② 彭云业，张慧平.行政滥用职权之正确界定.山西大学学报（哲学社会科学版），2001（3）.
③ 黄学贤，杨红.行政诉讼中滥用职权标准理论研究与实践的学术梳理.上海政法学院学报（法治论丛），2017（4）.
④ 高逸凡，雷庚.羁束行政行为中滥用职权的表现及规制.河北科技大学学报（社会科学版），2018（4）.
⑤ 胡建淼.有关行政滥用职权的内涵及其表现的学理探讨.法学研究，1992（3）.

误、违反法定程序等其他法定撤销事由，由此滥用职权作为形式合法性的审查内容实质上成为其他法定撤销事由的上级概念。

另有观点则主张滥用职权属于对行政行为合理性判断的违法形式，是实质合法性审查的内容。在此基础上，有学者从司法审查标准体系和谐的角度分析，考虑到《行政诉讼法》在事实认定、法律适用和程序方面的裁量问题均有相应的审查标准，认为滥用职权标准应限于对实体裁量的审查。[①] 也即现行《行政诉讼法》第 70 条规定的违法事由中，滥用职权与前四项事由并不存在交叉、重叠关系，对前四项法定事由的判断也并不能排斥滥用职权的适用。此观点实质上与关于滥用职权之概念的通说相吻合。滥用职权的三项内容中，"遵守法定权限"明确了滥用职权与无权限、超越权限的区别；"不正当地行使权力"与违反法定目的的实质合法性要求，明确了与形式合法性要求的主要证据不足、适用法律法规错误、违反法定程序的区别。

（二）滥用职权的司法适用现状

立足于行政审判，法院在对被诉行政行为的合法性进行审查的过程中，虽然均需要对行政主体的权限进行审查，但相较于是否存在权限、是否超越权限等，是否滥用权限并未成为法院审理所有行政诉讼案件的必要审查事由。在以滥用职权作为法定撤销事由的案例中，法院对滥用职权的判断标准也并不一致。在被诉行政行为存在多重违法情形的情况下，法院判决中隐含的对于滥用职权与其他法定撤销事由之关系的认识也并不相同。

1. 滥用职权司法适用的现实问题

其一，滥用职权在实践中并未成为法院司法审查的必要事由。

《行政诉讼法》第 6 条明确了司法裁判对行政行为的合法性审查，

---

① 何海波.行政诉讼法.北京：法律出版社，2016：324.

因此客观上形成了判断行政行为是否合法的基本模式，即对行政主体是否合法（是否享有行政职权或具有法律依据）、其行使职权的行政行为是否合法（主要包括是否在权限范围内行为、证据是否充分、适用法律法规是否正确、是否遵循法定程序）的审查与判断。通过对涉及滥用职权的 10 个公报案例的整合分析（见表 2）不难看出，法院对滥用职权条款的适用多数采取主动的方式。但并非所有法院均对被诉行政行为是否存在滥用职权情形进行审查，即便在相对人明确提出存在滥用职权的情况下亦是如此。如表 1 所示，在相对人明确提出被诉行政行为存在滥用职权情形的 4 个案件中，法院多采用传统四要件的审查标准对被诉行政行为的合法性进行审查，即便认为被诉行政行为存在"违反目的"的情形，也并非直接认定其属于滥用职权，而是以"违反法律规定、背离立法本意"的表述对被诉行政行为的合法性进行判定。[1] 有学者将其视为"不太成功的'转换型'审查策略的运用"[2]，也从客观上印证了法院对滥用职权条款适用的谨慎与回避态度。

---

[1] 公报案例中涉及滥用职权条款适用的共计 10 例，分别为"谢某新诉永和乡人民政府违法要求履行义务案"（简称"谢某新案"）、"兰州常德物资开发部诉兰州市人民政府收回土地使用权批复案"（简称"兰州常德物资开发部案"）、"路某伟诉靖远县人民政府行政决定案"（简称"路某伟案"）、"王某萍诉中牟县交通局行政赔偿纠纷案"（简称"王某萍案"）、"伊尔库公司诉无锡市工商局工商行政处罚案"（简称"伊尔库公司案"）、"焦某刚诉和平公安分局治安管理处罚决定案"（简称"焦某刚案"）、"定安城东建筑装修工程公司与海南省定安县人民政府、第三人中国农业银行定安支行收回国有土地使用权及撤销土地证案"（简称"定安城东案"）、"刘某务案"、"山西省安业集团有限公司诉山西省太原市人民政府收回国有土地使用权决定案"（简称"安业集团案"）、"崔某书诉丰县人民政府行政允诺案"（简称"崔某书案"）。如在"焦某刚案"中，法院强调行政机关加重的行政处罚明显违反了《行政处罚法》第 32 条第 2 款关于"行政机关不得因当事人申辩而加重处罚"的规定，也背离了《行政复议法》的立法本意，但并未对原告（相对人）提出的"被告对不服处罚决定而申辩的原告加重处罚，是滥用职权违法行政"的主张予以回应。

[2] 余凌云.对行政机关滥用职权的司法审查——从若干判案看法院审理的偏好与问题.中国法学，2008（1）.

表1　10个案件中对滥用职权条款的适用情况

序号	案件	相对人申请	对被告之行为构成滥用职权进行分析	将"滥用职权"作为法定撤销事由进行判决
1	谢某新案（1992年）	×	√	√
2	兰州常德物资开发部案（1999年）	√	×	×
3	路某伟案（2000年）	×	√	×
4	王某萍案（2002年）	×	√	√
5	伊尔库公司案（2004年）	√	×	×
6	焦某刚案（2005年）	√	×	×
7	定安城东案（2014年）	×	√	√
8	刘某务案（2016年）	×	√	√
9	安业集团案（2016年）	√	×	×
10	崔某书案（2017年）	×	√	√

其二，法院对滥用职权的判断标准并不一致。

在6例法院判定被诉行政行为属于滥用职权的案件中（见表2），其裁判标准并不相同。法院分别以被告"有无职权""是否违反法律原则""行为是否适当"为标准对被诉行政行为是否涉嫌滥用职权进行判断。在"路某伟案"中，法院认为被告"无权在法定权限之外为他人设定新的权利义务，不仅是超越职权，更是滥用职权"，也即将"有无职权"作为滥用职权与否的判断标准；在"谢某新案"和"崔某书案"中，法院认为被告"违反取之有度、总额控制、定项限额的原则"，"违反诚实信用原则"，因此属于滥用职权，也即将"是否违反法律原则"作为滥用职权与否的判定标准；在"王某萍案"、"定安城东案"和"刘某务案"中，法院在其分析部分均透露出行政机关在存在多种手段可供选择的情况下，使用了对相对人权益损害最大的方式，从而构成滥用职权的判断逻辑，也即将"行为是否适当"① 作为滥用职权与否的判断标准。

---

① 该审查标准实际上是借助了比例原则对被告的行为进行评估。周佑勇.司法审查中的滥用职权标准——以最高人民法院公报案例为观察对象.法学研究，2020（1）.但由于以上3起案例均未如前2起案例在裁判中直接被诉行政行为违反的法律原则进行明确阐述，所以笔者将其作为独立的标准类型进行列举。

在"王某萍案"中，县交通局工作人员在"妥善处置运输中的生猪后再行扣车"和"直接扣车，不考虑生猪的安全"之间选择了后者；在"定安城东案"中，县政府在"通过补正方式解决土地用途未填写的问题"和"以土地用途未填写为由撤销'国有土地使用证'"之间选择了后者；在"刘某务案"中，晋源交警一大队在"继续扣留但主动调查核实证据""解除扣留，以便车辆重新打刻号码并由相对人履行相应手续"和"继续扣留，并要求相对人提供客观上已无法提供的其他合法来历证明"之间亦选择了后者。

表2 对滥用职权进行分析、判断的案件的情况

序号	案件	法院的分析或判决
1	谢某新案（1992年）	被告收费行为违反国务院《农民承担费用和劳务管理条例》和《四川省农民负担管理条例》规定的取之有度、总额控制、定项限额的原则，具有任意性和随意性；部分费用重复提取、强行摊牌、违法计算，属于《行政诉讼法》第54条第2款第2、4、5项规定的适用法规错误，超越职权和滥用职权
2	路某伟案（2000年）	分析部分：被告县政府无权用这种于法无据的独特关系去影响他人，去为他人设定新的权利义务，去妨碍他人的合法权益。其行为不仅是超越职权，更是滥用职权。 判决部分：被上诉人县政府作出的靖政发（1999）172号文件，存在着认定事实不清、主要证据不足以及超越职权、适用法律不当的错误，应当撤销
3	王某萍案（2002年）	县交通局工作人员在执行暂扣车辆决定时的行为，不符合合理、适当的要求，是滥用职权
4	定安城东案（2014年）	当初未填写土地用途，并非城东公司的原因所致，本可以补正方式解决，县政府却以此为由撤销城东公司合法持有的"国有土地使用证"，属于滥用行政职权，依法应予撤销
5	刘某务案（2016年）	晋源交警一大队既不返还机动车，又不及时主动调查核实车辆相关来历证明，也不要求刘某务提供相应担保并解除扣留措施，而是反复要求刘某务提供客观上已无法提供的其他合法来历证明，滥用了法律法规赋予的职权

续表

序号	案件	法院的分析或判决
6	崔某书案（2017年）	丰县政府所属工作部门丰县发改委，在丰县政府涉诉之后，再对《23号通知》中所作出的承诺进行限缩性解释，有为丰县政府推卸应负义务之嫌疑。丰县政府以此为由，拒绝履行允诺义务，在一定程度上构成了对优益权的滥用，有悖于诚实信用原则

其三，法院对滥用职权与其他法定撤销事由的关系判定亦存在不同。

实践中被诉行政行为可能存在不止一种违法情形，在认定被诉行政行为存在滥用职权的案件中，也存在该行为同时具有多个违法情形的情况（见表3）。法院在判断被诉行政行为之违法情形的过程中所呈现出的对于滥用职权与其他法定撤销事由（尤其是超越职权）之关系的理解并不一致，主要存在重叠、排斥、并列这三种关系判定逻辑。在"路某伟案"和"谢某新案"中，法院的判决透漏出滥用职权和其他法定撤销事由存在重叠的思维逻辑。在"路某伟案"中，法院作出的"不仅是超越职权，更是滥用职权"的判断将滥用职权视为超越职权的更高阶情形。在"谢某新案"中，法院认为被告超出法律规定的范围向原告收取费用的行为构成超越职权，同时其整体收费行为具有任意性、强行摊派等情形，违反了相关法律原则，因此构成滥用职权，同样体现出滥用职权和超越职权存在重合的判断逻辑。在"王某萍案"中，法院认为相对人对行政决定本身不存在异议，因此"对该行为的合法性不予审查"，与此同时又认为"县交通局的行为不符合合理、适当的要求"而属于滥用职权，实际上将"滥用职权"排除在合法性审查的内容之外，虽然与法院在裁判文书中的部分表述存在冲突[①]，但

[①] 法院在裁判文书中对行政行为的合法性进行了界定，认为其不仅包括认定事实清楚、适用法律正确、符合法定程序，还包括行政机关在自由裁量领域合理行使行政自由裁量权，明显不合理的行政行为构成滥用职权。

不可否认,其在对滥用职权的认定、分析中透露出了滥用职权与其他法定撤销事由存在排斥关系的判断逻辑。相较于"王某萍案","刘某务案"中法院自始至终将滥用职权作为合法性审查的内容进行判断,在认定被诉行政行为违反法定程序、主要证据不足后,并未直接以此为由判定其违法,而是进一步分析被诉行政行为在持续状态下行政机关之行为的应然与实然状态,认定晋源交警一大队反复要求相对人提供客观上已无法提供的其他证据,自己却不积极作出相应处理的行为构成滥用职权。被诉行政行为因同时存在三种违法情形而被判定违法,体现出滥用职权与其他法定撤销事由并列的判断逻辑。

表 3 对被诉行政行为之违法情形的判断情况

序号	案件	法院对被诉行政行为之违法情形的表述
1	谢某新案（1992 年）	适用法规错误,超越职权和滥用职权
2	路某伟案（2000 年）	不仅是超越职权,更是滥用职权
3	王某萍案（2002 年）	行政相对人对行政决定不存在异议,法院对其合法性不予审查。县交通局的行为不符合合理、适当的要求,属于滥用职权
4	刘某务案（2016 年）	未出具书面扣留决定违反法定程序；在相对人出具相关证据证明能够证明涉案车辆与行驶证的车架号码一致的情况下,晋源交警一大队仍认定其车辆涉嫌套牌而持续扣留,构成主要证据不足；扣留车辆后,应当积极作出相应处理,但其仅反复要求相对人提供客观上已无法提供的其他证据,属于滥用职权

2. 对滥用职权司法审查不充分、不统一的主要因素

实践中滥用职权条款被直接适用于审判实务的情况较少,有关滥用职权的司法审查也没有形成切实可操作的技术及成熟可行的审查模式。在相对人提出行政机关存在滥用职权情形的案件中,法院更多依靠合法性审查的既有模式进行分析,不会对被诉行政行为不构成滥用职权进行论证。此外,对于构成滥用职权的被诉行政行为的判定也更

多视行政机关的具体行为而定，并未形成特定的审查模式。有观点甚至认为我国法院在适用滥用职权条款对被诉行政行为进行判断时找到了殊途同归的办案方法，即淡化甚至放弃适用滥用职权条款，这不仅背离了行政诉讼法的立法初衷，而且使"我国裁量权的滥用几乎没有得到有效的司法控制"①。结合前述对滥用职权的司法审查的具体问题，造成当下对滥用职权的司法审查不充分、不统一现实困境的原因主要可归纳为以下三个方面。

其一，法院具有适用明确的法律概念的倾向。正如前文所述，作为法律概念的滥用职权，其规范内涵和具体指向并不明晰，即便全国人大常委会法工委在《行政诉讼法释义》中对其进行了解释，但"不正当行使权力""不符合法律目的"等表述本身即具有模糊性。尤其在2014年《行政诉讼法》修改时增加"明显不当"之后，对于滥用职权的判断难度更是加大了。相较于主要证据不足、违反法定程序、适用法律错误、超越职权等审查事由，滥用职权审查事由的内涵、外延存在不确定性、具有一定的裁量性，《行政诉讼法》及其司法解释对其又缺乏客观的、形式化的评判手段，从而使对滥用职权的审查具有浓厚的主观色彩，法官担心陷入主观性审查的尴尬，因而会转向适用其他更为客观、方便操作的审查标准。②

其二，法院对司法权与行政权之界限的考量。早期有观点认为我国行政诉讼仅审查行政行为的形式合法性，实践中这也成为办理行政诉讼案件的法官的基本理念。③ 关于滥用职权究竟属于传统形式合法性审查的范畴还是合理性审查的范畴在其作为法定撤销事由之初即存在争议，贸然适用可能造成司法权对行政权的过度干预。此外，滥用

---

① 徐晨.权力竞争：控制行政裁量权的制度选择.北京：中国政法大学出版社，2007：214.
② 吴猛，程刚.行政诉讼中"滥用职权"审查标准适用问题研究.法学适用，2021（8）.
③ 甘文.行政诉讼司法解释之评论——理由、观点与问题.北京：中国法制出版社，2000：157.

职权隐含着对于行政机关之主观意思的判断，构成滥用职权的结果判定也可能给具体执法者带来负面影响①，因此实践中对于被诉行政行为并未形成穷尽所有违法事由的审查模式。

其三，法院受滥用职权判断难度的影响。有观点将《行政诉讼法》规定的法定撤销事由进行了划分，认为存在审查结果和审查方式两种标准。②按照此种划分，笔者认为，主要证据不足，适用法律、法规错误，违反法定程序，超越职权和明显不当，均属于审查结果的类型，唯独滥用职权属于审查方式的类型。审查模式的特殊性加大了滥用职权适用的难度。同时司法实践中对于滥用职权是否必须包含对行政机关之主观要素的评价亦存在争议③，2014年《行政诉讼法》增加"明显不当"情形之后，虽然多数学者均认为对滥用职权判断应当包含对行政主体之主观因素的考量，但其判断难度仍旧给司法适用带来了挑战。

3."刘某务案"中对滥用职权的认定逻辑

"刘某务案"属于法院积极适用滥用职权审查标准以实现司法权对行政权有效监督的典型。在"刘某务案"中，法院明确将滥用职权作为合法性审查的内容进行分析，采用"主观意思＋客观行为"的审查标准对被诉行政行为是否存在滥用职权情形进行判断，并采用了多元化的判断标准对"客观行为"进行评估，形成了较为模式化的滥用职权认定逻辑。

在"刘某务案"中，最高人民法院明确表示并强调，对行政行为合法性进行审查应当依据行政机关作出行政行为时所收集的证据、认

---

① 如一旦以滥用职权作为裁判理由，行政机关的相关人员就可能被以滥用职权罪追究刑事责任。江必新.行政强制司法审查若干问题研究.时代法学，2012（5）.

② 施立栋.被滥用的"滥用职权"——行政判决中滥用职权审查标准的语义扩张及其成因.政治与法律，2015（1）.

③ 部分司法机关认为审查滥用职权并不必然需要考察行政机关的主观意图。姚建军.对行政滥用职权的司法审查.人民司法·应用，2011（7）.

定的事实、适用的法律和主张的理由来综合判断，并将本案中合法性涉及的主要内容集中在程序、证据和滥用职权之上。虽然最高人民法院并未明确对该合法性的范畴进行描述，但根据最高人民法院对被诉行政行为的分析不难看出，其实际借助了比例原则将审查范围判定为包含实质合法性的内容。在对晋源交警一大队的行为是否构成滥用职权的判定中，最高人民法院摒弃了采用主观意思或客观行为的单一审查模式，采用了"主观意思＋客观行为"的审查模式，采用结合型的裁判逻辑①对被诉行政行为的合法性进行判定。在对"主观意思"进行分析的过程中，最高人民法院并未强调行政机关之主观意图的非法性，只要行政机关在行为过程中存在主观过错，且行为明显达到构成滥用职权的"客观行为"结果标准，即可认定被诉行政行为构成滥用职权。在对"客观行为"判定方面，最高人民法院实际上从多个角度对其行为进行分析：从行为选择角度，最高人民法院认为晋源交警一大队在"继续扣留但主动调查核实证据"、"解除扣留，以便车辆重新打刻号码并由相对人履行相应手续"和"继续扣留，并要求相对人提供客观上已无法提供的其他合法来历证明"之间选择了后者，不符合在足以实现行政目的前提下，尽量减少对相对人权益损害的要求，构成滥用职权；在行为结果上，最高人民法院认为晋源交警一大队既不调查核实又长期扣留涉案车辆的"故意拖延履行职责"② 行为亦构成滥用职权。

（三）滥用职权认定标准的厘清

无论是在大陆法系国家还是在英美法系国家均存在滥用职权的违法情形，且多通过列举具体情形的方式进行规定。但各国的归类、判

---

① 周佑勇.司法审查中的滥用职权标准——以最高人民法院公报案例为观察对象.法学研究，2020（1）.

② 章剑生.什么是"滥用职权".中国法律评论，2016（4）.

定标准均有所不同，如美国将"错误的法律根据"、日本将"事实上的误认"等作为滥用职权的一种情形。[1] 在我国要实现法院对于被诉行政行为是否存在滥用职权情形的司法审查，应当明确滥用职权的适用范围、与其他法定撤销事由的关系及具体的判断标准，上述内容的明确建立在对滥用职权之价值定位正确认识的基础之上。

1. 滥用职权价值定位的回归

现代行政法原则包括行政必须合法和行政必须合理两项内容，其赋予人民法院对被诉行政行为进行深度、全面监控的权力。2014年《行政诉讼法》修改之后，合理性审查的范围从对被诉行政处罚是否显失公正的审查拓展到对所有被诉行政行为是否明显不当的审查，行政必须合理的要求得到全面实现。滥用职权和明显不当成为用以概括行政主体之行为缺乏合理性的法定用语，在法律属性上也应当被认定为对被诉行政行为之合理性（实质合法性）的审查范畴。

滥用职权与其他法定撤销事由的关系也应当在新的审查标准体系（见表4）中予以确定。作为实质合法性审查的内容，其在形式上应当尽量避免出现与形式合法性审查之内容的重叠，在事实认定、法律适用和程序适用等裁量问题均存在相应审查标准的基础上，将对滥用职权的审查限定于针对实体裁量进行审查的观点显然更为合理，即在新的审查标准体系中，滥用职权应与主要证据不足、适用法律法规错误、违反法定程序、超越职权等作为不同的审查范畴并列存在。作为相同属性的违法情形，滥用职权与明显不当应当在新的审查标准体系中分工合作。对行政行为之实质合法性的审查，也可以放在明显不当的标准下进行，滥用职权则回归原位，限于"行政机关违背法律目的、恣意行使行政权力、性质恶劣的情形"[2]。在此情况下，应当承认滥用职权与明显不当的部分重叠关系，滥用职权以主观意思判断与明显不当

---

[1] 朱新力. 行政滥用职权的新定义. 法学研究，1994（3）.
[2] 何海波. 行政诉讼法. 北京：法律出版社，2016：324.

在同一审查范畴内相区分。① 滥用职权适用于对行政主体在法定职权范围内，故意或者重大过失地违反法律目的或原则，造成明显不当结果的行政行为的审查②，对滥用职权的司法审查也应当适用前述"刘某务案"中的"主观意思＋客观行为"的审查模式。

表4　行政行为的司法审查标准体系

审查范畴	形式合法性		实质合法性
一般顺序	(1) 有无权限	(2) 权限行使是否合法	(3) 权限行使是否合理
对应情形	超越职权	主要证据不足 适用法律、法规错误 违反法定程序	明显不当 滥用职权
判断标准	客观	客观	明显不当（客观） 滥用职权（主观＋客观）

2.滥用职权司法认定的主观标准

全新司法审查标准体系下滥用职权原始地位的回归，使滥用职权的理论内涵回归通说，对滥用职权的司法审查也应依其内涵进行。在2014年《行政诉讼法》修改之前，有观点认为滥用职权主观上只能是故意，过失并不构成滥用职权。③ 但在新的审查标准体系之下，对滥用职权主观因素的审查应当包括"故意"和"重大过失"两个方面，以对应滥用职权内涵中的"违背法定目的"，同时与明显不当进行区分，将一般过失造成的结果纳入明显不当的适用范畴。正如有学者所强调的，"滥用职权应当包含主观恶意，且'恶意'不应当被过于狭隘地理解。行政机关出于不正当动机行使职权，是恶意；极端轻率任性、不负责任的行为，也属于恶意。"④

---

① 李广宇.论行政裁量司法审查中滥用职权与明显不当的关系.黑龙江省政法管理干部学院学报，2017（1）.
② 沈岿.行政诉讼确立裁量明显不当标准之议.法商研究，2004（4）.
③ 崔巍.滥用职权违法形态探.人民司法，1994（7）；彭云业，张慧平.行政滥用职权之正确界定.山西大学学报（哲学社会科学版），2001（3）.
④ 何海波.行政诉讼法.北京：法律出版社，2016：324.

在具体表现形式上，"违反目的、原则说"中对于滥用职权的列举如"以权谋私""武断专横""反复无常""故意拖延"等，"内容列举说"提出的"不善良的动机""不应有的疏忽"等，均属于对行政行为主观层面的审查内容。对主观因素的判断并不意味着法院必须且只能探究行政主体行为时的意思表示，对行政主体之主观因素的判断也可适用客观性标准。分析前述公报案例中判定被诉行政行为构成滥用职权的多个案例不难发现，法院并未一味追求对行政主体之主观意思的明确获悉，而是在对比分析行政主体之客观行为与行政法律相关目的的基础上，对行政主体的主观意思进行客观的判断。如在"刘某务案"中，法院并未直接对晋源交警一大队要求相对人继续提供证据行为的主观意思进行探析，而是通过对比其行为与法律目的的方式，采用结合型的裁判逻辑对其主观意思进行判定。法院认为：行政机关采取扣押措施后，应当在法律规范规定的期限内积极主动调查取证，但晋源交警一大队反复推诿卸责、怠于行使职权，且长期消极放任，使原本可以依法查明的是否存在"套牌"的事实长期处于不确定状态。其"反复推诿卸责""长期消极放任"的客观行为均可成为对其主观"故意"的客观性判断。

3. 滥用职权司法认定的客观标准

对滥用职权的客观审查应当主要借助法律原则进行，对应其内涵中的"不正当行使权力"。在前述法院对被诉行政行为是否涉嫌滥用职权的判断标准中，"有无职权"与滥用职权定位存在冲突而不能成为其判断标准，而"行为是否适当"的标准因为主要借助比例原则予以实现而可并入"是否违反法律原则"的判定标准之中。依托于相关法律原则的适用，滥用职权多元化的表现形式能够予以确定。如在"刘某务案"中，法院即从行政机关的手段选择和行为结果的双重角度对滥用职权进行判定：未选择对相对人权益损害较小的手段构成滥用职权，故意拖延履行职责亦构成滥用职权。

虽然我国法院在实践中广泛适用比例原则对行政行为的合理性进行审查，但就滥用职权的判断而言，比例原则仅是众多法律原则中的一种。前述适用于整个行政行为领域的如"诚实信用原则"，适用于特殊行政领域的如"取之有度、总额控制、定项限额的原则"等，均可成为对滥用职权的客观审查标准。有观点认为在法律原则之外，"无正当理由的违背裁量基准""不考虑具体情况的裁量怠惰""没有正当理由的区别对待"[①]等，亦应成为判断行政行为是否存在滥用职权的判断内容。但仔细分析不难发现，其表述只是对相关法律原则的具象化，如"对裁量基准的违背"和"没有正当理由的区别对待"实际上是对违反公平原则的具体化。"定安城东案"中，行政主体以未填写土地用途为由撤销城东公司合法持有的"国有土地使用证"，也可被理解为侵犯了城东公司的信赖保护利益，构成对信赖保护原则的违背。

　　滥用职权作为我国行政诉讼审查标准体系的组成部分由来已久，但其理论发展与司法实践的脱节为滥用职权的适用增加了难度。当下全新审查标准体系的建构为滥用职权的理论与司法实践搭建了桥梁，滥用职权的适用范围、法律属性、审查标准等进一步统一、明确。"刘某务案"即属于法院在清晰认识滥用职权定位的基础上，利用"主观意思＋客观行为"的标准对被诉行政行为进行审查的典范，其形成的滥用职权司法认定模式能够为后续各级法院对滥用职权的审查适用提供有效指引。

---

① 周佑勇.司法审查中的滥用职权标准——以最高人民法院公报案例为观察对象.法学研究，2020（1）.

强拆主体的诉讼推定及其责任

——许某云诉金华市婺城区人民政府房屋行政强制及行政赔偿案[①]

一、案情摘要

2014年8月31日,金华市婺城区政府发布旧城改造房屋征收范围公告,明确对二七区块范围实施改造。2014年9月26日,许某云的位于该区五一路迎宾巷8号、9号的房屋(以下简称案涉房屋)被拆除。2014年10月25日,婺城区政府作出房屋征收决定,载明:

公报案例全文

决定对迎宾巷区块范围内房屋实行征收;房屋征收部门为婺城区住房和城乡建设局,征收实施单位为二七区块改造工程指挥部;附件为"征收补偿方案"。案涉房屋被纳入本次征收范围。许某云不服强拆行为,提起诉讼,并对一审判决、二审判决不服,申请再审。最高人民法院经再审认为,根据《国有土地上房屋征收与补偿条例》(以下简称《征收与补偿条例》)的规定,在国有土地上房屋征收过程中,有且仅有市、县级人民政府及其确定的房屋征收部门才具有依法强制拆除合法建筑的职权,建设单位、施工单位等民事主体并无实施强制拆除他

[①] 最高人民法院公报,2018(6).以下简称"许某云案"。

人合法房屋的权力。除非市、县级人民政府能举证证明房屋确系在其不知情的情况下由相关民事主体违法强拆的,否则应推定强制拆除系其委托实施,法院可认定其为强拆主体,并承担相应赔偿责任。婺城区政府主张强拆系民事侵权的理由不能成立。对许某云房屋的赔偿不应低于因依法征收所应得到的补偿,即对许某云房屋的赔偿,不应低于赔偿时改建地段或者就近地段类似房屋的市场价值。

二、裁判要旨

国有土地上房屋征收过程中,只有市、县级人民政府及其确定的房屋征收部门依法具有组织实施强制拆除被征收人合法房屋的行政职权。市、县级人民政府及房屋征收部门等不能举证证明被征收人合法房屋系其他主体拆除的,可以认定其为强拆的责任主体。市、县级人民政府及房屋征收部门等委托建设单位等民事主体实施强拆的,应对强拆后果承担法律责任。违法强拆被征收人房屋的,应赔偿被征收人房屋价值损失、屋内物品损失、安置补偿等损失。在确定赔偿数额时,应坚持全面赔偿原则,合理确定房屋等的评估时点,确保被征收人得到的赔偿不低于其依照征收补偿方案可以获得的征收补偿。

三、法理分析

无论是房屋征收领域中的房屋拆除,还是土地管理、城乡规划领域中的建筑物、构筑物或其他设施的拆除,因关乎行政相对人的重大切身利益,所引发的矛盾往往较大。行政机关委托其他主体实施强拆引发的案件中,房屋拆除后无任何部门承认系其所为的情形时有出现。这就对法院的司法审查提出挑战,其中既涉及强拆主体的认定,也涉及后续赔偿范围的确定等问题。若无法有效予以司法规制,极大可能出现行政机关借此逃避诉讼责任，且行政相对人因缺乏适格被告而无法提起行政诉讼（或者立案后被裁定驳回起诉）的局面。而法院的司法规制既不能超出行政诉讼、行政赔偿法律规范的规定，又需要关照中国现实，在应对行政机关试图规避诉讼责任与有效维护行政相对人的合法权益之间取得平衡。这着实考验司法智慧。本文以最高人民法院公报案例"许某云案"为研究样本，就前述问题展开讨论、分析。

（一）强拆案件被告确定之困境

在强拆案件中，因其涉及政府重大项目推进以及公民重大切身利益，相应法定程序的约束也较为严格。这就导致个别政府及其部门试图通过某种特定方式回避法定程序要求，快速推进征收、强拆工作。在"许某云案"中，婺城区政府提出的一个重要论点是：其未组织人员对案涉房屋进行强制拆除，由于案涉房屋年代久远且与其他待拆除房屋毗邻，改造工程指挥部委托婺城建筑公司对已达成补偿安置协议的案外人的房屋进行拆除时，后者施工不当，导致案涉房屋坍塌。此属于婺城建筑公司民事侵权引发的民事纠纷，其对此不应承担法律责任。该意见实际上是否定了本案被告的适格性。若被诉主体确定错误或者不适格，显然原告的起诉就无法成立，应裁定驳回。这实质上涉及一个并不新鲜的话题：行政诉讼被告的确定。

关于行政诉讼被告的确定，最基本的规定是《行政诉讼法》第49条第2项。按该项规定，有明确的被告是提起行政诉讼的基本条件之一。所谓明确，指原告所诉被告清楚，可以指认。因此，立案审查阶段对所列被告的要求并不高，只要原告起诉时所诉被告具体、明确[①]，故总体而言该阶段对被诉主体的要求较为简略、粗放、初步。也因此，立案阶段与实体审理阶段对被诉主体的要求不同，导致不时会在审理

---

① 袁杰主编.中华人民共和国行政诉讼法解读.北京：中国法制出版社，2014：135.

环节出现被告不适格的问题。

行政诉讼脱胎于民事诉讼，但民事案件中，侵权人、合同相对方等相对清晰，被告在多数情况下较为明确，而在行政案件中，无论是在立案环节，还是审理阶段，都存在被告是谁、是否适格的问题。这已然成为行政诉讼司法审查的"保留节目"。虽然很难给出一个确切比例，但在部分行政案件中，首要的，甚至主要的争议，就是行政诉讼被告确定问题。例如，"上海马桥酒店管理有限公司诉上海市闵行区人民政府行政强制案"的主要争议之一，也是无法确定行为主体且无机关主动担责情形下行为主体的确定。①

行政诉讼中出现被告确定难的问题，原因比较复杂。

第一，行政机关不愿做被告的心理持续存在。有的行政机关为了避免成为被告，甚至主动采取非常规方式将行政管理问题（行政争议）转换为民事争议或者设法避免承担行政行为的法律后果及其责任。这是出现被告确定难的最主要原因之一，也是行政诉讼制度建立初始以及持续深入推进过程中最引起重视，也始终受到重点应对的问题之一。② 固然，基于趋利避害的本能，任何个人、组织都不愿成为被告，但作为公权力部门，行政机关与普通公民、法人、其他组织不同，在承担行政管理职能、职责的同时，自应承担后续法律后果及其责任。这是履职必有责的基本要求。通过某种方式或途径刻意规避被诉的意图本身就应受到批评。这种方式、途径往往表现为两种情况：一是将行政管理行为转换为民事行为，二是有实际执法行为却无相应文书等载体且在诉讼中无机关"认领"行政执法行为。前者即为行政机关在

---

① 最高人民法院第三巡回法庭.最高人民法院第三巡回法庭典型行政案件理解与适用.北京：中国法制出版社，2019：98-102.该案与本文所讨论的案件争议焦点多有类似，观点也一致，事实上两案的审判长一致，且案号相连。

② 在《行政诉讼法》起草、审议过程中，有行政机关就提出，反对搞行政诉讼，认为老百姓可以告政府了，那政府还有什么权威，老百姓更加不好管了。何海波.行政法治奠基时：1989 年《行政诉讼法》史料荟萃.北京：法律出版社，2019：490.

从事行政管理过程中，未按依法行政要求和程序作出具体行政行为，而是将行政管理事项交予其他民事主体，由该民事主体实施相应的具体行为，以达到一旦引发争议，相对人只能以该民事主体为被告提起民事诉讼，从而回避诉讼责任的目的。后者的主要表现是，无论是单独执法还是联合执法，具体作出执法行为时未出具任何行政执法文书或者其他材料、凭证，当事人提起行政诉讼时，无法举证证明何机关为被告，亦无行政机关承认其为执法主体。

第二，行政追责的压力。这一原因与上一原因有所关联，行政机关规避成为行政诉讼被告的原因之一是行政违法的追责日趋严格。这种追责是广泛存在的，主要来源有两类：一类是法律的直接规定。其中既有行政执法具体法律，即由部门法规范直接规定了违法行政的具体责任，并着重体现于各部门法的法律责任章节中，如《行政处罚法》第76条[①]、《行政强制法》第61条[②]，也有行政诉讼程序规范，如《行政诉讼法》第66条。[③]另一类则是党政文件的规定。这类规定数量较多，在实际效果上甚至比前一类更具直接威慑力。如《法治政府建设实施纲要（2015—2020

[①]《行政处罚法》第76条规定，行政机关实施行政处罚，有下列情形之一，由上级行政机关或者有关机关责令改正，对直接负责的主管人员和其他直接责任人员依法给予处分：（1）没有法定的行政处罚依据的；（2）擅自改变行政处罚种类、幅度的；（3）违反法定的行政处罚程序的；（4）违反本法第20条关于委托处罚的规定的；（5）执法人员未取得执法证件的。行政机关对符合立案标准的案件不及时立案的，依照前款规定予以处理。

[②]《行政强制法》第61条规定，行政机关实施行政强制，有下列情形之一的，由上级行政机关或者有关部门责令改正，对直接负责的主管人员和其他直接责任人员依法给予处分：（1）没有法律、法规依据的；（2）改变行政强制对象、条件、方式的；（3）违反法定程序实施行政强制的；（4）违反本法规定，在夜间或者法定节假日实施行政强制执行的；（5）对居民生活采取停止供水、供电、供热、供燃气等方式迫使当事人履行相关行政决定的；（6）有其他违法实施行政强制情形的。

[③]《行政诉讼法》第66条规定：人民法院在审理行政案件中，认为行政机关的主管人员、直接责任人员违法违纪的，应当将有关材料移送监察机关、该行政机关或者其上一级行政机关；认为有犯罪行为的，应当将有关材料移送公安、检察机关。人民法院对被告经传票传唤无正当理由拒不到庭，或者未经法庭许可中途退庭的，可以将被告拒不到庭或者中途退庭的情况予以公告，并可以向监察机关或者被告的上一级行政机关提出依法给予其主要负责人或者直接责任人员处分的司法建议。

年）》规定：各级党委要把法治建设成效作为衡量各级领导班子和领导干部工作实绩的重要内容，纳入政绩考核指标体系。各级政府及其部门的党组织要领导和监督本单位模范遵守宪法法律，坚决查处执法犯法、违法用权等行为。这种规定在地方层面也大量存在，比如海南省出台了《行政执法过错责任追究办法》，以规范行政执法行为，预防和纠正行政执法过错，保护公民、法人和其他组织的合法权益，促进严格、规范、公正、文明执法。① 此外，部分地方还出台了专门的行政败诉案件责任追究办法。②

　　第三，复杂的行政诉讼被告确定规则。这个是客观原因，而非行政机关主观问题，但事实上加剧了行政诉讼被告确定难的困境。检视行政诉讼法律规范，无论是《行政诉讼法》，还是其司法解释《最高人民法院关于适用〈中华人民共和国行政诉讼法〉的解释》（以下简称2018年《适用解释》），均有大量的法条用来指引如何确定诉讼被告。在《行政诉讼法》中，第26条第1款确定"谁行为谁被告"的诉讼被告确定基本规则，余款分别对行政复议后的被告、共同行为的被告、委托情况下的被告、职权变化下的被告等情形作了具体规定。除该条之外，还有其他一些条文，也与被告确定有关，如第49条第2项规定"有明确的被告"是提起诉讼的基本条件。在2018年《适用解释》中，有关如何确定被告的相关规定更多，所针对的具体情形更详细，也更复杂。最直接的规定是第19条到第26条，对不服上级机关批准行为、不具有独立承担法律责任的机构以其名义所作行政行为、法律规范授权机构或组织所作行政行为、开发区管理机构所作行政行为、行政机关职权变化又无继受部门等诸多情形下如何确定被告分别作了规定。

---

　　① 办法具体内容参见《海南日报》，2020-08-02（A07版）。
　　② 如宁夏回族自治区银川市相关部门出台文件，对10类败诉过错责任进行追究，对于存在严重过错及造成行政赔偿的责任人，不仅要责令其承担部分或全部赔偿费用，还将采取责令引咎辞职、免职等方式予以责任追究。潘从武.《银川市行政败诉过错责任追究办法》实施 行政败诉案件严重过错责任人免职.法制日报，2010-06-10（006）.

如何确定行政诉讼被告成为一门"专门学问",这在客观上进一步加剧了行政诉讼被告确定难的问题。

(二) 强拆主体的诉讼推定及其规则

被告确定难的问题也在倒逼司法机关更新裁判理念,于是才出现了强拆主体的诉讼推定。但该方案的法律依据是否充分,具体如何展开,具体适用规则为何,都需要进一步分析、论证。

1. 以推定方式认定强拆案件诉讼被告司法方案的出现

随着2014年《行政诉讼法》第2条第2款①及第75条②的确立,行政主体已然从一个理论概念演变为法律概念,并成为贯通行政组织法、行为法、救济法的核心线索。诉讼被告确定难,根源在于前端行政执法程序中行政主体的不明确,而行政主体确定难,原因在于行政主体意图规避其成为诉讼被告。在行政诉讼中,通过《行政诉讼法》及其司法解释的修改、完善,大部分被告确定难的问题解决了,但制度设计的复杂性及概括性,使得此类问题仍然存在,并且在特定情形下愈加突出。按照《行政诉讼法》的规定,有明确的被告及其初步事实是提起诉讼的基本条件,在被告不明确或者初步证据无法证明系被告所为的情形下,法院认定不符法定起诉定条件。正因此,出现了个别行政机关据此"漏洞"行事以逃避责任的情形。显而易见,这种做法具有较大危害:于行政相对人而言,找不到正确"被告"而告状无门,其合法权益无法得到司法机关的维护;于司法机关而言,囿于诉讼制度在无明确、适格被告的情况下只能被动不予立案或裁定驳回起诉,有关机关有意逃避诉讼的做法未得到处理,司法权威和公信力受

---

① 第2款规定:前款所称行政行为,包括法律、法规、规章授权的组织作出的行政行为。

② 该条规定:行政行为有实施主体不具有行政主体资格或者没有依据等重大且明显违法情形,原告申请确认行政行为无效的,人民法院判决确认无效。

损；于行政机关而言，个别部门似乎规避了诉讼，但对整个政府而言，其依法行政的形象及执法公信力受到极大损害。

对此问题，行政机关固然可从内部进行规范，但就行政诉讼制度而言，解决问题的"钥匙"掌握在法院手中。面对上述司法困境，各地法院也在探索解决方案，并创造出了行政诉讼被告"推定"解决方案。该方案虽以"许某云案"为"里程碑"，但其并非最早适用该规则的案件。2018 年最高人民法院发布的第二批征收拆迁典型案例中，"陆某尧诉江苏省泰兴市人民政府济川街道办事处强制拆除案"中即已出现了推定被告的做法。① 之后最高人民法院也在多个案件中运用了该理念，并引起了学界重视，出现了相关研究成果。②

2. 行政主体诉讼推定的规范证成

虽然此处讨论的范畴局限于强拆主体的诉讼推定，但其实其立论基础仍在于行政主体的诉讼推定，只有后者成立，前者才具有前提和基础。③ 关于后者，检视《行政诉讼法》中，与诉讼被告确定相关的条文，除第 49 条有关被告应明确的要求外，还有第 2 条及第 26 条，但前述条文并未明确被告无法确证时是否可进行推定，而在第七章"审理和判决"部分中，也无有关诉讼主体推定的规定。2018 年《适用解释》中，第 69 条第 1 款第 1 项规定，不符合《行政诉讼法》第 49

---

① 该判决系由山东省泰州医药高新技术产业开发区法院于 2016 年 6 月 29 日作出。该院经审理后认为：作为陆某尧所建房屋的动迁主体，街道办具有推进动迁工作，拆除非属动迁范围之涉案附着物的动因，故从常理来看，街道办称系单纯目击而非参与的理由难以成立。据此，在未有其他主体宣告实施拆除或承担责任的情况下，可以推定街道办系本次拆除行为的实施主体。遂认定街道办为被告，确认其拆除陆某尧房屋北侧地上附着物的行为违法。山东省泰州医药高新技术产业开发区法院（2016）苏 1291 行初 8 号行政判决书.

② 有学者以另一件最高人民法院再审裁定的案件为样本，研究了被诉行为实施主体不明情形下如何认定适格被告的问题。沈岿. 行政行为实施主体不明情形下的行政诉讼适格被告——评"程宝田诉历城区人民政府行政强制案再审裁定". 交大法学，2019 (3).

③ 本书之所以仅将讨论范围限定于强拆主体的诉讼推定，是因为适用行政主体诉讼推定有严格的规则要求，总体上仍需慎重，过多、过密适用将破坏司法的谦抑性。同时，目前司法实践中行政主体诉讼推定也主要适用于强拆案件中。

条规定但已立案的，应裁定驳回起诉。据此规定，对于被告不适合的，予以裁定驳回。包括该条在内，前述司法解释中也无诉讼被告无法确定时可进行推定的规定。因此，从《行政诉讼法》及其司法解释看，两者中均缺少支撑法院进行诉讼主体推定的规范依据。

扩大检阅规范的范围，允许行政诉讼进行推定的法条目前主要来源于《最高人民法院关于行政诉讼证据若干问题的规定》（以下简称《行政诉讼证据规定》）。其第68条第1款第3项、第5项规定，按照法律规定推定的事实、根据日常生活经验法则推定的事实，法庭可以予以认定。① 基于此，行政诉讼中，对于案件事实可以根据法律规定、日常生活经验法则进行推定。

基于上述分析，随之而来的问题是：一定条件下对于案件事实可以进行推定，那么对于被告可否进行推定呢？诉讼被告的推定，在表面上看起来进行的是被诉主体的推定，但实际上其论证逻辑是：在无法确定被诉主体，需要进行诉讼被告的推定时，法院要从前端行政程序中通过一定规则寻找行政行为实施主体（行政执法主体），进而将之作为诉讼被告。从这一过程看，诉讼被告的推定，实际上是行政主体的推定。从司法审查角度看，同时也是对行政主体实施了被诉行政行为这一事实的确定。这也是一种案件事实的推定。综合上述分析，可以得出如下结论：根据《行政诉讼证据规定》第68条第1款第3项、第5项的规定，可以根据法律规定及日常生活经验对被诉行政行为的实施主体进行推定。

事实上，推定也不是行政诉讼独有。推定是司法活动不可或缺的"工具"，"是由法律规定并由司法人员作出的具有推断性质的事实认

---

① 关于《行政诉讼证据规定》的有效性，根据2018年《适用解释》第163条第2款的规定，随着该解释自2018年2月8日起施行，2000年《行诉解释》、2015年《适用解释》同时废止。最高人民法院以前发布的司法解释与该解释不一致的，不再适用。所以，《行政诉讼证据规定》中与2018年《适用解释》不冲突的条文，仍然具有法律适用效力。

定"①。《最高人民法院关于民事诉讼证据的若干规定》第 10 条第 1 款第 3 项、第 4 项规定，根据法律规定推定的事实，根据已知的事实和日常生活经验法则推定出的另一事实，属当事人无须举证证明之事实。② 因此，民事诉讼领域中，通过推定确定案件事实有充分法律根据，事实上推定也被大量适用。③ 而在刑事诉讼领域，刑事案件的事实推定在理论上和实践中均引发了争议，但总体上，刑事诉讼程序中对案件事实的认定经历了从"客观事实"到"法律真实"的转化过程。④ 虽然现行刑法典在条文表述中没提及任何与推定相关的字眼，但这并不妨碍人们承认刑法中存在推定。⑤ 如最高人民法院发布的《全国法院审理金融犯罪案件工作座谈会纪要》中规定以客观行为认定主观上非法占有目的的证明方式就是典型的刑事推定。再如最高人民法院、最高人民检察院、公安部发布的《办理毒品犯罪案件适用法律若干问题的意见》中对毒品犯罪主观的明知同样设定了推定规则。⑥

3. 强拆主体诉讼推定的司法规则

前文已提及，在司法实践中，推定被告的方案用于解决行政诉讼被告无法确定的难题，虽然已出现了所谓行政主体诉讼推定（或推定被告）的概念，但关于其具体内涵和适用要件并无权威界定。就内涵

---

① 何家弘.论推定规则适用中的证明责任和证明标准.中外法学，2008（6）.
② 根据两项规定的不同，可将对案件事实的推定划分为事实推定与法律推定。对于事实推定应在经验法则类型化基础上，着重解决事实推定的正当性问题；对于法律推定，则侧重于对法律推定的边界作出更清晰的描述。纪格非.《民事诉讼证据规定》中的推定问题.证据科学，2020（3）.
③ 有学者以《最高人民法院关于适用〈中华人民共和国婚姻法〉若干问题的解释（三）》第 2 条有关亲子关系推定规则为对象进行了检索，即已获得了 277 份判决书。栗明.亲子关系推定规则的理解与适用——基于"北大法宝" 251 份民事判决书的分析.证据科学，2021（2）.
④ 杨宗辉.刑事案件的事实推定：诱惑、困惑与解惑.中国刑事法杂志，2019（4）.
⑤ 劳东燕.认真对待刑事推定.法学研究，2007（2）.
⑥ 周浩，赵韵韵.检察案例指导制度中的刑事推定规则与应用——以检例第 65 号为中心//"检察指导性案例应用"研讨会论文集，2021.

而言，可将之定义为：行政案件中，原告起诉的被告不认可其系被诉行政行为的作出主体，在案证据亦无法确证行政主体时，人民法院结合具体案情，根据法律规定的职责主体，通过合理推断，认定被诉行政行为的实施主体并将之作为诉讼被告的裁判思路。

推定毕竟与传统行政诉讼主体认定思路不同，故需要从严控制，避免随意推定。同时，从案件类型而言，推定的适用范围目前也主要限定于与房屋、土地有关的强拆行政争议。除"许某云案"外，"许卓某诉江西省南昌市人民政府房屋行政强制案"[1]、"濮阳市城乡一体化示范区管理委员会与田红军、濮阳市城乡一体化示范区卫都街道办事处筹备组强制拆除房屋行为案"[2]、"李某等诉山东省惠民县人民政府行政强制及行政赔偿案"[3]、"韩某诉武汉市人民政府行政强拆案"[4]、"上海马桥酒店管理有限公司诉上海市闵行区人民政府土地房屋行政强制案"[5] 等案件中，最高人民法院也不断适用诉讼被告推定规则。诉讼被告推定之所以会集中出现于前述案件中，原因系由房屋、土地等引发的争议均涉及行政相对人的重大权益，同时，在与其相关的强制拆除工作中不时会出现地方政府及其部门刻意规避法律规定和程序的情况。法院在后续纠纷中适用推定旨在维护相对人的合法权益，监督政府依法行政。

通过对前述案例的分析，结合行政法基本精神及行政主体推定的适用场景，行政诉讼中适用推定规则确定强拆案件诉讼被告的基本条件有以下几个方面：

第一，被诉强拆行为的实施主体无法确认。首先应明确，正如前文所述，强拆主体诉讼推定目前主要适用于强拆行政案件中。其次要

---

[1] 最高人民法院（2019）最高法行申 2319 号行政裁定书。
[2] 最高人民法院（2020）最高法行申 15164 号行政裁定书。
[3] 最高人民法院（2018）最高法行再 113 号行政裁定书。
[4] 最高人民法院（2018）最高法行再 106 号行政裁定书。
[5] 最高人民法院（2017）最高法行再 102 号行政裁定书。

重点说明的是，推定被告的前提是缺乏基本证据证明由何主体实施强拆的案件事实，如果证据可以证明有关情况，就不能进行推定。更具体说，诉讼中可进行推定的前提是：原告在诉讼中无法提供证据证明被诉强拆行为的实施主体，被告在审理中也不认可其系行为的主体，以致综合在案证据无法确定强拆主体。需要明确的是，此处的举证责任首先应由原告（起诉人）承担，适用推定也不能否定其对此的举证责任。而之所以进行推定，根本原因还是法院、法官基于法律规定、案件情况、生活经验等形成了对强拆主体的某种内心确信。

第二，有法定的职权主体。根据法律的规定，被诉行政行为存在法定的职权部门，由该机关负责实施相应类别的行政执法活动。这是进行推定的重要法律根据和基本前提之一。法定职权主体的要求同样是对法院实施强拆主体推定的限制，司法推定不能漫无边际地任意进行，被推定机关应该与被诉行政行为存在法律上的直接、密切关系。当然，这并不是说被告一定要具有法定职权，被告在缺少法定职权时作出了行政行为的，仍然是被告，只是此种情况建立在有一定证据证明被告作出了被诉行政行为的基础上。

第三，有初步的证据证明被推定行政主体作出过相关行政行为或者具有作出案涉行政行为的动机及可能。这是进行强拆主体推定的另一个重要要求，也是法院在进行具体推定时需要慎重把握的重点内容。至于具体的证据举证要求，可以区分不同推定情况分别确定：其一，有证据显示行政机关曾经启动过与被诉行政行为相关的行政执法程序。在无人"认领"被告时，可结合法定职责进行具体推定。这时的证据要求无须过高，只要有初步证据即可。其二，结合法律规定的职责，现有在案证据能够证明被推定的主体具有作出被诉行政行为的动机，从而推定其为被告。这时要有一定的证据予以证明，足以证明这种推断具有合理性。动机的判断标准是受益原则，即在诉讼被提起后，被告否认被诉行政行为系其所为，在案证据又无法证明实施主体时，司法机关可以结合案件情况查证何机关将从被诉行为的实施中最大限度获益，从而推定这个机关为最有可能的实施主体。例如，在"许卓某诉江西省南昌市人民政府房屋行政强制案"中，法院即阐明：当事人主张应根据受益情况确定被告，但只有在无法查清实施主体或没有行政机关自认实施的情况下，才需要根据拆迁工作的目的性、职权法定原则或受益原则推定被告。其三，前述两种情况兼而有之，推定涉案主体为实施主体，依据相对更为充分，有初步证据即可。比如"上海马桥酒店管理有限公司诉上海市闵行区人民政府土地房屋行政强制案"中，被告曾经作出过相关征收行为，且系行使法定的房屋征收、收回国有土地使用权及强制拆除合法建筑的职权，故推定该区政府为实施主体和被告。

第四，被推定主体有权进行抗辩。被推定为被告的行政主体若否认其系行政行为作出主体，应提供证据证明。此系进行被告推定后的补充：法院进行了被告推定后，被推定的行政主体仍有抗辩权，其提供了一定证据足以证实系与之无关的其他主体实施了该行为的，法院应予采纳。在被告辩称其他主体为实际实施主体时，法院应根据指认对象不同，施行不同强度的司法审查标准。其一，被告指认其他行政机关为行政行为实施主体，该机关也予认可，且该机关与被诉行为也存在一定关系的，则一般可以认可该机关为行政诉讼的被告。需要注意，若被告指认后，即使被指认机关也自认，也不能轻易认定该机关为实施主体，尤其要注意判断该机关有无法律的规定或者动机实施被诉行政行为，防止上级机关为逃脱诉讼责任而任意安排下级机关代为处理案件并承担责任。其二，被告指认其他非行政机关主体为实施主体的，则需要进一步进行审查，有充分证据证明确系该主体所为，且确与被告无关的，才可以认定该主体为实施主体，否则仍应认定被告系该案诉讼主体。

（三）强拆主体诉讼推定之法律责任

综合前文分析，法院实施强拆主体的诉讼推定，是以被告否认被诉行政行为系其所为的事实为前提。而被告因在案件审理中否认被诉行为系其所为，往往不会对强拆行为的合法性进行举证，故推定实施后，被诉强拆行为一般将被认定违法。下一步，就需要确定被告的法律责任。

1. 行政救济路径之辨：赔偿抑或补偿

关于强拆主体诉讼推定的适用场景前文已述，基本上可认为其适用于行政机关故意逃避诉讼责任的情形，而其规避行为所致责任多样，不限于行政责任，还有民事责任，甚或刑事责任。[①] 而就行政诉讼而言，要解决的，也是诉讼中原告、被告一直争议的问题是，在无行政主体"认领"强拆行为而实施了诉讼被告推定，强拆行为又被法院认定违法的情形下，被告因之而承担行政法律责任的路径，究竟是赔偿，还是补偿。

在此问题上，"许某云案"所涉三级法院观点各异。一审法院认为，婺城区政府将案涉房屋拆除的行为应被确认为违法，应对许某云因此受到的损失承担赔偿责任；并判令被告作出赔偿。二审法院同样确认了婺城区政府对案涉房屋进行拆除的行为违法，但认为该房屋因征收所应获得的相关权益，仍可以通过征收补偿程序获得补偿，许某云主张通过国家赔偿程序解决案涉房屋被违法拆除的损失，缺乏相应的法律依据。同时，二审法院认为，一审法院直接责令婺城区政府参照《征收补偿方案》对许某云作出赔偿，缺乏法律依据，且可能导致

[①] 《刑法》第 275 条规定：故意毁坏公私财物，数额较大或者有其他严重情节的，处 3 年以下有期徒刑、拘役或者罚金；数额巨大或者有其他特别严重情节的，处 3 年以上 7 年以下有期徒刑。故若无主体对损坏相对人数额较大财物的行为负责，极有可能涉嫌故意毁坏财物犯罪。

许某云对案涉房屋的补偿安置丧失救济权利,遂判决撤销了一审法院责令赔偿的判项,驳回了许某云的其他诉讼请求。最高人民法院的再审判决对一审、二审判决的思路均不认可,其分析裁判思路是:首先需要认识到,行政补偿是对基于合法行政行为的损失之填补,而行政赔偿则基于违法行政行为。其次,征收程序中相关行为违法引起的赔偿问题较为复杂,既有违法拆除给权利人的物权造成损失之赔偿,也有未依据征收补偿法律规定及政策实施征收补偿而带来的应补偿利益的损失,甚至还包括搬迁、临时安置以及应给予的补助和奖励的损失。再次,由强拆引发的行政赔偿诉讼中,法院应结合违法行为类型与违法情节轻重,综合协调适用《国家赔偿法》规定的赔偿方式、赔偿项目、赔偿标准与《征收与补偿条例》规定的补偿方式、补偿项目、补偿标准,依法、科学确定赔偿项目和数额,让被征收人得到的赔偿不低于其依照征收补偿方案可获得的征收补偿。最后,通常情况下,强拆被征收房屋系依据已生效补偿决定而为,前提是补偿决定已经解决了房屋本身的补偿,即使强拆房屋行为被认定违法,赔偿范围通常也仅仅局限在强拆行为导致的房屋内物品损失,不涉及房屋本身的补偿或赔偿问题,而本案强拆前无征收决定、无补偿决定,许某云也未同意拆除房屋,且未达成补偿安置协议,许某云未得到任何形式补偿,故应认定强拆行为构成重大且明显违法,应依法予以赔偿。紧接着,最高人民法院认为对许某云的房屋损失的赔偿不应再参照征收补偿规定按房屋征收决定公告之日被征收房屋类似房地产的市场价格(以2014年10月26日为时点确定价格基准),而应坚持充分赔偿原则,以婺城区政府作出赔偿决定时点的案涉房屋类似房地产的市场价格为基准进行确定。同时,对其他损失,按照《国家赔偿法》规定赔偿直接损失。

最高人民法院再审判决的论证说理更为充分,其中提及充分赔偿的精神,下文再围绕赔偿的相关原则展开讨论。就被告无依据强制拆除案涉房屋的行为所致行政救济途径是补偿还是赔偿，三份判决观点并不一致。其实，对这个问题的判断并不复杂，回归行政赔偿、行政补偿的基本内涵即可。行政赔偿以行政机关实施了侵权行为为前提，所作出行政行为违法，行政机关由此对被侵权人负有赔偿责任；而行政补偿是以行政机关实施了合法行政行为为前提，只是这种合法的行为事实上损害了相关对象的权益，需以补偿之方式予以填补。这一点在最高人民法院的再审判决已予阐明，毫无疑问，本案被告应承担赔偿责任，而非行政补偿责任。当然，就行政诉讼本身而言，很难说行政赔偿与行政补偿在对当事人最终的损失填补上存在多么大的差异，判断两种不同损失填补方式、路径的意义在于：对被诉行政行为给出了一个合法性的判断，认定为行政赔偿就已判断出被诉行为是违法的，认定为行政补偿则意味着前端行政行为是合法的。

2. 强拆主体诉讼推定后的赔偿金额确定规则

上文初步厘清了救济路径的问题，即通过行政赔偿方式处理原告的实体诉求。按照行政赔偿诉讼的审理思路，后续需具体确定行政赔偿的方式、数额，这就涉及行政赔偿责任的原则。

《国家赔偿法》第36条第8项规定，侵犯公民、法人和其他组织的财产权造成其他损害的，按照直接损失给予赔偿。该项规定实际上确立了国家赔偿领域赔偿直接损失的原则。根据该原则及前述规定，我国的国家赔偿只对直接损失予以赔偿，而对于间接损失等不予赔偿。[1] 所谓直接损失，也称积极损失，或称所受损害，是由被侵权的事由所造成之实际损失和现有财产的直接减少；间接损失，也称消极损失，或称可得利益，是指基于被侵权的事由可能发生之可得财产利益之丧失。[2] 事实上，大多数国家原则上都只赔偿直接损失，不赔偿

---

[1] 李飞主编. 中华人民共和国国家赔偿法释义. 北京：法律出版社，2010：142.

[2] 江必新主编.《中华人民共和国国家赔偿法》条文理解与适用. 北京：人民法院出版社，2010：343.

间接损失，只有在侵权行为是故意实施或不赔偿间接损失就会违背社会共同生活原则的情况下，国家才赔偿间接损失。① 故整体而言，包括行政赔偿在内的我国国家赔偿的赔偿范围是有限的。也正因此，从比较法的角度看，在补偿性标准、惩罚性标准和抚慰性标准中，学术界及司法实践普遍认为，我国的国家赔偿标准是抚慰性标准，赔偿数额通常不足以完全弥补受害人所受之全部损失，只能在其损失额度内予以适当补偿。②

赔偿直接损失原则的确立或许是基于《国家赔偿法》制定的时代背景，其范围的有限性也确实遭到诟病，当然，理论和司法实践都无意挑战国家立法，但实践中对于直接损失、间接损失的涵摄范围存在争议确是不争的事实。例如，对于必然可得利益是否属于直接损失范围就存在不同认识，很多人认为这就属于间接损失，但最高人民法院的一份裁定书就认为：无论是现有财产还是可得利益，只要损失的发生具有必然性，就是必然可得利益，就属于直接损失。③

直接损失范围的确定相对复杂，"技术性"很强，但其中有两个问题需要考虑。其一，直接损失的评价对象是被侵害人，是对其损失的填补。但要不要考虑对行政机关进行惩戒？按照一般裁判思路，确定直接损失或已在表面上填补了被侵害人的财产损失，但在特定情形下，却在客观上纵容了行政主体故意逃逸行政责任的行为，社会效果并不好。其二，直接损失并不是一个精确概念，并不是在具体个案中简单通过加、减就能得到一个确切数额。有时直接损失的确定标准存在多种方式、方法，究竟如何取舍，也是一个问题。

依笔者视角，研究"许某云案"，除强拆主体的推定外，最重要的

---

① 马怀德主编.国家赔偿问题研究.北京：法律出版社，2006：106.
② 江必新主编.《中华人民共和国国家赔偿法》条文理解与适用.北京：人民法院出版社，2010：339.
③ 最高人民法院（2018）最高法行赔申108号行政裁定书.

法律意义就在于赔偿范围的确定。案件情况比较复杂，无依据拆除房屋所导致的赔偿问题与房屋征收补偿相互交织，房屋被强拆之损失与其他财产之损失相互交叉。由此需要厘清几条线索：案件所涉损失包括房屋损失、停产停业损失、房屋内物品的损失；依据征收补偿规定计算所得之利益充当了行政赔偿的数额确定标准，而非通过行政补偿途径救济许某云的权利。停产停业损失依据征收补偿的法律规范及政策确定，房屋内物品损失则根据举证规则确定、酌定，两者并无可资进一步深入分析的法理争议，问题的关键在于房屋损失的确定。案涉房屋已被拆除，后又被列入旧城区改造的征收范围，故许某云要求恢复房屋原状的赔偿请求已然失去事实前提和可能。抛开在改建地段或者就近地段选择类似房屋予以产权调换的赔偿方式，支付相应赔偿金就势在必行。但在确定赔偿数额时，固然可以按照征补偿政策确定其征收利益并将之作为直接损失的赔偿数额，但问题在于此时仍存在不同计算方式。按照一般征收案件的赔偿裁量思路，可按照征收决定公告之日的市场评估价进行货币补偿的数额确定赔偿款，但本案中也可以在作出赔偿决定时点有效的房地产市场评估价格为基准计付赔偿款。在房地产价格持续攀升的社会背景下，这两种方式计算出的结果差异较大，按照时间在后的作出赔偿决定的时点计算显然比以前一种方式计算确定的赔偿款更高。必须承认，即使按照前一种方式以征收决定公告之日为时点计算赔偿款，在形式上看也基本可填补再审申请人的损失（这是既往主流裁判思路，且在确定赔偿款后同时可将后续利息一并计入），但"许某云案"的判决书提及一个非常重要的概念："惩诫"。其判决书"本院认为"第四部分"关于赔偿方式、赔偿项目、赔偿标准与赔偿数额的确定问题"在关于房屋损失的赔偿方式与赔偿标准问题的分析中提道：为体现对违法征收和违法拆除行为的惩戒，并有效维护许某云合法权益，对许某云房屋的赔偿不应低于因依法征收所应得到的补偿，即对许某云房屋的赔偿，不应低于赔偿时改建地段或者就近地段类似房屋的市场价值。后又继续写道：婺城区政府既可以用在改建地段或者就近地段提供类似房屋的方式予以赔偿，也可以作出赔偿决定时点有效的房地产市场评估价格为基准计付赔偿款。但这两段文字表述的赔偿标准中并没有具体时点，需要回到"本院认为"的第三部分"关于本案通过行政赔偿还是行政补偿程序进行救济的问题"，其中写道：对许某云房屋损失的赔偿，不应再依据《征收与补偿条例》第19条所规定的"房屋征收决定"公告之日被征收房屋类似房地产的市场价格，即2014年10月26日的市场价格，为基准确定，而应按照有利于保障许某云房屋产权得到充分赔偿的原则，以婺城区政府在本判决生效后作出赔偿决定时点的案涉房屋类似房地产的市场价格为基准确定。因此，如果用在改建地段或就近地段提供类似房屋的方式予以赔偿，自然可行，而若以支付赔偿款方式进行赔偿，则其计算时点为被告在判决后作出赔偿决定的时间。如此既有利于更加充分维护行政相对人的利益，更能体现对行政机关故意逃避诉讼责任的惩戒。

相较于以作出征收决定的时间为时点确定赔偿款金额的方式，以作出赔偿决定的时间为100点计算赔偿款是裁判理念的一个重大变化、突破，体现了浓郁的惩戒色彩，系对行政机关有意逃避诉讼责任的司法规制，自然也符合对"知法犯法"施以更严厉制裁的朴素认知。对于这种赔偿款（直接损失）的确定方式，"许某云案"的再审判决书采取了"充分赔偿"的表述，而在该案成为公报案例后，其"裁判摘要"使用了"全面赔偿"的字样。而按其鲜明的惩处故意违法的特质，笔者更愿意将其表述为"惩戒型赔偿"。惩戒型赔偿是指法院在行政主体存在故意逃避诉讼责任、行政责任等重大违法的情形下，确定违法行政行为所致赔偿款数额时，采取更高额计算方式，以体现对前述行为的制裁的一种赔偿金额确定理念。

毋庸讳言，以惩戒型赔偿理念确定直接损失及赔偿款数额存在一定可论证空间，我们需要反问：惩戒型赔偿确定的赔偿范围是否还属于直接损失，是否已经超出了现有国家赔偿制度规定的范畴？在作为公报案例最为核心的裁判摘要部分，最高人民法院未在其中明确表述"惩诫"的意涵，而只是相对平稳地使用了"全面赔偿"及"确保被征收人得到的赔偿不低于其依照征收补偿方案可以获得的征收补偿"的表述。笔者认为，确定直接损失时若存在不同计算方式，为了对故意违法行政行为施以更严格的责任，在确定赔偿数额时选择数额更大的计算方式，体现了对行政主体的"惩诫"，而并非扩大直接损失的范畴。如此理解，惩戒型赔偿是可以成立的，并与现行国家赔偿制度相契合。

公益性国有土地使用权收回的程序构造

——定安城东建筑装修工程公司与海南省定安县人民政府、第三人中国农业银行定安支行收回国有土地使用权及撤销土地证案[①]

一、案情摘要

1995年12月8日，海南省定安城东建筑装修工程公司（以下简称城东公司）依法取得了定安县土地管理局（以下简称县土地局）颁发的第14号《建设用地规划许可证》并于同年12月27日签订了《国有土地使用权出让合同》。1996年1月22日，海南省定安县人民政府（以下简称县政府）根据城东公司的申请和县土地局的审核给城东公司颁发了定安国用（96）字第6号"国用土地使用权证"（以下简称第6号国土证）。2007年11月5日，县政府以城市用地需要为由作出了定府〔2007〕112号《关于有偿收回国有土地使用权的通知》（以下简称112号通知），决定按登记成本价有偿收回第6号国土证下的土地使用权；并依法送达了城东公司。定安县国土资源局（以

公报案例全文

[①] 最高人民法院公报，2015（2）．简称"定安城东案"。

下简称县国土资源局）在 12 月 7 日告知城东公司在 12 月 11 日召开听证会，但城东公司并未参加听证。2007 年 12 月 6 日，县政府以第 6 号国土证下的土地须调整为行政办公用地为由，决定撤销第 14 号《建设用地规划许可证》。2007 年 12 月 14 日，县政府告知城东公司拟撤销第 6 号国土证，并于 2007 年 12 月 29 日作出定府〔2007〕150 号《关于撤销定安国用（96）字第 6 号〈国有土地使用证〉的决定》。城东公司对县政府作出的撤销其国有土地使用权证的决定不服，依法提起了行政诉讼。

二、裁判要旨

行政机关作出对当事人不利的行政行为，未听取其陈述、申辩，违反正当程序原则的，属于 1990 年《行政诉讼法》第 54 条第 2 项违反"违反法定程序"的情形。行政机关根据《土地管理法》第 58 条第 1 款第 1、2 项规定，依法收回国有土地使用权的，对土地使用权人应当按照作出收回土地使用权决定时的市场评估价给予补偿。因行政补偿决定违法造成逾期付补偿款的，人民法院可以根据当事人的实际损失以及涉案土地价值评估结果等情况，判决县政府承担逾期支付补偿款期间的同期银行利息损失。

三、法理分析

在国有土地的征收管理方面，单就"征收"和"收回"而言，尚未在概念体系中实现两者在性质上的统一，也并未在实定法中完成法秩序上的统一。"国有土地使用权的收回形式多样、法律依据各异、法律性质复杂、处理程序不同，难以形成统一的收回和补偿模式。"① 源于公益性国有土地使用权的收回而生发的问题往往会被国有土地上房屋的征收问题所遮蔽，从而导致其所产生的行政争议难以得到实质性化解。

相较于国有土地上房屋的征收程序与补偿方面有着较为完善的法律保障体系，公益性国有土地使用权收回的保障体系则显得较为单薄，基本上只在《土地管理法》第 58 条第 1 款和第 2 款②有所直接体现，相关法律法规对国有土地使用权收回的制度规定得过于原则。③"基于公共利益需要提前收回建设用地使用权是一种独立的法律制度，将其认定为征收的一种类型具有一定的理论解释力，但这种观点却没有被我国《宪法》《土地管理法》及《物权法》等法律法规的现行规则接受。"④ 虽然学界在这方面的研究成果众多⑤，但学理上在征收的对象、征收的方式、征收的类型、征收的程序、征收补偿的模式等方面的诸多争鸣反映了对于该法律制度的认识仍未达成共识。

---

① 耿宝建，殷勤.公益性国有土地使用权收回的法律性质和补偿模式.交大法学，2021（4）.
② 《土地管理法》第58条第1款第1项规定，有下列情形之一的，由有关人民政府自然资源主管部门根据原批准用地的人民政府或者有批准权的人民政府批准，可以收回国有土地使用权：（1）为实施城市规划进行旧城区改建以及其他公共利益需要，确需使用土地的……第2款规定：依照前款第1项的规定收回国有土地使用权的，对土地使用权人应当给予适当补偿。
③ "《土地管理法》、《城市房地产管理法》、《国有土地上房屋征收与补偿条例》等相关法律法规对国有土地使用权收回与房屋征收补偿规定又过于原则。"[程琥.国有土地使用权收回中房屋征收补偿问题研究.中共浙江省委党校学报，2017（4）.]
④ 高飞.建设土地使用权提前收回法律问题研究——关于《物权法》第148条和《土地管理法》第58条的修改建议.广东社会科学，2019（1）.
⑤ 对国有土地使用权收回相关法律制度的讨论，主要参见崔建远.征收制度的调整及体系效应.法学研究，2014（4）；王太高.土地征收制度比较研究.比较法研究，2004（6）；李祎恒，金俭.国有土地使用权收回之质疑.学术界，2011（8）；金俭.国有土地使用权收回制度重构.西南民族大学学报（人文社会科学版），2013（3）；高飞.建设土地使用权提前收回法律问题研究——关于《物权法》第148条和《土地管理法》第58条的修改建议.广东社会科学，2019（1）.

（一）公益性国有土地使用权收回之性质的学理辨析

经由考察典型公益性国有土地使用权收回的案例[①]，可以发现，在现行的法规范体系下，《土地管理法》第58条较为原则性地规定了国有土地使用权的收回。《国有土地上房屋征收与补偿条例》（以下简称《征收与补偿条例》）则针对国有土地上房屋的征收作出了较为全面和系统的规定。此外《征收与补偿条例》第13条第3款还以"贴补丁"的方式规定，"房屋被依法征收的，国有土地使用权同时收回"。如何理解该条款中所言的"征收"与"收回"？两者间的关系究竟是什么？

在《土地管理法》第58条第1款的建制基础上对整个土地征收管理法律制度进行考察，可以发现"公益性收回国有土地使用权只是收回的法定类型之一，其他还有如国有土地使用权出让合同到期后的收回，原使用单位被撤销、迁移后停止使用划拨土地的收回，机场等公用设施报废后的收回等类型"[②]，"收回"的法律含义在不同的场景中并不相同。从法理上看，公益性国有土地使用权的收回似乎与国有土地上房屋的征收具有"相似的基因"，"对因公共利益需要提前收回国有土地使用权法律性质的正确认识，既需要从我国特有的地权结构形态出发，把握我国国有土地使用权特有的时代本质属性，更需要着眼于不动产征收制度的世界发展趋势，认识到不动产征收客体的实质内涵"[③]。厘清

[①] 近年来，经由最高人民法院审理的具有典型意义的涉及国有土地使用权征收的相关案例，包括但不限于山西省安业集团有限公司诉山西省太原市人民政府收回国有土地使用权决定案（"安业集团案"）[最高人民法院公报，2017（1）]，苏州阳澄湖华庆房地产有限公司与苏州市人民政府土地登记纠纷再审案，以及苏州阳澄湖华庆房地产有限公司与苏州市国土资源局土地行政补偿再审案（以下简称"苏州华庆房产公司案"）[最高人民法院（2017）最高法行申1342号行政裁定书]，汪某芳诉龙游县人民政府行政征收案（以下简称"汪某芳案"）[最高人民法院（2018）最高法行申2624号行政裁定书]。

[②] 耿宝建，殷勤.公益性国有土地使用权收回的法律性质和补偿模式.交大法学，2021（4）.

[③] 张先贵，金俭.因公益需要提前收回国有土地使用权的补偿制度.社会科学辑刊，2012（3）.

两者间的关系离不开对其法律性质的考察。

目前,学界对于公益性国有土地使用权收回之法律性质的界定主要集中在解除合同说[1]、撤回行政许可说[2]、征收说[3]和管制性征收说这四大类。

1. 解除合同说

鉴于《民法典》第358条并未改变原《物权法》第148条的规范布局,按照合同解除产生的效果来观察,对公益性收回国有土地使用权的补偿则仅限于退还基于出让合同支付的出让金,这明显与《土地管理法》第58条第2款、《城市房地产管理法》第20条[4]和《城镇国有土地使用权出让和转让暂行条例》第4条[5]在法律效果方面的规定存在明显差异。因此,单纯将公益性收回国有土地使用权的行为界定为解除出让合同,既难以与整个土地征收管理法规范体系相融洽,也不利于对被收回主体的权益保护。

---

[1] 持解除合同说观点者认为,公益性国有土地使用权收回是法律特别为土地所有权人设定的一个法定解除权,这种权利属于形成权,国家基于该权利可以单方面使国有土地使用权提前终止,故提前收回只是解除国有土地使用权之设立合同,而不是对国有土地使用权的征收。崔建远主编.房屋拆迁法律问题研究.北京:北京大学出版社,2010:269-270.

[2] 主张撤回行政许可说观点的学者认为,国有土地出让应该签订国有土地出让合同,符合有行政机关参与、公共利益需要、公法调整的性质,建设用地使用权出让行为具有行政合同、行政许可的两重属性,其中行政许可是该行为的根本属性。既然出让国有土地使用权属于行政许可,那么,收回国有土地使用权当然是撤回行政许可。江义知,刘兆阳.收回国有建设用地使用权的行政补偿——基于一个土地征收补偿案件的分析.广西政法管理干部学院学报,2012(5).

[3] 持征收说观点者认为,公益性收回国有土地使用权应被界定为对国有土地使用权的征收,是现代社会中的不动产征收客体区别于传统征收客体的体现,在理论上和实践中均不存在制度与理念层面的障碍。张先贵,金俭.因公益需要提前收回国有土地使用权的补偿制度.社会科学辑刊,2012(3).

[4] 《城市房地产管理法》第20条规定:国家对土地使用者依法取得的土地使用权,在出让合同约定的使用年限届满前不收回;在特殊情况下,根据社会公共利益的需要,可以依照法律程序提前收回,并根据土地使用者使用土地的实际年限和开发土地的实际情况给予相应的补偿。

[5] 《城镇国有土地使用权出让和转让暂行条例》第4条规定:依照本条例的规定取得土地使用权的土地使用者,其使用权在使用年限内可以转让、出租、抵押或者用于其他经济活动,合法权益受国家法律保护。

此外，解除合同说最大的问题在于其并未厘清征收发生、合同解除权行使、提前收回建设用地使用权、终止建设用地使用权法律关系之间的关系。从发生学的意义上说，并不符合征收、收回与合同解除权的行使在因果链条和时间上的事实发生的顺序，即合同解除权的启动是由于国家征收权的发动，先有征收行为之介入，继而发生合同解除权的行使，进而才提前收回公益性国有土地使用权，从而使国有土地使用权出让合同上的法律关系归于消灭。因此，应该明确"合同解除权的行使仅是建设用地使用权征收程序启动的必然结果，不能混淆二者于逻辑上的因果关系和时间上的先后联系"[①]，这样才更有助于判定公益性收回国有土地使用权的法律性质。

2.行政许可撤回说

是否可将公益性国有土地适用权收回理解为行政许可的撤回，其关键在于对行政行为之种类的准确识别和定性，这其中关涉两个问题：问题一在于能否将国有土地使用权出让定性为行政许可，问题二则是对于公益性收回国有土地使用权的行为能否定性为行政撤回。

对于问题一，不管对国有土地使用权出让合同的性质作何理解，将其定性为单纯的民事合同抑或行政协议，都无法将其归入行政许可的概念框架之中。原因在于，其与设置行政许可的目的相悖，不存在行政主体直接"解除某些限制、允许行政相对人从事某项活动"的许可之实，也就是说行政撤回发生的前提条件并不存在，因此不能将国有土地使用权出让的法律性质认定为行政许可。另外，这也不契合《民法典》中建设用地使用权出让合同系属私法行为之性质。

对于问题二，土地行政管理部门代表国家签订国有土地使用权出让合同后，如若是基于合同关系实施私法上的收回，那就不可能在此私法关系中介入带有行政权性质的行政撤回。如若是基于行政管理职

---

① 张先贵，金俭.因公益需要提前收回国有土地使用权的补偿制度.社会科学辑刊，2012（3）.

权实施公法上的收回,也并非对已经成立并生效的行政处理决定的撤回,因为撤回的对象不能是国有土地使用权(或国有土地使用权转让合同)。

因此,无论是从行政行为的认定还是从行为处理决定的内容来看,行政许可撤销说都无法准确地描述公益性国有土地使用权收回的法律性质。

3. 征收说

认为公益性收回国有土地使用权是对国有土地使用权的征收,该问题的关键在于如何正确地厘定现有土地征收管理法规范体系中征收客体的范围。虽然"纵观土地征收概念之世界发展趋势,无论是大陆法系抑或英美法系,其主要国家(地区)有关现代征收客体都是以财产权而非所有权为其唯一客体,以征收客体的世界发展趋势观之,对于征收客体之界定,都笼统地针对财产权,并不区分所有权和使用权"[①],但是,如果只把所有权作为征收的唯一客体,实质上是以一种机械化、静态化、形式化的片面眼光来检视不断扩展的征收概念,无法契合征收概念逐步扩大化的趋势。如果不能对传统征收概念予以扩大化的理解,亦不能以概念流变的眼光从制度的动态发展维度去扩展其内涵及外延,则不能真正地理解具有中国特色的土地征收管理制度的体系构造与理论语境,因而就不能在法治的轨道上不断拓展其适用的弹性空间和范围,进而影响到制度自身功效的发挥和制度间体系化效应的展开与协调。

有学者指出,"1949年新的国家政权成立以后,我国在与土地制度相关的法律规范中多次使用了'征收''征用'以及'收回'等词语,以此来界定公共权力对个人土地权利的某种干涉……,但立法者起初并没有对这三个词语之间的不同作出严格区分,导致现实中出现

---

① 张先贵,金俭.因公益需要提前收回国有土地使用权的补偿制度.社会科学辑刊,2012(3).

了法律概念使用的混淆"①。"建设用地使用权提前收回与征收并非同一制度，如果提前收回建设用地使用权的行为之性质为征收，则法律条文中无需再提出与'征收'具有同一属性的'收回'概念，人为地造成制度理解与规则适用的混乱。"② 首先，由于立法上的用语并未保持一致，单从语义的表述来看，并不能直接简单地将"收回"解释为"征收"。其次，立足于《民法典》上用益物权规则体系，基于其所明确的对于集体土地所有权及其上设立的用益物权采用"一体征收、分别补偿"的模式，不能直接由补偿的模式直接推导出征收的模式，因此不能从中直接找出征收客体包括用益物权的实定法依据，在法规范体系上也无法周延国有土地使用权收回的概念。最后，从立法目的来看，征收客体包括财产所有权自不待言，但是否包括财产使用权仍然是模糊不清的。征收和收回这两个概念的共同之处在于都是基于公共利益的需要，都要经过法定程序并都要给予补偿，但对于所需经由的法定程序是否应保持一致、是否系采同种类型的补偿模式，立法没有作出明确的回答。"由于国有土地所有权与土地上房屋所有权的分置，以及现行法律对房屋征收与土地使用权收回没有作出统一和明确的规定，因此在表面上，对国有土地上房屋实施征收的，将分别产生对房屋的征收和对土地使用权的收回两套法律程序、两种法律关系、两个行为后果。"③ 综合考量法条的文意、规则体系以及立法者原意，虽然无法直接将公益性收回国有土地使用权直接纳入现有的征收的概念体系和法律框架之中，但不可否认的是，"征收说"对于公益性国有土地使用权收回之法律性质的回应，最为接近司法实践。

4. 管制性征收说

有学者认为，"以土地管制为例，管制的目的是公共利益，是让人

---

① 朱毅峰.浅析国有土地使用权的收回补偿问题.研究生法学，2010（5）.
② 高飞.建设土地使用权提前收回法律问题研究——关于《物权法》第148条和《土地管理法》第58条的修改建议.广东社会科学，2019（1）.
③ 耿宝建，殷勤.公益性国有土地使用权收回的法律性质和补偿模式.交大法学，2021（4）.

民最大可能多地分享利益。管制必须确定合理的界限,如果管制武断地拿走必要的权利内涵并缺乏有效救济,那么整个土地权利制度、征收制度、规划管制制度的权威、效率和公平、公民的遵从和守法效果都将大打折扣。"① 管制性征收作为土地管制的法治化创造,是指"政府或其授权的机关出于公共利益对财产权利的行使进行限制,或提出义务,导致财产权人无法正常对财产进行使用和收益,使得财产价值遭到贬损,从而具有等同于征收(的)效果的一种行为或制度。"② 管制性征收将私人的财产权视作一项项权利集合而成的权利束而并非一项单一的权利,当政府的管制行为对权利束中的一项权利造成不可归因于权利人的负面影响时,即便政府并未运行正式的征收程序,在宪法上政府对于权利人的补偿义务并不因之而消灭,"实体性正当程序是手段和目的构成的坐标系(判断阻止财产有害利用的管制是否构成征收),平均利益互惠是负担与利益构成的坐标系(判断提升公共福利的管制是否构成征收),权利束是被剥夺的利益与财产的全部利益构成的坐标系"③。

  管制性征收和征收适用同样的法律保护原则,即公共利益需要、正当程序和公正补偿。首先,对于管制性征收而言,公共利益需要是一个最弱的原则,对财产权的保护本身就能体现公共利益。即使有公共利益,还要对管制给权利人造成的损失予以利益衡量。其次,管制性征收注重征收的程序性标准,往往通过设置正当程序来保护公民利益,实质性正当程序就是公平正义。最后,管制性征收充分体现了公正补偿原则,即在不剥夺土地使用权人所保有的经济价值的同时赋予土地使用权人以补偿性利益。

---

  ① 张鹏.经典案例逻辑中的准征收理论与实践:中美差异和政策选择.中国土地科学,2018(6).
  ② 王珏.论管制性征收构成标准——以美国联邦最高法院判例为中心.法学评论,2020(1).
  ③ 刘连泰.确定"管制性征收"的坐标.法治研究,2014(3).

管制性征收与通常意义上的征收相比，两者的共同点在于都是"政府为了实现公共利益而对私人的财产权造成了不适当的侵损，权利人由于为公共利益负担了特别牺牲，有权要求政府负担公平补偿的义务，即两者的落脚点都在于对权利人的公平补偿"。而两者的差异重点表现在"通常的征收以物理性占有为核心要素，表现为政府对私人财产权的强制购买，强调的是政府因征收而对私人财产的永久取得，并且政府因征收有时还将预期取得更为可观的经济收益，集体土地被征收后的集中开发和出让即是其典型代表"[1]。其实，管制性征收并不关注对财产权客体是否必须立足于物理性占有，只要在客观上发生了对私人财产权不当侵害的事实，对私人财产权的实现施加了不利负担，政府就负有补偿义务，并且政府的补偿并不以谋取更大的经济利益为目的。究其本质，实则属于因实施管制行为而对私人的"专属"补偿。

管制性征收较之征收，主要存在以下四个方面的差异：

第一，目的不同。传统意义上的征收，一般由政府在行政程序中展开，目的在于通过启动"正式"程序，尽快取得被征收人所享有的土地使用权或者房屋所有权；管制性征收则多由私有财产权人在诉讼程序中"反向"启动，目的在于通过法院的裁判获得更为公正的补偿。

第二，实质性参与程度不同。对于一般正式的征收，虽然法律也强调征收目的和公共利益需要的公众参与程序，但政府在征收的启动和具体实施等行政程序上，始终处于主动、优势地位，而管制性征收中基于诉讼地位和举证责任分配等因素，政府往往较为被动。

第三，程序启动的原因不同。一般正式的征收，往往需要达成十分严苛的条件才能够发动，而管制性征收则往往是由于政府试图规避正式的征收程序，或者迟迟不发动正式的征收程序而引发。

第四，保护的对象与范围不同。在现阶段我国的正式征收主要表

---

[1] 耿宝建，殷勤. 公益性国有土地使用权收回的法律性质和补偿模式. 交大法学，2021 (4).

现为对土地使用权和房屋所有权的征收，征收的客体比较明确、固定，而管制性征收则表现为由于政府实施管制或者规制，将征收的对象扩张到了整个财产权，给权利人充分行使财产权造成了额外的限制和负担，因此权利人要求补偿财产权受到的损失，甚至诉诸正式的征收程序。

从管制性征收的概念构成、建制原理，以及它与一般正式的征收的比较结果来看，管制性征收最重要的特点是基于公共利益而进行的土地使用权征收，只要存在公共利益对私人财产权的介入与干涉，就必须符合正当程序并予以公正补偿。

国有土地使用权收回所呈现的概念本体较为多元且复杂，不同法律依据下的国有土地使用权收回性质并不相同，包括但不限于行政处罚、行政处理、私法性收回或征收。[①] 公益性国有土地使用权收回究竟能不能被纳入征收之语义范围，依然离不开对《征收与补偿条例》第13条第3款的解释。该条款既可以被解释为"房屋被依法征收的同时收回国有土地使用权"，也可以被解释为"房屋征收与国有土地使用权收回依法同时进行"，但无法被解释为"先收回国有土地使用权，之后再依法征收土地上的房屋"。基于文义解释，"房屋被依法征收的"可以解释为"房屋被依法征收已经完成"，"同时"表明"房屋被依法征收"的同时发生了"国有土地使用权收回"的法律后果，即收回国有土地使用权是由于房屋被依法征收这一法律事实的形成，房屋征收与国有土地使用权收回两个行政程序并不同时进行。

现行宪法体系下的征收，既包括对所有权的征收，也包括对用益物权等他物权的征收；既包括对房屋等地上物的征收，也包括对房屋所占国有土地使用权的收回，"中国宪法应引入'管制性征收'或'准

---

① 具体可参见《关于认定收回土地使用权行政决定法律性质的意见》（〔1997〕国土〔法〕字第153号，以下简称《意见》）中的相关内容。

征收'的概念，对狭义的征收概念予以扩充"①。公益性收回国有土地使用权，主要体现为国家立足于"互惠原则"主动消灭他人合法享有的土地使用权，从而使土地的国家所有权回复到圆满状态。同时，因公共利益等不可归因于私人的原因土地开发价值落空的，由于构成了权利人的特别负担，无论政府是否收回国有土地使用权，其均负担对权利人公平补偿的义务，而权利人也可以通过诉讼主张权利，故其在性质上更趋向于管制性征收。

"定安城东案"中虽然没有对公益性国有土地使用权收回的法律性质作出直接明确的指引，但目前不妨将《土地管理法》第58条第1款第1项、第2款体系性解释为因公共利益需要提前收回国有土地使用权的征收与补偿制度，即此处的收回国有土地使用权实质上是对市场主体依法取得的国有土地使用权实施的征收。从"定安城东案"中裁判要旨的司法表达也可以看出最高人民法院对于公益性收回国有土地使用权之性质的界定亦是采取了这种方法。

（二）公益性国有土地使用权收回的程序法治之透视

有权征收的主体能否以国有土地上房屋的征收程序作为对国有土地使用权之收回程序？《土地管理法》第58条对提前收回国有土地使用权的执行主体、审批主体、法定事由及补偿规则作出了规定，但其中没有规定国家行使提前收回权应遵循何种法律程序。因此，有必要通过对现行公益性国有土地使用权收回的程序法制度的剖析，来明确在法治化进程中公益性国有土地使用权收回制度中程序法定主义的发展与应用。

1. 行政程序法定化视域下程序性权利概念的厘清

对于"行政程序"的定义，有学者认为，"行政程序是指行政权力

---

① 郭晖.财产权的社会义务与管制性征收.河北学刊，2019（2）.

运行的程序,具体是指行政机关行使权力、作出行政决定所遵循的方式、步骤、时间和顺序的总和"[1]。有学者则对该定义进行了一定的修正,将行政程序要素中的"顺序要素"纳入"步骤要素"。德国联邦行政程序法对行政程序概念所作的定义是"行政机关为查明要件,准备或者作成行政行为,或者签订公法合同,而进行的对外发生效力的活动"[2]。目前在学界,至少在内涵的界定方面公认的是,行政程序的手段是行政活动,其在效果上必然发生对外效力。

行政程序法定化要求行政程序中各要素都必须以被法定化的形式呈现,对于行政程序的法律依据,除了众所周知的法律、法规与规章已经被公认具备了法律渊源的地位,目前争议仍然是比较大的是,宪法、规章以下的其他规范性文件以及正当程序原则是否都能成为法定程序的法律渊源。最高人民法院认为"法定程序"的应有之义是,"由法律、法规、规章及其他合法有效的规范性文件设定的行政程序"[3]。在法定程序中的"法"的"菜单"被不断下拉,乃至规范性文件也可能被赋予"法定程序"的法源地位时,具体到"定安城东案"中法定程序中的"法"应不应该包括正当程序原则?[4]

针对这一问题,持不应包括的观点的学者认为,"我国是成文法国家,法律原则在未法定化的情况下,法院极少会适用法律原则作出裁判,法律原则也不宜归入'法'的范围"。但是,自"田某案"以降,在高校学位管理领域内,"正当程序原则"在最高人民法院发布的指导性案例之中成功"登堂入室",在整体体系架构之中,其进入了"法"的范畴内,意味着"正当程序原则"正式在司法实践当中具备了司法适用的基础。从实质意义来说,对于法定程序中的"法",无论其表现

---

[1] 王万华. 行政程序法研究. 北京:中国法制出版社,2000:2.
[2] [德]哈特穆特·毛雷尔. 行政法学总论. 高家伟,译. 北京:法律出版社,2000:451.
[3] 江必新,邵长茂. 新行政诉讼法修改条文理解与适用. 北京:中国法制出版社,2015:263.
[4] 于立深. 违反行政程序司法审查中的争点问题. 中国法学,2010(5).

出的形式是规则还是原则，只要是行政机关经由法定授权所作出的用于规范行政权力运行、保障相对人权益的程序性规定，即便是较之规则更为抽象的原则，其只要能作为法律规定得到具体显现，都应属于法定程序中"法"的范畴之中。《行政诉讼法》规定了"法院作出判决时，只能以法律、法规为依据，参照规章"，但并不能就此否定正当程序原则作为法定程序中"法"的渊源地位，法院在行政诉讼中审查的对象是被诉行政行为的合法性，其中必然包括行政行为的作出是否符合依法行政，是否遵守了其所应当遵守的所有规定，而非仅仅局限于是否符合法律、法规与规章的规定。就规范体系而言，只要在现有的具备法律效力的法规范体系中存在程序性规定，并且行政机关在作出行政行为时系采该规定作为法律依据，而不遵守这些程序性规定将必然导致行政相对人的程序性利益遭到损害，那么从实质法治观来看，没有理由不将这些规定纳入法定程序中之"法"的范围。同理，虽然原则较之规则更为复杂、抽象，但从"法"所发挥的规范作用来看，依法行政中的"法"必然是广义的，理应包括正当程序原则。"定安城东案"的裁判要旨所反映的，正是对于法定程序中之"法"的广义化操作，其强调了在因公共利益提前收回国有土地使用权的过程中，必须遵守正当程序原则，否则将承担撤销或者确认违法的不利后果。

程序性权利与具体执法权力相对应，能够有效地实现公民对执法的参与、平衡政府权力的作用，更能够最大限度地实现参与公民的主体性。[1] 有学者指出，"行政相对人的程序性权利包括：要求中立的裁判者主持程序和作出决定的权力；被告知的权利；听证权；平等对待权；要求决定者为决定说明理由的权利；程序抵抗权；申诉权。"[2] 依据功能将上述具体的程序性权利进行归类，又可以概括为以下三类：一为确保获得公正裁决的权利，包括申请回避权、禁止单方面接触等。

---

[1] 肖金明，李卫华.行政程序性权利研究.政法论丛，2007（6）.
[2] 王锡锌.行政过程中相对人程序性权利研究.中国法学，2001（4）.

该类权利与自然公正原则中的"任何人不得自为法官"的理念相对应，构成最低限度的公正。二为要求行政机关听取意见的陈述权、听证权等。该类权利可以约束行政机关的自由裁量权，督促权力的理性行使。三为确保能够从行政机关获得充分的信息的知情权、说明理由权等。该类权利也是基于权力必须理性行使这一基本法律精神，同时也是行使陈述、申辩权的前提。所谓的"重要程序性权利"，对于司法机关来说，是针对程序违法问题作出不同类型裁判的考量标准，也是行政机关自我纠正错误时选择不同类型措施的重要衡量指标。美国法学家罗伯特·萨默斯将法律程序实现某种符合公认价值标准的能力，称为"好效果效能"（good result efficacy），而将通过程序本身而不是通过结果所体现出来的价值标准，称为"程序价值"（process value）；并认为程序性权利除了本身独立于实体结果之外，其本身就蕴含了实现参与性统治、程序理性和人道性等"程序价值"的功能。较之相关司法解释给出的"听证、陈述、申辩等重要程序性权利"，有学者对"重要程序性权利"作出的解释是，应当与听证、陈述、申辩权利具有类似功能，即与确保行政参与者向行政机关就拟作的行政决定表达自己的意见相关联的程序性权利，包括与有效实现参与权相关联的程序性权利，如要求回避、说明理由等。[①] 这反映在"定安城东案"中，"未听取当事人的陈述和申辩意见，事后通知城东定安支行举行听证"中所提及的陈述、申辩、听证权很显然都是"重要性权利"。

2. 正当程序原则在制度构造上的三维展开

在尚缺乏完整的公益性国有土地使用权收回的法定程序的情况下，正当程序原则应当得到遵循，并被贯穿于从启动到决定作出的全过程，这也正是"定安城东案"的裁判要旨所重点突出的地方。"即便有将'正当程序'作为原则的《国有土地上房屋征收与补偿条例》及其司法

[①] 陈振宇. 行政程序轻微违法的识别与裁判. 法律适用，2018（11）.

解释将'正当程序'与'法定程序'并列,因其在法源排序中位阶低下以及适用范围十分有限,而不能堂而皇之成为正式法源,正当程序原则并不是正式法源,只不过在国有土地上房屋征收与补偿这一角落里已经取得了正式法源地位。"[①] 因此,有必要站在中立性、参与性与时序性的三大维度上对收回程序的制度构造中正当程序的制度构造予以明晰化、精确化。以下通过引入正当程序原则适用的具体化列举分析而展开分析。

表 1　正当程序原则适用的具体化列举分析[②]

分层	中立标准	参与标准	时序标准
第一层次	回避;禁止片面接触	非正式听证(陈述申辩);正式听证	时限是否合理;步骤是否适当
第二层次	回避事由与方式 接触事由与方式	是否履行告知或教示义务;正式听证是否正式、周全	行政行为是否拖延;是否遵循先取证后决定的次序
第三层次	决定人无偏私性、独立性(含职能分离)	通知或公告是否正当;送达是否有效;是否依听证笔录作出行政行为	—
第四层次	—	利害关系人是否获悉不利证据及决定理由	—

　　基于上述有关正当程序原则适用的四大层次分析,可以发现,在公益性国有土地使用权收回中,"定安城东案"对于正当程序原则适用的司法表达,在不同程度上反映了中立、参与和时序这三大标准。
　　首先,根据正当程序原则的要求并参照我国现行主要法律的规定,在决定收回的程序中,至少要听取当事人的陈述和申辩,而至于是否

[①] 唐文.正当程序原则在中国——行政诉讼中原则裁判理论与实践.北京:法律出版社,2019:109-110.

[②] 唐文.正当程序原则在中国——行政诉讼中原则裁判理论与实践.北京:法律出版社,2019:151-152.

要组织正式的听证,则需要视具体情形,特别是根据对当事人利益的影响程度来决定是否要进行正式的听证。在收回程序的整个过程中,应当给予受公益性国有土地使用权收回影响的相对人及利害关系人充分表达自己意见的机会,听取他们对收回行为的看法。关于公益性国有土地使用权的收回是否应当启动听证、具体采取哪种形式的听证以及其他系列的程序要求,均需要在制度上有足够的供给。

其次,确立公众参与机制,保障行政相对人的知情权。行政公开不仅是实现被收回主体之知情权的前提条件,同时也是监督征收机关依法收回,避免其滥用职权的制度保障。立足于收回发生的全过程,构建公益性国有土地使用权收回的全过程公开制度,不仅应包括收回结果的公开,还应当包括收回过程的公开:征收机关应当在撤销决定作出后即将决定内容告知被收回主体及其他利害关系人,向其送达作出的收回决定书,并告知对其产生的法律效力以及可供选择的事后寻求救济的路径。同时,作出收回决定的主体也应在作出收回决定时说明理由,从而加深被收回主体的理解和认识,增强公益性收回行为的可接受性,提高被收回主体的遵从度,最大限度地保障承受不利负担的被收回主体的知情权。

再次,建立回避机制。行政工作人员如在公益性国有土地使用权收回程序中对某类行为或者某类人持有偏见,就可能会影响所作出的收回决定的公正性、整个收回程序的公平性。被赋予法定收回权力的征收机关,无论是与收回行为的相对人或者利害关系人有利益牵连,还是对收回行为的相对人或者利害关系人持有偏见,都应主动申请回避。相反,受到收回影响的相对人及其他利害关系人拥有申请回避的程序性权利。

最后,明确时效上的限制。即便是基于公共利益的收回,也不构成在法秩序上对于时效的"豁免"。考虑到行政效率以及维护法安定性的需要,有必要在每一次收回程序中配置相应的时效制度,避免被收回主体的利益处于持续的不稳定状态之中。

3. 正当程序原则在司法能动作用下的有效扩容

欲将法律原则落到实处，必然需要有效且多元的制度供给，如市场构建、纠纷裁决、利益表达等。由于我国目前并没有制定行政程序法典，所以有必要在司法领域加强法院对行政机关的立法和行政行为的司法裁决，否则，只靠政府自律或内部监督，公民的财产权保障力度很难加大。法院采用正当程序原则的司法审查标准，不断扩大其适用的行政领域范围，诸如"定安城东案"就是正当程序原则在公益性国有土地使用权收回这一领域的适用。在我国未来的行政程序立法进程中，可以不断汲取审判经验以及各地行政程序立法实践的营养，对公益性国有土地使用权收回的程序提供可供普遍遵循的指引规范，充分发挥行政程序保护相对人的合法权益和维护客观法秩序的作用。

尽管关于如何确定法律规定的案型与拟处理的案型是否具有相同的重要特征在理论上与实践中均存在较大分歧，但就国家基于公共利益需要提前收回国有土地使用权而言，其与集体土地征收案型最为相似（这是我国各界的共识），故对于国家依法提前收回国有土地使用权之程序类推适用集体土地征收程序最为合理。"类推使用旨在填补法律漏洞，而漏洞的及时填补单凭抽象性的司法解释往往难解燃眉之急，必须遵循正当程序原则具体化的一般规律，即主要凭借丰富多彩而又'因地制宜'的个案智慧。"[①] 在法律上明确对该种情形类推适用财产征收程序既具有可操作性，也有助于节约立法成本。《征收与补偿条例》第13条第3款应将"征收补偿完成"作为"被依法征收"的内容，从而使国有土地上房屋征收程序附带适用于公益性国有土地使用权收回行为。这正好与我国《民法典》第356条和第357条确立的"房随地走，地随房走"原则相衔接。考虑到国有土地使用权提前收回

---

① 唐文.正当程序原则在中国——行政诉讼中原则裁判理论与实践.北京：法律出版社，2019：189.

制度与集体土地征收制度高度相似，实践中国有土地上房屋征收与补偿程序附带适用于国有土地使用权的提前收回行为也极为妥适，故对于因公共利益需要提前收回国有土地使用权的行为无须制定独立的法定程序，在法律上明确该种情形类推适用集体土地征收程序既具有可操作性，也有助于节约立法成本。要在《土地管理法》的基础上建立实现公益性国有土地使用权收回与国有土地上房屋及其他不动产征收在程序上相衔接的体制机制。

（三）公益性国有土地使用权收回的补偿模式

与建、构筑物价值逐年减损相比，国有土地使用权价格不断上涨才是关键，因而忽视对国有土地使用权的补偿就不可能真正实现公平合理补偿。在国家基于公共利益需要提前收回国有土地使用权的情形下，尽管国家的收回行为是合法的，但却导致国有土地使用权人享有的国有土地使用权丧失。此时，国家应依据公平原则对遭受损害的当事人作出合理的补偿。

1. 现行法秩序下差别补偿的规则体系

《土地管理法》第58条第2款和《城市房地产管理法》第20条能够实现上述行政补偿之法律目的，但《物权法》第148条与该法律目的之实现不相吻合。在法理上，征收与补偿可被视为"同一法学上的瞬间"，两者的发生是同时进行的。《宪法》第10条第3款对此就明确规定："国家为了公共利益的需要，可以依照法律规定对土地实行征收或者征用并给予补偿。""安业集团案"中输出了"有征收必有补偿，无补偿则无征收"的制度供给。在此意义上，"房屋被依法征收的"还应当被扩大解释为"房屋被依法征收并给予补偿的"，因此，"房屋被依法征收的，国有土地使用权同时收回"宜被解释为"房屋经依法征收并给予补偿的，同时收回国有土地使用权"。我国现行法律法规规定，国家在基于公共利益需要提前收回国有土地使用权时，如果该国有土地使用权是通过出让的方式取得的，国有土地使用权人均有权获得一定的补偿。

基于我国现行法律体系，关联公益性国有土地使用权收回的补偿规则之间具有较大冲突。就这些对相同事项采不同规定的规则进行分析，是司法实践中适用法律的前提，也是检视我国现行法关于提前收回国有土地使用权之补偿规则的正当性的重要环节。为了保持法律体系的整体和谐，《立法法》第88条规定了法律的效力高于行政法规、地方性法规、规章的效力且行政法规的效力高于地方性法规、规章的效力。《立法法》第92条规定了同一机关制定的法律、行政法规、地方性法规、自治条例和单行条例、规章，特别规定与一般规定不一致的，适用特别规定；新的规定与旧的规定不一致的，适用新的规定。以上两个条款明确了规范竞合时的处理原则，即上位法优于下位法、特别规定优于一般规定、新的规定优于旧的规定。在我国因公共利益需要提前收回国有土地使用权时应适用何种法律法规确立的补偿规则，也应以《立法法》的规定为依据进行选择。

目前，对如何补偿国有土地使用权人形成了以下四种规则相结合的规则体系：第一，对国有土地使用权人给予适当补偿，如《土地管理法》第58条第2款；第二，根据国有土地使用权人使用土地的实际年限和开发土地的实际情况给予相应的补偿，如《城市房地产管理法》第20条和《城镇国有土地使用权出让和转让暂行条例》第42条；第三，退还相应的出让金，如《物权法》第148条；第四，未明确规定补偿规则，如《征收与补偿条例》。①

其中，《民法总则》第117条规定的"给予公平、合理的补偿"、《征收与补偿条例》第2条规定的"给予公平补偿"，以及《土地管理法》第48条第1款规定的"给予公平、合理的补偿"，共同组成了正

---

① 高飞.建设土地使用权提前收回法律问题研究——关于《物权法》第148条和《土地管理法》第58条的修改建议.广东社会科学，2019（1）.

式的征收补偿体系。上述语义应被认为基本一致,即均应当被理解为依照被征收房屋类似房地产的市场价格,进行公平、合理补偿,属于以市场价值为导向的全额补偿。但如果仅仅退还土地出让金,实际上是把出让金视为提前支付的使用土地的租金,把土地使用权视为基于土地租赁产生的债权。这与国有土地使用权出让转让制度明显是不相符合的。同时,如给予土地市价全额补偿,也无法很好地契合现行《城市房地产管理法》的规则内容。因此,在差别补偿规则的体系格局已然形成的事实下,究竟是采全额补偿还是部分补偿,需要借由个案的指引,比如"定安城东案"中公益性国有土地使用权收回采取的就是全额补偿。

2. 公平且适当补偿的模式的确立

无论是政府主动实施征收,还是因政府的管制行为具备征收的特征而由权利人通过诉讼发动反向征收,对权利人而言,最主要的目的是使被转移或受到限制的财产权得到公平合理的补偿。至今为止,2019 年修改的《土地管理法》第 48 条已将对征收的补偿定义为"公平、合理的补偿",但是,其第 58 条第 2 款对收回土地仍然沿用了以往"给予适当补偿"的规定。按照管制性征收的理论对《土地管理法》第 58 条第 2 款中的"适当补偿"进行解读,可以发现,法律本意不是拒绝政府管制,而是要求对财产的限制一旦构成征收必须补偿,"定安城东案"的裁判要旨援引该条文也能反映最高人民法院对于"管制性征收(公益性收回)—补偿"模式的思考。政府的行为不能剥夺地上所有经济价值,这类似于公正补偿原则。"适当补偿假设国民负担平等,认为应当综合考虑征收的标的和目的,社会公平和正义的观念,以及国家财力的负担,将公共利益及征收所涉及参与人的利益,视为同一等级的价值考虑,做出公平的补偿。"[①] 政府不能以公共利益为借口将利益的损失施加给公

---

① 耿宝建,殷勤. 公益性国有土地使用权收回的法律性质和补偿模式. 交大法学, 2021 (4).

民个人来承受，管制性征收需要在公众普遍遵循的前提下，立足于"比例原则"妥善处理公共利益和义务之间的联系。现代社会中，管制性征收往往会造成经济损失，所以是否有补偿性利益以此来免除补偿的责任是必须考量的重要因素，也反映了公正补偿原则。

对于征收（收回）土地时无地上建筑物的情形，由于土地使用权取得方式、土地性质、土地现状等并不相同，个案情形较为复杂，亦需从个案情形中不断提炼出关于不同类型公益性国有土地使用权收回的补偿模式。结合"定安城东案"的裁判要旨来看，必须紧扣《土地管理法》第58条中的相应规定，采出让方式的国有土地使用权被基于公共利益依法收回的，对土地使用权人应当按照作出收回土地使用权决定时的市场评估价给予补偿，同时，如有行政补偿决定违法造成逾期支付补偿款，可以根据当事人的实际损失等情况，要求县政府承担逾期支付补偿款期间的同期银行利息损失。这就成功地将公平且适当的补偿模式导入了出让型国有土地使用权公益性收回的领域。此外，在确定具体的补偿标准时，借由个案提炼出土地面积、剩余土地使用年期、原批准用途、土地开发利用程度、城市规划限制等参考要素，参照市场地价水平经专业评估后予以补偿的评估模式值得参考、借鉴。

因此，总的原则是按照被收回土地的性质、用途、区位等，以作出收地决定之日的市场评估价为标准予以补偿。在兼顾所收回土地的当地市场交易情况和国家的合理、有效利用土地政策的同时，从补偿程序的保障机制出发，按照法院所启动的评估程序进一步作出补偿的最终裁决。

总体而言，多元化的学理研讨固然在一定程度上缓解了司法上采用过于原则的规定而难以实质性化解争议的难题，但其作为非正式法源并不能在司法实践中直接得到援用，立法上的缺陷仍是在司法实践中的"阴云"。现有的理论争鸣并未对公益性国有土地使用权收回的法律性质给出较为精准的答案，当立法存在较为明显的漏洞时，需要发挥司法的能动作用，借助司法实践的智慧，厘清公益性国有土地使用权收回的法律性质。"定安城东案"考虑到长期以来对收回国有土地使用权规范统一的需要，尤其对"征收房屋与收回土地""公平补偿与适当补偿"统一的需要，以现行法律法规为基础，尝试突出基于公共利益需要提前收回国有土地使用权的制度在构造上有别于国有土地上房屋征收的制度，但因两者具有一定的"家族相似性"，而传达出了"管制性征收"的理念。该案的裁判要旨直接援引了正当程序原则，明确了，因公共利益需要提前收回国有土地使用权的收回程序理应受到正当程序原则的规制；指出如若违反了正当程序原则，则应被认定为"违反法定程序"而被撤销，从而使正当程序原则在公益性国有土地使用权收回这一领域被纳入了"法定程序"的概念体系之中。该案例明确了该收回类型所应受到的程序规制，也一并在现有的实定法体系基础上输出了因此种收回类型而应予以补偿的制度运行模式；传达出了"公、私法规范应当在《宪法》价值统一的基调上有所分工，《物权法》侧重于私权保护，对相应的权利性质和基本补偿原则做出统一规定；《土地管理法》及《土地管理法实施条例》，则宜侧重于从行政管理角度对征收和收回的程序进一步加以完善"的精神。该案例在公益性国有土地使用权收回的法律性质、程序构造与补偿模式等方面在司法上的有意"突围"，"定安城东案"进一步推进了国有土地使用权的全面保护与国家土地行政权力的有效规制，于对国有土地使用权的充分保护和国家土地行政权力的有效规制有所裨益。

房屋征收中拖延补偿行为的司法救济

——山西省安业集团有限公司诉山西省太原市人民政府收回国有土地使用权决定案[①]

一、案情摘要

2006年,山西省安业集团有限公司(以下简称"安业公司")取得了双塔西街162号的国有土地使用权以及该土地上房屋的产权。2014年,太原市政府发布了《太原市人民政府为实施解放南路长治路改造道路建设涉及收回迎泽大街以南,中心街以北部分国有土地使用权的通告》(以下简称《通告》),并予以公示。安业公司取得使用权和房屋产权的土地属于《通告》的涵盖范围。安业公司对《通告》不服,提起诉讼。其认为征收人在补偿事宜均未落实的情况下,直接作出收回土地使用权的决定属于程序违法,依法应当予以撤销。对此,一审法院认为安业公司要求太原市政府在作出通告前必须落实补偿的主张没有事实和法律依据,遂判决驳回安业公司的诉讼请求。安业公司提起上诉。二审法院以相同的理由判决驳回安业公司的上诉,维持原

公报案例全文

[①] 最高人民法院公报,2017 (1).简称"安业集团案"。

判。安业公司不服,向最高人民法院申请再审。最高人民法院认为:本案的再审被申请人太原市政府在作出征收决定之前既未听取安业公司的陈述、申辩,也未对涉案土地的四至范围作出认定,尤其是一直未对安业公司进行任何补偿,其作出的征收决定有违相关法律法规之精神,依法应予以撤销。但是,考虑到道路建设改造工程确属公共利益的需要,因此对太原市政府收回国有土地使用权的行政行为确认违法。

二、裁判要旨

有征收必有补偿,无补偿则无征收。征收补偿应当遵循及时补偿的原则和公平原则。在补偿问题依法定征收程序解决前,被征收人有权拒绝交出房屋和土地。征收人作出征收决定时,应当同时公告补偿的具体内容。因评估或者双方协商以及其他特殊原因,征收决定未包括补偿内容的,征收机关应当在征收决定生效后的合理时间内,及时通过签订征收补偿协议或者作出征收补偿决定的方式解决补偿问题。国家因公共利益需要使用城市市区的土地和房屋的,应当由专业的房地产价格评估机构在实地查勘的基础上,综合选择市场法、收益法、成本法、假设开发法等评估方法对被征收不动产的价值进行评估,合理确定评估结果。对被征收不动产的价值评估的时点,一般应当为征收决定公告之日或者征收决定送达被征收人之日。因征收人原因造成征收补偿问题不合理迟延的,且被征收不动产价格明显上涨的,被征收人有权主张以作出征收补偿决定或者签订征收补偿协议时的市场价格作为补偿基准。

三、法理分析

从"安业集团案"的争议焦点中不难发现,本案所反映的核心问题是在国有土地征收①的过程中，征收人拖延补偿的行为难以受到司法制裁，被征收人难以获得司法救济。针对拖延补偿行为的司法救济，是指当征收人存在拖延补偿行为时，法院能够作出该行为不合法的裁判，并通过适当的判决方式弥补被征收人受损的利益。我国《宪法》第 10 条第 3 款明确规定，"国家为了公共利益的需要，可以依照法律规定对土地实行征收或者征用并给予补偿"。然而，在征收国有土地和房屋的过程中，征收人拖延落实补偿问题，致使被征收人长时间得不到应有的补偿已经成为我国的国有土地和房屋征收过程中一个广受关注的问题。对于拖延补偿这一严重侵害被征收人之合法权利的行为，法院本应当理直气壮地予以审查，并依法通过相应的裁判对被征收人予以救济。然而从"安业集团案"的一审、二审法院对安业公司所提出的"征收人拖延启动补偿程序，征收决定违法应当撤销"这一请求，均以没有法律依据为由予以驳回的结果来看，依靠法院针对拖延补偿的行为对被征收人进行司法救济并非易事。究其原因，主要在于现有的《征收与补偿条例》在规范中对及时补偿问题的重视不足，对补偿程序的期限缺少明确规定，导致法院缺少开展司法救济的依据。为了解决这一问题，最高人民法院在"安业集团案"中将及时补偿这一程序正当原则的基本要求引入征收程序中，作为开展司法救济的依据。本文将以"安业集团案"为例，考察法院在规范缺失的情况下，如何通过法律原则弥补规范漏洞，为开展司法救济提供依据，并分析法院的这一努力对国有土地上房屋征收程序所带来的影响。

---

① 虽然《土地管理法》第 58 条规定了基于公共利益可以收回国有土地使用权，但是该法只规定了对集体土地的征收程序。依据《国有土地上房屋征收与补偿条例》（以下简称《征收与补偿条例》）第 13 条和最高人民法院在"安业集团案"中提出的"对国有土地上房屋所有权人补偿内容已经包含了国有土地使用权补偿，对同时收回的国有土地的土地使用权人不再单独给予补偿"，征收国有土地上房屋同时收回国有土地使用权的，依国有土地上房屋征收程序进行。本案中，安业公司同时拥有"国有土地使用证"和"房屋产权证"，对该国有土地使用权的收回需要同时征收其土地上房屋，因此本案应当适用国有土地上房屋征收程序。

（一）对拖延补偿行为的司法救济难题

"安业集团案"所反映的问题是征收人太原市政府在收回国有土地使用权的过程中，没有启动补偿程序，损害了被征收人的合法权利，然而其作出的征收决定却在一审、二审裁判中均被法院认定为合法。梳理我国与国有土地上房屋征收相关的行政诉讼，可以发现，对于这种拖延补偿的行为，被征收人难以得到司法救济的现象并不是只有"安业集团案"这一孤例。[①] 实践中，司法难以针对拖延补偿行为对被征收人进行救济的情况可以分为三种：拖延启动补偿程序的行为难以受到实质性审查、启动补偿程序后拖延完成补偿程序的行为难以影响征收补偿决定的合法性、对于签订补偿协议后拖延落实补偿协议之的行为被征收人难以得到司法救济。

1.拖延启动补偿程序的行为难以受到实质性审查

依据我国的《征收与补偿条例》，在国有土地上房屋征收中，补偿程序的第一步应当是拟定补偿方案。然而，《征收与补偿条例》第10条并没有明确规定补偿方案的具体内容，这就为征收人拖延启动补偿程序留下了法律漏洞。在"安业集团案"中，原告认为被告在没有落实补偿事宜的情况下就作出了征收决定。对此，一审、二审法院经审查后认为，征收人太原市政府在发出的《通知》中提出了"收回上述国有土地使用权涉及的拆迁补偿事宜按照有关规定依法进行"，因此，安业公司认为征收人在未落实补偿事宜的情况下就作出征收决定没有法律依据。本案问题的关键就在于太原市政府所提出的"收回上述国有土地使用权涉及的拆迁补偿事宜按照有关规定依法进行"的说明是

[①] 笔者在"北大法宝"以"征收"、"未补偿/拖延补偿"和"驳回"为关键词进行全文检索，截至2021年12月31日，共检索到法院驳回原告提出的征收人"未补偿行为违法"与"拖延补偿行为违法"类件3 243件。虽然并非每个案例中原告的诉讼请求均成立，但是上千件驳回原告诉讼请求的案件也足以反映对于征收人拖延补偿的行为，被征收人得到司法救济的难度之大。

否可以被认定为启动了补偿程序？如果站在被征收人的角度来看，这句说明本身没有任何意义。对被征收人而言，其所需要的补偿方案应当是征收人经过调研后，给出的切实可行的补偿计划。作为补偿程序的第一步，补偿方案至少应当明确被征收人享有获得补偿的权利以及补偿标准等基本内容。如此一来，对征收人是否启动补偿程序的审查，应当着眼于其有没有开展前期的调研论证，其所拟定的补偿方案的内容是否合乎必要的标准。然而，《征收与补偿条例》对上述问题均没有作出明确的规定，这就导致人民法院没有足够的法律依据审查征收人是否实质性启动了补偿程序，而只能根据其第 10 条对是否公示补偿方案作形式性审查，即只要征收人拿出类似太原市政府这种提及补偿的说明，法院就很难再有足够的依据审查其补偿方案的内容是否能够反映征收人及时启动了补偿程序。这就导致对于被征收人而言明显是在敷衍了事的说明，在行政诉讼中却得不到法院的审查，被征收人的诉讼请求被驳回了。一审、二审较低的审查力度进一步鼓舞了征收人拖延补偿的勇气。在本案中，直到最高人民法院作出再审裁判时，征收人太原市政府始终未启动补偿程序。在再审裁判中，最高人民法院认定太原市政府一直未对安业公司进行任何补偿，而从裁判时间来看，此时距离征收人作出征收决定已经过去两年的时间。对被征收人的土地、房屋进行征收应当及时给予补偿的理论基础在于"公共利益的成本应该由社会全体成员来承担，而不应由特定的人来承担"[①]，被征收人为了实现公共利益而受到的损失，应当由社会全体成员共同承担，即由作为征收人的行政机关代表社会全体成员承担相关损失，只有在这种情况下，征收行为才具有合理性。而征收人拖延启动补偿程序，使被征收人迟迟得不到应有之补偿，则使该征收程序在启动之初即不具有合理性、合法性。

---

① 蔡乐渭.中国土地征收补偿制度的演进、现状与前景.政法论坛，2017（6）.

2.启动补偿程序后拖延完成补偿程序的行为难以影响征收补偿决定的合法性

征收人拖延启动补偿程序对被征收人之合法权利的损害已经足够大了,然而有时候即便征收人启动了补偿程序,也并不意味着被征收人就可以及时获得补偿。征收人在启动补偿程序后拖延履行补偿程序,导致补偿程序长达数年无法完成,而法院对此无能为力的情况也并不是只存在于理论中。国有土地上房屋征收的补偿程序十分复杂,依据《征收与补偿条例》和《国有土地上房屋征收评估办法》(以下简称《征收评估办法》),国有土地上房屋征收的补偿程序至少包括拟定补偿方案并公示,对征收范围内的房屋的权属、区位、用途以及面积等基本情况进行调查,与被征收人协商委托不动产评估机构评估房屋价格,依据评估结果签订补偿协议或者作出补偿决定等。然而梳理相关规范,无论是哪一项程序,均没有明确的完成期限。这就使征收人可以在几乎所有补偿程序中拖延履行而法院缺少审查的依据。例如在"黎某诉梧州市长洲区人民政府案"[1](以下简称"黎某案")中,征收人梧州市长洲区政府早在 2006 年就得到了征收黎某房屋的批准,并于 2008 年发布了《梧州市长洲区新兴村旧村改造项目房屋拆迁补偿安置方案》(以下简称《补偿安置方案》),然而直到 2019 年,梧州市长洲区政府才完成了对被征收人不动产的价格的评估程序,并依据 2008 年发布的《补偿安置方案》确定补偿标准,作出"房屋拆迁补偿决定书"。被征收人对此不服,请求法院确认该决定书违法。对于征收人长达十三年没有完成不动产评估程序,并在 2019 年还依据 2008 年的《补偿安置方案》确定补偿标准这一明显侵犯被征收人之利益的行为,一审法院经审理后认为:长洲区政府的《补偿安置方案》载明了房屋征收与补偿的法律依据、房屋征收的目的、房屋征收范围、征收与补偿的原则、补偿方式、

---

[1] 广西壮族自治区高级人民法院(2020)桂行终 601 号行政判决书.

补偿标准和安置方法、补助和奖励、搬迁过渡方式和过渡期限等事项，内容完整，符合《征收与补偿条例》第17条的规定，且安置补偿方式保障了被征收人可选择的权利。因此，长洲区政府作出房屋征收决定及拟订征收补偿方案符合法定程序，未发现重大且明显违法的情形。故该法院最终驳回原告的诉讼请求。被征收人不服，提起上诉。二审法院依然认可一审法院的观点，认为征收决定以及《补偿安置方案》的内容符合《征收与补偿条例》的相关规定，不存在重大且明显违法的情形。公平、及时补偿是征收补偿的核心，若仅依据法律法规的明文规定，此类严重侵害被征收人利益的行为始终难以受到公正的评价。

3. 对于签订补偿协议后拖延落实补偿协议之内容的行为被征收人难以得到司法救济

签订补偿协议后拖延落实补偿协议之内容最常见于搬迁安置房的交付。虽然征收人与被征收人签订的补偿协议通常会明确各项补偿内容的支付方式、支付期限等，但是由于安置房建设周期长，通常难以直接约定明确的交房日期，且补偿协议通常规定征收人对拖延交付安置房仅负有经济责任。对于征收人而言，违约所付出的经济支出相比安置房建设的巨大投入实在轻微。此外，征收人在拖延交付安置房的时候，常常以公共利益为借口，使法院无从通过司法裁判的方式对被征收人因此遭受的损失予以救济。在"桂平市西山路、中山南路改造项目房屋被征收户诉桂平市政府履行补偿安置协议205件系列案"[①]（以下简称"桂平案"）中，征收人与被征收人早在2010年就签订了征收补偿协议，明确由征收人提供安置回迁地。直到2017年，征收人都未能完成安置房的交付。在诉讼过程中法院院长亲自主持调解，又历时3年，方将征收补偿协议的内容修改为给付补偿款。由于法律法规对征收补偿的规制止步于完成补偿协议的签订，对征收人如何履行、何时履行

---

① 广西壮族自治区高级人民法院发布的行政审判典型案例之二（2020年）.

补偿协议缺少规制，在补偿协议未明确违约责任，或所约定的违约责任比较轻微的情况下，征收人拖延履行的情况就在所难免。"安业集团案"中征收人拖延9年未完成补偿协议约定的内容，在规范缺失的情况下，法院最终没有对这一行为作否定性评价，更未要求征收人对拖延落实补偿协议使被征收人遭受的损失进行补偿，而只是通过调解，将补偿内容一改了事。

（二）对拖延补偿行为的司法救济难题的成因

从司法难以针对拖延补偿行为对被征收人进行救济的具体表现不难看出，征收人拖延履行补偿的行为通常是利用我国在国有土地上房屋征收相关规范中的漏洞。我国《行政诉讼法》赋予人民法院的职责是对行政行为之合法性进行审查，而国有土地上房屋征收的相关规范没有对及时落实补偿的行为予以明确规定，这就使得人民法院缺少对相关行为进行救济的依据。

2011年，国务院出台了《征收与补偿条例》，作为目前国有土地上房屋征收的专门性规范，其在立法目的上忽视了及时补偿，在立法结构上采取了征收与补偿程序的双轨制模式，同时立法内容又缺少对及时补偿的规范。

1. 法律规范在目的上对及时补偿问题不重视

立法目的可以被看作一部法律的"引言"，"它既是法律创制也是法律实施的内在动因"[①]。一部法律法规，以及由该法律法规所建构的制度，都在立法目的的指导下完成。长期以来，我国的土地、房屋征收制度对及时补偿问题的重视程度一直是不足的，例如自1986年我国《土地管理法》出台以来，在历次《土地管理法》的修改中，及时补偿从来都没有成为法律的立法目的。在《土地管理法》的影响下，无论

---

① 刘风景.立法目的条款之法理基础及表述技术.法商研究，2013（3）.

是1991年出台的《城市房屋拆迁管理条例》还是2001年对该条例所作的修改,都没有将及时补偿作为条例的立法目的。

这种从立法的源头上对被征收人及时获得补偿问题的忽视延续到了《征收与补偿条例》,该条例第2条规定:"为了公共利益的需要,征收国有土地上单位、个人的房屋,应当对被征收房屋所有权人(以下称被征收人)给予公平补偿。"对于《征收与补偿条例》的立法目的,该条例仅提出要公平补偿而未提出要及时补偿。对于"公平补偿"的具体要求,《征收与补偿条例》第26条第2款解释为征收人应当就本条例第25条之内容与被征收人达成补偿协议。从规范的内容来看,《征收与补偿条例》之立法目的所提出的公平补偿所要解决的问题是征收人在不达成补偿协议的情况下随意决定补偿内容,所要保障的是被征收人参与补偿程序、充分表达自身诉求的权利。对于立法目的,当时国务院法制办、住房和城乡建设部的负责人也明确提出,条例的制定所要解决的问题是"补偿不得低于市场价格"、"评估机构由被征收人协商选定"、"因公共利益需要可实行征收"和"取消行政机关自行强拆"[①]。从该介绍可以看出,《征收与补给条例》第2条所提出的"公平补偿"并非要解决补偿不及时的问题。虽然该条例第26条将补偿期限列举其中,但是并未进一步对征收人何时启动补偿程序、何时结束补偿程序、何时履行补偿程序提出明确的要求。立法目的中对补偿之及时性的忽视,必然导致立法结构和立法内容上对及时落实补偿问题的不重视。

2. 征收与补偿程序被人为割裂

所谓征收与补偿程序割裂,是指相关规范将征收程序与补偿程序作了人为的分割,补偿程序的履行情况不影响征收程序的合法性。我们可以将这种割裂看作是征收与补偿程序的双轨制。

[①] 国务院法制办、住房和城乡建设部负责人就《国有土地上房屋征收与补偿条例》答记者问。http://www.gov.cn/zwhd/2011-01/24/content_1791729.htm.

梳理我国的土地、房屋征收制度，可以发现，这种征收与补偿程序的双轨制同样是该制度长期以来所存在的问题。在 1986 年制定的《土地管理法》仅规定了征用集体土地应当支付补偿，但是并未规定补偿的具体程序和具体期限，更没有将补偿程序的实施作为征收决定具有合法性的前提。这种征收与补偿程序的双轨制在我国的土地、房屋征收程序中一直得到延续。在《土地管理法》的指导下，虽然早在 1991 年国务院出台的《城市房屋拆迁管理条例》第 12 条曾明确规定拆迁主管部门在批准拆迁申请后应当将拆迁范围、搬迁日期予以公告，拆迁人与被拆迁人应当在搬迁期限内签订补偿协议，但是在 2001 年该条例修改后，补偿方案、搬迁期限等全部由拆迁人与被拆迁人通过签订补偿协议的方式约定，补偿协议的内容无须再以主管部门的拆迁公告为依据，补偿协议的签订期限没有了明确的规定。2001 年该条例的修改，意味着国有土地上房屋的征收程序延续了《土地管理法》中征收与补偿双轨制的模式。从土地征收制度的历史沿革来看，国有土地上房屋的征收程序的变迁往往受到《土地管理法》较大的影响。令人遗憾的是，2004 年修订的《土地管理法》依然未将征收程序与补偿程序合为一体，这种征收与补偿的双轨制结构在该法中得到了保留。直到 2019 年修改的《土地管理法》才真正通过将补偿程序作为征收决定作出的前置程序等方式解决这一问题。不过遗憾的是，《征收与补偿条例》还没有同步解决上述问题。

2011 年出台的《征收与补偿条例》延续了过去的土地、房屋征收制度中征收与补偿程序的双轨制。该条例共有五章，其中第二章为"征收决定"，第三章为"补偿"。这两章分别规定了征收和补偿的程序，体现了立法者对征收、补偿程序的认识，即二者属于两种不同的程序，应当分别规定。这种将征收程序与补偿程序分别规定的做法，将征收程序与补偿程序人为割裂为两种程序。征收与补偿双轨制的结构为补偿的及时落实增添了难度：一方面，立法者的认识会影响执法者的思维,这种将征收与补偿分章规定的做法,会使征收人下意识将补偿程序视为征收之外的问题,补偿的落实与否不影响征收决定本身的合法性。另一方面,这种分章规定的做法使相关规范在内容上难以将补偿程序融入征收程序之中。以立法逻辑来看,该条例每一章的内容都较为完整,在"征收决定"章中,就较为完整地规定了征收决定作出前的考量内容、征收决定作出程序以及作出方式等。在对征收程序作出完整的规定后,再在下一章重新开始规定补偿程序,这就使补偿程序的启动、履行难以和征收程序相衔接,使得被征收人无法要求将补偿问题纳入征收程序中一并解决。

3. 法律规范在内容上对及时补偿的规范缺失

梳理《征收与补偿条例》的内容,可以看出补偿问题在征收程序多个环节中的缺位。首先,补偿问题未成为决定征收时的考量因素。该条例第 8 条列举了多项作出征收决定前应当考量的要素,包括国防外交需要、能源交通等基础设施建设的需要,科教文卫以及资源保护、防震减灾等需要,保障性安居工程建设需要和旧城区改建的需要等。在诸多的考量因素中,唯独缺少对被征收人补偿问题的考量,例如对被征收人补偿需要的考量,对当前政府财力能否满足被征收人需求的考量,对安置性住房能否满足被征收人需要的考量等。如果法律法规能够在规划环节充分考量相关因素,在补偿环节存在的补偿款不到位、安置性住房迟迟不能交付等问题就能够在最初环节予以避免。其次,没有明确的补偿程序期限。无论是《征收与补偿条例》的第二章还是其第三章,都没有明确提出补偿程序应当在何时启动,以及应当在何时结束,仅其第 13 条规定了征收决定应当包括补偿方案。期限的规定缺失为行政机关拖延履行补偿程序提供了借口,例如在"黎某案"中,行政机关仅仅履行房地产评估程序就长达数年之久。最后,落实补偿没有成为影响征收决定合法性的条件之一。《征收与补偿条例》第 13 条仅规定了征收决定作出时应当公告补偿方案,但是条例本身并没有对补偿方案应当包含哪些内容作明确的规定。依据该条例所规定的补偿程序，征收人在达成补偿协议或作出补偿决定前，应当先对房地产的价值进行评估，然后和被征收人进行协商，最后根据评估结果和协商情况签订补偿协议或作出补偿决定。但是，上述三个步骤均未被要求记载在补偿方案之中，这就意味着征收人可以在未完成任何补偿步骤的情况下作出征收决定，在"安业集团案"中，太原市政府在作出征收决定时并未启动补偿程序，其所公示的补偿方案仅有"拆迁补偿事宜按有关规定办理"的内容。

法律规范对及时补偿的重视不足和征收与补偿的双轨制是被征收人针对征收人拖延补偿行为难以获得司法救济的最主要原因。双轨制下，补偿程序的履行情况不影响征收决定的合法性，这就必然导致征收人只重视征收而不重视补偿。在法律规范明确将征收与补偿程序分开规定的情况下，法院即便想要审查征收人迟迟不补偿的行为，也苦于缺乏合适的法律工具。这就导致在"安业集团案"中，虽然太原市政府迟迟未履行补偿程序，但是一审、二审均判决驳回安业公司的诉讼请求。

立法者并非没有注意到征收与补偿程序的双轨制对被征收人的合法权利带来的损害。《征收与补偿条例》第 27 条提出了先补偿后搬迁的要求，试图将补偿的落实作为征收决定履行的前提，但是该条款规定得过于模糊，尤其没有详细说明补偿到何种程度才可要求搬迁。实践中，拖延履行补偿协议的情况主要发生在安置房交付方面，由于安置房的建设工期较长，通常征收人与被征收人只能在补偿协议中约定大致的交房日期。该条款在此种情况下通常无从适用。此外，在实践中征收人还可以通过分期支付补偿费或分批签订补偿协议[①]等方式规

[①] 例如在"甘肃鹏飞隔热材料有限公司诉兰州市西固区人民政府、第三人兰州市自然资源局西固分局案"中，征收人和被征收人先签订了"征拆补偿协议书"，并约定在被征收人交付建设用地后双方再签订"土地补偿协议"，而在被征收人交付建设用地后，征收人迟迟不与其签订第二阶段协议。甘肃省高级人民法院（2019）甘行终 492 号行政判决书。

避该条款之规定。因此，仅靠《征收与补偿条例》第 27 条，难以改变征收与补偿程序双轨制的现状。

（三）对拖延补偿行为的司法救济路径

法律规范的缺失使法院失去了针对拖延补偿行为对被征收人进行司法救济的重要依据，然而实践中征收人通过拖延补偿损害被征收人之合法权利的问题又要求人民法院必须通过司法裁判予以回应。在这种情况下，将法律原则引入征收程序之中，作为法院实施司法救济的依据就成为一种可行的途径。在"安业集团案"中，最高人民法院就选择以程序正当这一基本的公理性原则中的及时性原则作为征收程序的基本原则。依据该原则，最高人民法院在相关规范的内容之外对国有土地上房屋的征收程序提出了新的要求，并对已有的条款作出了新的解释，以此作为法院判决拖延补偿行为不合法的依据。下文将以"安业集团案"为例，考察最高人民法院如何通过引入法律原则，解决在拖延补偿类案件中法律依据不足的问题。

1. 将及时补偿原则引为征收程序合法的前提

及时补偿原则产生于程序正当原则这一行政行为的"最低限度的程序正义"[①] 要求。在程序正当原则被提出的早期，孙笑侠就认为行政行为的高效、及时也应当是程序正当原则的重要内涵之一。其提出，效率是行政行为的本质要求，在保障当事人程序性权利落实的前提下，必须要确保行政程序的高效运行，"行政效率的考虑是否建立在合理基础上"是程序正当原则的关键所在。[②] 程序正当原则对行政行为效率的作用是根据时代需求对该原则之内涵作出的价值衡量，应松年认为，行政程序的"最低限度公正"除了公开、参与、公正外，还包括行政

[①] 周佑勇. 司法判决对正当程序原则的发展. 中国法学，2019（3）.
[②] 孙笑侠. 法律程序设计的若干法理——怎样给行政行为设计正当的程序. 政治与法律，1998（4）.

机关及时、高效地作出行政行为，行政程序应当有时间上的要求，低效的行政行为应当承担法律责任。① 江必新也认为：程序正当原则的内涵应当是广泛的，主要包括行政行为的程序设置应当公正、保护当事人的合法权利、确保相对人的有效参与、考虑行政程序的效率以及行政程序的可接受性和规范性六个方面。上述方面除了对回避、听证、告知和说明理由提出要求外，还提出了程序设置本身应当正当、程序的设置和选择符合比例原则、提高行政效率、降低当事人程序负累等诸多要求。②

从程序正当原则对及时性的要求来看，及时补偿原则强调的是在征收过程中，对补偿程序的启动、完成和落实要及时高效。最高人民法院在"安业集团案"中，不仅提出了及时补偿原则，而且对该原则的地位进行了论证。最高人民法院首先肯定了国有土地上房屋的征收程序的合法性与合理性："为了保障国家安全、促进国民经济和社会发展等公共利益的需要，国家可以依法收回国有土地使用权，也可征收国有土地上单位、个人的房屋"。但是，最高人民法院认为，征收国有土地上单位、个人的房屋的合法性与合理性是有条件的，必须建立在"对被征收人给予及时公平补偿，而不能只征收不补偿，也不能迟迟不予补偿"的基础上，即只有在对被征收人给予及时、公平补偿的前提下，对国有土地和房屋的征收才具有合法性。最高人民法院在裁判说理的一开始，便将及时补偿原则与征收程序的合法性相联系：如果未给予被征收人及时补偿，则该征收决定是不合法的。在此基础上，最高人民法院提出了国有土地上房屋征收补偿行为要遵守的两个基本原则——公平补偿原则和及时补偿原则。其中公平补偿原则早已由《征收与补偿条例》第2条所提出，而及时补偿原则则是最高人民法院在该条例之外对征收补偿程序提出的新的基本原则，是对《征收与补偿

---

① 应松年.中国行政程序法立法展望.中国法学，2010（2）.
② 江必新.论行政程序的正当性及其监督.法治研究，2011（1）.

条例》的重要补充。

最高人民法院在前述说明中,将及时补偿原则置于征收程序合法的前提之一的地位,其目的不仅在于强调及时补偿的重要性,更在于为后续对征收程序提出具体要求作合理性论证:既然及时补偿原则是征收程序合法的前提之一,那么法院自然应当明确及时补偿原则的具体要求,为判断被诉的征收程序是否合法提供裁判依据。

2. 利用及时补偿原则填补法律规则的漏洞

法律原则在司法裁判中的适用,目的就在于"通过填补漏洞的方式帮助司法机关解决无规则可依的难题"[1]。随着社会发展与变迁速度的加快,规则的滞后性所导致的法院在司法裁判过程中无明确法律规则可循的情况也越来越多。在这种情况下,如何利用法律原则填补法律规则的漏洞,为法院的司法裁判提供依据就成为必须要思考的问题。在"安业集团案"中,最高人民法院在提出及时补偿是征收程序合法的前提之后,即以该原则为依据,在《征收与补偿条例》和《征收评估办法》的规定之外,对国有土地上房屋征收程序提出了新的要求,以填补现有法律规则对补偿及时性问题规范不足的情况。

最高人民法院主要在两类程序——征收决定的公告程序和不动产价值评估程序中对征收提出了新的要求。

第一,最高人民法院对征收决定公告程序所提出的新要求。

在"安业集团案",最高人民法院提出"征收决定应当包括具体补偿内容"。这一说明是对《征收与补偿条例》第13条第1款之补充。该条款仅规定了作出征收决定应当公告补偿方案,但是没有明确说明补偿方案之内容,这就导致"安业集团案"中太原市政府以一句"拆迁补偿事宜按有关规定办理"就可以保证征收决定的合法性。依据最高人民法院的要求,征收决定作出时不仅应当公告补偿方案,而且该

---

[1] 吴琦. 疑难案件裁决中的法律原则. 学术探索,2018 (11).

方案应当包括具体的补偿内容。对于何为具体的补偿内容，最高人民法院并没有作出详细说明，对此，可以参考《征收与补偿条例》对补偿协议之内容的规定，因为补偿协议的内容就是征收人对被征收人所给予之补偿的具体内容。该条例第 25 条规定，房屋征收部门与被征收人所签订的补偿协议之内容包括"补偿方式、补偿金额和支付期限、用于产权调换房屋的地点和面积、搬迁费、临时安置费或者周转用房、停产停业损失、搬迁期限、过渡方式和过渡期限等"。不过，并非该条款的所有内容都适合于作出征收决定时公告：由于该公告是针对所有被征收人，因此其具体内容就无法涵盖每位被征收人应获得的具体金额或者用于产权调换的房屋面积等。因此，最高人民法院所提出的具体的补偿内容，应当为该条例第 25 条的规定中具有共性的部分，例如可选择的补偿方式，补偿金额的计算标准、支付期限，用于产权调换房屋的地点、停产停业损失标准、搬迁期限、过渡方式和过渡期限等。

　　上述要求不仅仅涉及征收决定公告本身，而且对征收决定作出前的程序起到规制的作用，主要体现在要求补偿程序及时启动和权属、区位等调查登记程序及时完成：一是补偿程序应当及时启动。依据"征收决定应当包括具体的补偿内容"的要求，征收人作出的征收决定公告如果未包含上述具体的补偿内容，则该征收决定应因违反及时补偿原则而被认定为不合法。如果征收人要在所公告的补偿方案中包含具体的补偿内容，就必须在作出征收决定前启动补偿程序。不仅如此，依据《征收与补偿条例》第 10 条，在作出征收决定之前，补偿方案应当首先报市、县级政府审批，并公示不少于 30 日。这就意味着，如果征收人拖延启动补偿程序，则其无法进一步推进征收程序。最高人民法院的这一要求，不仅起到了督促征收人尽早启动补偿程序的作用，而且打破了在征收决定作出阶段补偿程序和征收程序的双轨制，将补偿程序的及时启动和履行作为征收决定具有合法性的前提性条件。二是应当在征收决定公告前完成对征收范围内房屋权属、区位等情况的调查登记程序。虽然《征收与补偿条例》第15条对上述程序作了规定，但是同样未规定履行完毕的期限。在"安业集团案"中，太原市政府在再审时依然未对安业公司涉案土地的四至范围作出认定，由此可见，其在作出征收决定时尚未履行该条例第15条之程序性规定。最高人民法院所提出的"征收决定应当包括具体的补偿内容"不仅仅要求征收人应当及时启动补偿程序，而且要求征收人在作出征收决定前应当履行完一定的补偿程序。依据前文对具体的补偿内容的梳理，征收决定所公告的补偿方案应当有补偿方式、补偿标准、搬迁期限等基本信息，上述内容确定的前提是对被征收范围内房屋的权属、区位、用途、建筑面积等基本信息进行调查登记。

不过，虽然最高人民法院利用及时补偿原则对征收决定的公告程序提出了一定要求，但是随后其又提出"因评估或者双方协商以及其他特殊原因，征收决定未包括补偿内容的，征收机关应当在征收决定生效后的合理时间内，及时通过签订征收补偿协议或者作出征收补偿决定的方式解决补偿问题"。这一说明将需要评估和双方协商作为"征收决定应当包括具体的补偿内容"的例外性规定，在例外情况下，征收决定在公告时无须在补偿方案中包含具体的补偿内容，只需要决定在公告后的合理时间内以补偿协议或补偿决定的方式解决补偿问题即可。这一例外性规定使及时补偿原则对征收决定公告程序的规范作用大打折扣。根据《土地管理法》和《征收与补偿条例》，在我国所有的土地、房屋征收活动中，征收人与被征收人都应当签订补偿协议，只有在双方经协商达不成协议且经批准的情况下，才可以通过补偿决定直接解决补偿纠纷，因此，几乎所有的国有土地上房屋的征收都涉及双方协商。除此之外，根据《征收与补偿条例》，在我国所有土地上房屋的征收都应当履行房屋价值评估程序。若仅依据文义解释，则该例外情形几乎包括所有征收行为。

第二，最高人民法院对不动产价值评估程序提出的新要求。

评估程序是国有土地上房屋征收的补偿程序中必经的一环。依据《征收评估办法》第 2 条之规定，评估的目的是测定被征收房屋的价值以及用于产权调换的房屋的价值。可以说，价值评估程序是补偿程序最核心的环节，是补偿程序能够顺利完成的必备环节，其结果直接决定着被征收人获得的补偿内容。没有对被征收房屋的价值的评估，一切补偿程序都无法进行。然而，无论是《征收与补偿条例》还是《征收评估办法》，都没有明确规定评估程序应当在什么期限内履行完毕。《征收评估办法》仅在第 10 条规定了"被征收房屋价值评估时点为房屋征收决定公告之日"，这一规定意味着，在征收决定程序履行完毕之后评估程序才能履行完毕，因为只有确定了公告日期，才能进行价值的评估。没有明确的启动时间、评估期限，只有评估完毕的最早期限，这种宽松的期限规定，使征收人拖延履行评估程序已经成为拖延履行补偿程序的主要表现。

最高人民法院对价值评估程序适用及时补偿原则的具体要求分为两部分：

一是对评估时点的要求。对不动产价值评估的时点应当为征收决定公告之日或者征收决定送达被征收人之日，这一要求是对《征收评估办法》第 10 条的再强调与补充，该办法第 10 条仅规定了应当以征收决定公告之日作为房屋价值评估的时点。最高人民法院对评估时点提出要求的目的在于将评估程序与征收补偿决定挂钩，防止征收人通过拖延作出征收补偿决定的方式牟取不正当利益。在实践中，有的征收人在作出征收决定公告后，可能拖延数年时间才作出征收补偿决定并送达当事人，例如在"王某等诉长春市南关区人民政府征收案"[①]中，征收人于 2012 年发出征收决定公告，直到 2017 年才作出征收补偿决定并送达当事人，其间相差 5 年之久。如果此时对原告的房屋价

---

① 吉林省长春市中级人民法院（2017）吉 01 行初 58 号行政判决书.

格评估标准依然是 2012 年发出公告时点的房屋价格，则被征收人的合法利益就会受到严重损害，征收人将通过拖延补偿这一行为获得房屋涨价后的利益。因此，在"安业集团案"中，最高人民法院提出，征收补偿决定的送达之日也可以成为房屋价值的评估时点。

二是对评估程序履行期限的要求。不动产价值的评估是一项十分复杂的程序，依据《征收评估办法》，其包括了对评估人的选定、委托，实地勘察、评估以及评估结果送达等一系列环节。不同区位的不动产价值差异往往较大，且评估结果又直接关系到被征收人的利益，因此评估程序所耗时间通常有较大的差异，若直接对评估程序履行期限作出一刀切的限定，显然是不切合实际的。因此，最高人民法院选择以征收人承担拖延履行评估程序所带来的不利经济后果的方式督促征收人及时履行评估程序。征收人承担拖延履行评估程序后因不动产价格明显上涨所导致的经济损失有三个前提：首先，评估程序的不合理延迟是由于征收人的原因。该前提有两个限制：（1）评估程序的延迟应当是不合理的。如前所述，根据不同不动产的权属、区位等情况，履行评估程序所需的时间有较大的差异，因此，只有在评估程序的延迟是不合理的情况下，该前提才能成立。但是对于由谁来承担合理性证明责任的问题，最高人民法院并未说明，依据《行政诉讼法》第 34 条关于"被告对作出的行政行为负有举证责任"之规定，应当由征收人对评估程序延迟之合理性提出证据。（2）不合理的延迟是由于征收人的原因，被征收人对评估结果不满意而阻挠评估程序进行等行为不属于本要点的范围。其次，被征收不动产价格明显上涨。对于价格明显上涨与否，应当由评估机构依照同一评估方法分别对征收决定公告之日的价格和作出征收补偿决定、签订补偿协议之日的价格进行评估后得出结论。最后，只有在被征收人提出要求的情况下，才由征收人承担不利经济后果。

3.依据及时补偿原则对已有条款作有利于被征收人的解释

除了利用及时补偿原则对法律规则的漏洞进行填补外,最高人民法院还在"安业集团案"中,利用及时补偿原则,按照自身的想法对已有条款进行解释,以最大限度发挥其作用。最高人民法院在再审裁判中提出,"补偿问题未依法定征收程序解决前,被征收人有权拒绝交出房屋和土地"。这一说明是对《征收与补偿条例》第 27 条第 1 款"先补偿后搬迁"规则的解释。若从文义解释来看,该条款面向的是征收人,强调的是征收人不得在未落实补偿问题的情况下实施征收决定,要求被征收人搬迁。而"安业集团案"的再审裁判说理则面向被征收人,赋予被征收人在补偿未解决的情况下拒绝搬迁的权利。其目的在于通过对被征收人赋权的方式最大限度地发挥该条款的作用。《征收与补偿条例》第 27 条的规定较为模糊,该条款并不能有效解决征收人在作出征收决定的公告,甚至达成补偿协议后拖延落实补偿的问题。例如在"桂平案"中,双方已经达成了补偿协议,但是征收人迟迟无法完成安置房的交付。由于安置房的建设需要较长的时间,因此征收人与被征收人在补偿协议中通常只能约定大致的交房时间,而被征收人常常难以对安置房建设的准备情况作详细的了解。在该案中,桂平市政府在安置回迁地尚未解决的情况下就和被征收人签订了补偿协议,最终导致安置房迟迟无法交付,只能选择以其他方式完成补偿。在这漫长的拖延中,被征收人的合法利益受到了巨大的损害。就法院而言,由于其处于"不告不理"的被动地位,对于征收人通过在补偿协议中约定分期支付补偿款、分批签订补偿协议或者模糊补偿的期限等方式规避该条款之内容的情形,法院根本无从干涉,而一旦征收人通过各种方式规避该条款,后续常常会伴随着征收人拖延落实补偿协议的行为。被征收人在征收人拖延落实补偿协议、依法获得补偿的权利受到损害后到法院寻求救济时,由于被征收人早已搬迁，征收已经实施完毕，该条款已经失去效力，而征收人又会提出各种实际困难，主张无法按约定履行补偿协议（即便对于这些困难应当在签订补偿协议之前就进行充分调研与评估），最终法院通常只能选择妥协，以调解的方式改变补偿协议的内容，按照有利于征收人的方式进行补偿。

因此，最高人民法院试图通过赋予被征收人拒绝搬迁的权利，使上述问题有机会在被征收人搬迁前解决，使《征收与补偿条例》第27条被激活。最高人民法院通过解释赋予被征收人权利有两个层次的内容：一是面向征收人。如果被征收人对现有的补偿方案不满意，即被征收人的补偿问题还未得到解决，即便征收补偿决定已经作出了，甚至部分补偿内容已经履行了，其也有权利拒绝搬迁。二是面向法院。被征收人这一拒绝搬迁的权利是由最高人民法院赋予，应当受到法院的保护，即如果征收人在补偿问题尚存在纠纷的情况下要求被征收人搬迁或者直接向法院申请强制执行，法院应当予以拒绝。

最高人民法院在"安业集团案"中通过引入及时补偿原则以及利用及时补偿原则填补规则的漏洞、激活已有的条款的方式，破解了对于拖延补偿行为被征收人难以获得司法救济这一难题。从实践效果来看，该案所具有的意义是重大的。笔者在"北大法宝"以"及时补偿原则"作为全文检索条件进行检索，发现"安业集团案"是最早提出及时补偿原则的案例，而在2016年该案裁判作出之后截止到2021年12月30日，共有79份行政裁判书中明确提出了"及时补偿原则"。从这一数据不仅可以看出在行政诉讼中，针对拖延补偿行为缺少法律规制依据导致法院难以依法审查的情况之多，还可以看出，最高人民法院在"安业集团案"中以及时补偿原则作为依据对拖延补偿行为进行审查的做法受到了各级法院的认可，该原则已经逐渐成为法院保护被征收人之合法权利的有力工具。但是，以法律原则作为司法裁判之依据并非没有弊端，其在给予法官助力的同时也给予了法官较宽松的司法裁量空间，如果法官没能做好平衡，又势必导致司法裁判结果的不公正。因此，解决征收人拖延补偿问题的最终方式应当是，尽快修改《征收与补偿条例》，将及时补偿原则纳入法律规范之中，成为征收人的法定义务。

"有具体的诉讼请求"的司法认定

——马某忠与宁夏回族自治区固原市人民政府行政批复、宁夏回族自治区固原市住房和城乡建设局房屋拆迁行政裁决案[①]

一、案情摘要

2006年9月1日,固原市建设局对马某忠作出固建裁字〔2006〕第02号房屋拆迁裁决(以下简称"02号拆迁裁决"),该裁决中载明申请人为"固原市市政公司",被申请人为"马某忠";另载明,"如当事人对裁决不服的,可在接到裁决书之日起60日内申请行政复议

公报案例全文

或在接到裁决书之日起3个月内向人民法院起诉……"。2018年10月12日,马某忠对该裁决不服,以固原市政府为被告向宁夏回族自治区人民法院起诉。经法院释明,马某忠于2019年1月14日增加原固原市建筑局(现固原市住房和城乡建设局)为被告。马某忠起诉称:(1)固原市政府于2003年3月18日出示的《关于房屋拆迁补偿基准价格及临时安置补偿标准的批复》(固政函〔2003〕3号,以下简称"3号批复")中关于房屋拆迁重置价的行政批复行为,违反国务院《城市房屋拆迁管理条例》第24条和《宁夏回族自治区城市房屋拆迁

[①] 最高人民法院公报,2019(12).以下简称"马某忠"案。

管理办法》第 27 条的规定，在房屋拆迁评估中侵犯被拆迁人的合法权益，应当认定该行政行为违法。（2）被告属于固原市 2003 年、2006 年房屋征收部门，有权对该市的房屋拆迁、安置补偿制定措施，但在本案中以职权确定该市"房屋拆迁重置价"的 3 号批复和《关于规范房屋拆迁补偿的通知》（固政发〔2006〕83 号，以下简称"83 号通知"），停止执行该级人民政府常务会议讨论通过并以第 5 号政府令公布的《固原市城市房屋拆迁管理暂行办法》（以下简称第 5 号令），规定的该市房屋拆迁补偿方式，侵犯被拆迁人的合法权益。据此，马某忠请求：（1）判决确认 3 号批复违法；（2）判决撤销 02 号拆迁裁决；（3）判决确认固原市政府于 2006 年 6 月 15 日停止执行该级人民政府第 5 号令部分内容的行政行为违法；（4）一并审查规范性文件，即 83 号通知和固原市人民政府于 2007 年 7 月 27 日向各县（区）人民政府、市直各有关单位作出的《关于停止执行固原市人民政府的通知》（固政发〔2007〕87 号，以下简称"87 号通知"）；（5）一并解决安置被拆迁人（原告）居住生活问题；（6）判决被告赔偿两次拆除其国有土地上房屋总建筑面积 422.69 平方米，曾经未按规定补偿的各项损失合计 3 082 631.25 元；（7）本案诉讼费用由被告全部承担。

宁夏回族自治区人民法院经审理认为：马某忠相关房产的拆迁、安置事实及固原市政府、原固原市建设局相关行政行为均发生在 2008 年以前，涉案房产拆迁、安置过程中均有原固原市建设局作出的房屋拆迁裁决书和马某忠与固原市市政公司签订的拆迁（安置）协议作为依据，且马某忠已领取了相应拆迁安置补偿款，并不存在马某忠对相关行政行为内容不知晓的情形。因此，根据 2000 年《最高人民法院关于执行〈中华人民共和国行政诉讼法〉若干问题的解释》第 42 条的规定，认定马某忠于 2018 年 10 月 12 日向人民法院诉讼，已经超过了法律规定的起诉期限且无正当理由。遂裁定对马某忠的起诉不予立案。

马某忠对一审裁判不服，向最高人民法院提起上诉，请求撤销一审裁定，指令一审法院依法立案。

最高人民法院经审理认为，上诉人提出的前六项诉讼请求系对多个行为提出起诉，明显有违"一行为一诉原则"，构成诉讼请求不具体，不符合《行政诉讼法》第49条第3项规定的"有具体的诉讼请求"这一法定起诉条件。同时，原审法院笼统地以超过法定起诉期限为由裁定驳回上诉人的起诉，认定事实及适用法律存在瑕疵，但结果正确，应予维持。综上，依照《行政诉讼法》第89条第1款第1项、第101条及《最高人民法院关于适用〈中华人民共和国民事诉讼法〉的解释》第334条之规定，裁定驳回上诉，维持原裁定。

二、裁判要旨

在一个行政案件中，被诉行政行为一般仅指一个行政机关作出的一个行政行为，或两个及两个以上的行政机关作出的同一个行政行为。尽管公民、法人或其他组织在起诉时可以提出多项具有内在逻辑牵连的诉讼请求，但作为诉讼请求基础的被诉行政行为只有一个。在无法律规定的情况下，除非存在关联事实等特殊情况及出于诉讼经济的便宜考虑，一般不得在一个行政案件中将两个或两个以上的行政行为列为被诉行政行为。当事人提出的多项诉讼请求如系对多个行为提出起诉，则明显有违该原则，构成诉讼请求不具体。此时人民法院应当进行必要的指导和释明，以便协助诉讼能力不足的公民、法人或其他组织在一个行政案件中恰当确定一个被诉行政行为。

三、法理分析

按照现行《行政诉讼法》第49条第3项的规定，"有具体的诉讼请求"是原告提起诉讼应满足的法定条件之一。理解与适用该条款的核心问题在于，对"具体"的理解与认定。"马某忠案"作为认定"有具体的诉讼请求"的典型案例，其裁判思路中阐明了"有具体的诉讼请求"这一法定起诉条件的判定规则，也蕴含着该条款设置的基本理念。对此，笔者拟从"有具体的诉讼请求"的规范目的、适用现状和认定标准三个层面予以阐述。

（一）"有具体的诉讼请求"的规定目的

2014年《行政诉讼法》第1条中的变化使行政诉讼的制度目标更为明确与丰富。与之相应地，"有具体的诉讼请求"相关司法解释条款的确立也使这一起诉条件的设立目的更加清晰。根据现行《行政诉讼法》第49条第3项和《最高人民法院关于适用〈中华人民共和国行政诉讼法〉的解释》（以下简称为2018年《适用解释》）第68条的规定，"有具体的诉讼请求"的规定目的表现为以下三项。

第一，设定起诉门槛。

早在1989年《行政诉讼法》中，"有具体的诉讼请求"即为原告起诉成立的限定性门槛之一。毋庸置疑，这一条件是对原告提起诉讼的具体要求，在一定程度上约束着行政相对人司法救济权的行使与实现。在我国民事诉讼法中，同样存在"有具体的诉讼请求"这一起诉条件上的要求。[①] 除此之外，在域外部分地区，诉求明确也是法定起诉条件之一。

按照通行的理解，"诉讼请求是原告通过人民法院对被告提出的实体权利的要求"，而"有具体的诉讼请求"指的是"原告向人民法院提出的要求保护的实体权利请求应当具体和明确"[②]。对于明显模糊、混乱的诉讼请求，借助"有具体的诉讼请求"这一条件能够快速予以鉴

[①] 现行《民事诉讼法》第122条规定，起诉必须符合下列条件：……（3）有具体的诉讼请求和事实、理由……

[②] 梁凤云编著. 新行政诉讼法逐条注释. 北京：中国法制出版社，2017：345.

别，在规范行政相对人诉权行使的同时，提升行政诉讼程序的效率。例如，在"王某华诉苏州市吴江区政府行政复议案"（以下简称"王某华案"）中，原告王某华既要求撤销吴江区政府的行政复议决定书，又要求确认开发区管委会信息不公开违法，还要求开发区管委会依吴开〔2006〕号文件的规定分户，给予其妻子分户资格，对龙津村 8 组户主沈某根进行按户分户安置。① 显然，该案中当事人要求在一个案件中解决多个诉讼请求，针对的是不同的法律关系，有的涉及知情权保护，有的涉及财产权保护，对这些均要求在一个案件中予以解决当属"没有具体的诉讼请求"的典型表现。② 至于如何表述诉讼请求才可达致"具体"，也即"具体"应如何认定，是决定上述起诉条件满足与否的关键所在。

第二，明确审查对象。

对"具体"内涵的界定，无法脱离对"有具体的诉讼请求"这一起诉条件设定目标的考察。要求原告的诉讼请求具体、明确并非单纯地设置一道其诉权行使的门槛。"任何一个起诉，都应当有明确的诉讼请求，这不仅是诉的具体的内容，是原告的权利主张，也同时构成了法院审理和裁判的对象。"③ 根据行政诉讼自身构造，"有具体的诉讼请求"是法院确定审查对象、被告有效应诉的基本前提。"诉讼请求是当事人提起诉讼的主要目的，是法院审理和判决的主要对象，是当事人起诉或案件受理的法定条件之一。因此，诉讼法对作为起诉条件的'诉讼请求'必须作出具体要求。"④ 又如，"王某华案"中，原告的诉

---

① 江苏省苏州市中级人民法院（2018）苏 05 行终 35 号行政裁定书.
② 秦绪栋. 江苏苏州中院裁定王向华诉苏州吴江区政府行政复议一案——行政诉讼请求一并解决民事纠纷必须符合法定要件. 人民法院报，2018-09-13（6）.
③ 最高人民法院行政审判庭编著. 最高人民法院行政诉讼法司法解释理解与适用：上. 北京：人民法院出版社，2018：342.
④ 章文英. 当事人诉讼请求不具体的裁判规则——兼谈对行诉解释第 68 条规定的理解. 法律适用，2018（8）.

讼请求针对多个行政主体和行政行为，且从案情来看各行为之间并无密切关联，无法适用行政诉讼法中共同被告相关规则，如若认可这些诉讼请求，无疑将导致后续诉讼程序的无序与混乱。在部分案件中，虽然原告的诉讼请求从表述来看简洁明了，但所针对的行政活动包含多个行政行为，同样会导致诉讼程序无法有效运转。例如，在"沈阳市沈河区河畔花园业主委员会与辽宁省沈阳市人民政府行政纠纷案"（以下简称"河畔花园案"）中，原告河畔花园业主委员会（以下简称业委会）提起诉讼，请求确认沈阳市人民政府征收案涉土地的行为违法。① 就表面而言，河畔花园业委会表达的诉求十分清晰，针对的只是沈阳市人民政府的行政征收行为，请求的是确认该行为违法。但是，实务中的行政征收行为较为特殊，往往包括多个程序及多个行政行为，牵涉多个行政主体。因此，河畔花园业委会的诉讼请求难以真正使法院锁定审查对象，也无法确定相应的被告。正如有学者所言："必须对适当的诉种进行审查，因为它为与诉讼种类相应的其他实质裁判条件提供了钥匙。"② 在"荥阳市广武镇冯庄村第三村民组诉荥阳市人民政府土地行政征收案"③（以下简称"荥阳案"）中，最高人民法院指出，《行政诉讼法》第49条第3项规定"有具体的诉讼请求"的原因在于，"诉讼请求是原告提起诉讼时向人民法院提出的在诉讼中应当被实现的实体权利主张，它构成诉讼的标的和对象，决定了人民法院审理和判决的范围"。

第三，保障诉讼权利。

初步看来，"有具体的诉讼请求"仅是对原告起诉阶段的基本要求，是起诉权不得随意行使的直观表现。但是，结合2018年《适用解

---

① 最高人民法院（2021）最高法行申1855号行政裁定书.
② [德]弗里德赫尔姆·胡芬. 行政诉讼法. 莫光华，译. 北京：法律出版社，2003：205.
③ 最高人民法院（2018）最高法行申9011号行政裁定书.

释》第 68 条、《行政诉讼法》第 51 条第 3 款以及 2018 年《适用解释》第 51 条第 2 款进行体系性解读①,"有具体的诉讼请求"的内涵中同时包括保障原告诉权的有效行使。详言之,2018 年《适用解释》第 68 条第 1 款与第 2 款明确了"有具体的诉讼请求"的表现类型。这一规定"展现的是诉判对应的价值取向","诉讼类型化事实上是从原告提起诉讼开始就应体现的,所谓'有具体的诉讼请求',(在)某种意义上是要通过对应一定的诉讼类型来实现的"。诉讼类型化并未给起诉人带来负担,而是可为起诉人提供"无漏洞且有效的保护"②。我国虽未完全确立诉讼类型化,但具体诉讼请求的分类规定已然体现出与诉讼类型化相同的权利保护目标,共享相同的指导原则。"行政诉讼之类型的指导原则"为"'有权利,即有救济'之原则"③。"对于侵犯公民权利的每一种国家权力行为,都必须有一个适当的诉讼种类可供利用。"④ 实际上,2018 年《适用解释》第 68 条规定的形成也体现出这一考量。之所以这样规定,主要考虑的事由包括:"原告的法律知识、诉讼能力方面的限制,导致其在提起诉讼时不能正确表达诉求,往往

---

① 2018 年《适用解释》第 68 条规定,《行政诉讼法》第 49 条第 3 项规定的"有具体的诉讼请求"是指:(1)请求判决撤销或者变更行政行为;(2)请求判决行政机关履行特定法定职责或者给付义务;(3)请求判决确认行政行为违法;(4)请求判决确认行政行为无效;(5)请求判决行政机关予以赔偿或者补偿;(6)请求解决行政协议争议;(7)请求一并审查规章以下规范性文件;(8)请求一并解决相关民事争议;(9)其他诉讼请求。当事人单独或者一并提起行政赔偿、补偿诉讼的,应当有具体的赔偿、补偿事项以及数额;请求一并审查规章以下规范性文件的,应当提供明确的文件名称或者审查对象;请求一并解决相关民事争议的,应当有具体的民事诉讼请求。当事人未能正确表达诉讼请求的,人民法院应当要求其明确诉讼请求。《行政诉讼法》第 51 条第 3 款规定:起诉状内容欠缺或者有其他错误的,应当给予指导和释明,并一次性告知当事人需要补正的内容。不得未经指导和释明即以起诉不符合条件为由不接收起诉状。2018 年《适用解释》第 55 条第 2 款规定:起诉状内容或者材料欠缺的,人民法院应当给予指导和释明,并一次性全面告知当事人需要补正的内容、补充的材料及期限。

② 最高人民法院行政审判庭编著. 最高人民法院行政诉讼法司法解释理解与适用:上. 北京:人民法院出版社,2018:343,344-346.

③ 陈清秀. 行政诉讼法. 9 版. 台北:元照出版有限公司,2019:153.

④ [德] 弗里德赫尔姆·胡芬. 行政诉讼法. 莫光华,译. 北京:法律出版社,2003:204.

笼统提出诉讼请求，导致法院因其不够'具体'而裁定不予受理（不予立案）"；"行政诉讼法修改之后，原告的诉讼请求获得了极大的拓展"；"由于对'具体的诉讼请求'没有明确的要求，法院也缺乏相应的裁量标准、审理标准，不利于规范法院的审理行为和保障原告的合法权益"；"法治社会一般要求对公民、法人或者其他组织的保护须是完整的、无漏洞的"①。正是基于对这些背景性因素的考量，在列明具体诉讼请求的基础上，2018 年《适用解释》第 68 条第 3 款专门作出要求："当事人未能正确表达诉讼请求的，人民法院应当要求其明确诉讼请求。"

虽然最终发布的 2018 年《适用解释》中未直接规定法院对于原告诉讼请求的释明义务，但结合《行政诉讼法》第 51 条第 3 款以及 2018 年《适用解释》第 68 条第 3 款规定，法院的释明责任不言而喻。2015 年，最高人民法院发布的《关于人民法院登记立案若干问题的规定》的第 2 条第 3 款也规定："对不符合法律规定的起诉、自诉，人民法院应当予以释明"。提出"具体"的诉讼请求是原告应满足的法定起诉条件，但行政行为确定上的复杂多样性，以及诉讼类型相关知识的专业性，使法院的解释说明工作十分必要。"期望公民在起诉时就对其有一定程度的了解是不现实的"②，"对原告的诉讼请求进行适当分类、指引是非常必要的"③。

"有具体的诉讼请求"及其分类规定，法院释明责任的赋予，均意在周全保障当事人诉权的行使。在实务中，已有凸显与回应这一内涵和理念的鲜活例证。在"王某源不服市北区人民政府强制拆除房屋案"④（以下简称"王某源案"）中，原告以市北区人民政府强制拆除

---

① 梁凤云. 行政诉讼法司法解释讲义. 北京：人民法院出版社，2018：175.
② 最高人民法院行政审判庭编著. 最高人民法院行政诉讼法司法解释理解与适用：上. 北京：人民法院出版社，2018：345.
③ 梁凤云. 行政诉讼法司法解释讲义. 北京：人民法院出版社，2018：188.
④ 最高人民法院（2017）最高法行申 587 号行政裁定书.

其房屋，致其合法权益受损为由，向山东省青岛市中级人民法院提起行政诉讼，请求确认市北区人民政府强制拆迁行为违法。一、二审法院认为："涉案通告是实施强制拆迁行为的执法依据，王某源对强制拆迁行为不服，应当对市北区政府作出涉案通告的行为提起行政诉讼，并将涉案通告作为被诉行政行为进行审查。"对此，最高人民法院在再审中指出，《行政诉讼法》第 49 条第 3 项及相关司法解释表明，"人民法院审查诉讼请求是否明确、具体，应根据原告的起诉状等予以综合、审慎判断。有权利则有救济，不告不理是诉讼活动应当遵循的基本原则，有诉不理则系司法之失职"。正因如此，一、二审法院的审理于法不符，驳回显有不当。同样地，"荥阳案"中最高人民法院对"有具体的诉讼请求"之含义的解读也明确了其救济权益保障的取向——2018 年《适用解释》第 68 条第 3 款具有两个方面的含义：其一，"诉讼是由原告发起，因此在起诉时必须正确表达诉讼请求"；其二，"当事人未能正确表达诉讼请求的，人民法院既有要求其明确的职责，又有帮助其明确的释明义务[①]。"

（二）"有具体的诉讼请求"的适用状况

笔者在"北大法宝"数据库中检索争议焦点为"有具体的诉讼请求"的行政案件，共搜得 920 件，其中一审 91 件，二审 192 件，行政审判监督 637 件。[②] 概览上述案件发现，原告与人民法院之间对"具体"的诉讼请求的理解存在较大的差异，而人民法院的理解则较为一致。关于"有具体的诉讼请求"的司法适用，已有学者从"当事人诉讼请求不具体的裁判规则"角度进行提炼总结，并将实践中对 2018 年《适用解释》第 68 条的解释争议归纳为三个问题："其一，每个行政诉讼案件的诉讼请求依法可包含被诉行政行为的数量；其二，一个行政

[①] 最高人民法院（2018）最高法行申 9011 号行政裁定书.
[②] 搜索截止日期为 2022 年 1 月 14 日.

诉讼中可以提起诉讼请求事项的数量；其三，诉讼请求的表述是否达到具体、明确程度的判断标准。"① 结合前述司法实例，关于"有具体的诉讼请求"的司法适用状况，主要可从原告诉讼请求的表达情况、法院的裁判思路和法院释明义务的履行情况三个方面予以观察。

第一，原告诉讼请求"不具体"的现实表现。

通过整理相关司法案件笔者发现，原告的诉讼请求被认定为"不具体"的情形主要有以下三种：其一，针对多个行政行为提出多项诉讼请求。这种是当前最为常见的诉讼请求"不具体"的情形。例如，在"洪某、江苏省常州市天宁区人民政府行政纠纷案"② 中，"再审申请人洪某向原审起诉，请求确认被申请人天宁区政府拆除其房屋以及在征收过程中的行为违法，判令被申请人恢复其房屋原状，并给予经济赔偿"。又如在"龙游县乐都汇餐厅与龙游县人民政府其他行政行为再审案"③ 中，"再审申请人向原审起诉，请求判令因被申请人龙游县政府违法立项招商引资、落实吸收民间资本投资，对其合法经营场所未进行合理安置、补偿或赔偿并擅自拆除，造成其重大损失，要求被申请人龙游县政府及龙游县文旅局补偿或赔偿其投资和营业损失及其他房屋征收应得补偿额人民币 500 万元。"其二，针对某一行政活动提出的诉讼请求所指向的行政行为难以明确。这种情形的具体表现是，针对包含多个行政行为的某项行政活动提出单一的诉讼请求。这一情形目前在行政征收案件中最为常见，前文提及的"河畔花园案"就是典型例证。在"陈某堂、河南省舞阳县人民政府土地行政管理纠纷案"④ 中，法院对土地征收活动中行政行为的复合性进行了细致的阐释。该案的再审法院指出，"土地征收行为是由作出征地批复、发布征

---

① 章文英. 当事人诉讼请求不具体的裁判规则——兼谈对行诉解释第 68 条规定的理解. 法律适用，2018（8）.
② 最高人民法院（2020）最高法行申 13095 号行政裁定书.
③ 最高人民法院（2020）最高法行申 6650 号行政裁定书.
④ 最高人民法院（2020）最高法行申 13770 号行政裁定书.

地公告、征收补偿安置、责令交出土地、强制清除地上附着物等一系列相对独立的行政行为组成，实施上述行政行为的行政机关也不同。当事人对征地行为提起行政诉讼，首先应当明确其所诉行政行为具体指向的是哪一个，笼统以征地行为为对象起诉，属于被诉行政行为不明确、诉讼请求不具体。本案中，再审申请人陈建堂要求确认被申请人土地征收行为违法属于诉讼请求不明确、不具体。"其三，意思表示不清或存在矛盾，导致难以明确具体的诉讼请求。在这种情形下，法院无法从原告所表达的诉讼请求中明确具体的审理对象。例如，在"田某波诉黑龙江省哈尔滨市香坊区人民政府征收并赔偿案"[1] 中，法院指出：田某波在一审中，其既明确起诉"超范围征收"即指 19 号《征收决定》，但又另行增加起诉 19 号《征收决定》的诉讼请求，且不明确起诉"超范围征收"即为起诉 19 号《征收决定》，之后又明确表示不起诉 19 号《征收决定》，仍按"超范围征收"起诉。因此，田清波在一审中先后相互矛盾的意思表示，无法明确"超范围征收"所指的行政行为，该项诉讼请求不明确、具体。

第二，法院裁判原告的诉讼请求是否"具体"的主要思路。

其一，是否指向特定的行政行为。"诉讼请求指向的被诉行政行为也应当是特定的、明确的，而非含混不清或者存在多种可能的。"[2] "确定诉讼请求是否明确，是否有事实根据，离不开行政行为。"[3] 实践中，法院确定诉讼请求是否具体往往从能否锁定某一具体行政行为来进行，从"荥阳案"[4] 的裁判意见中就不难看出这一逻辑。该案中法院指出：2018 年《适用解释》第 68 条第 1 款规定的"有具体的诉

---

[1] 最高人民法院（2017）最高法行申 5739 号行政裁定书.

[2] 最高人民法院行政审判庭编著. 最高人民法院行政诉讼法司法解释理解与适用：上. 北京：人民法院出版社，2018：346.

[3] 郭修江. 以行政行为为中心的行政诉讼制度——人民法院审理行政案件的基本思路. 法律适用，2020 (17).

[4] 最高人民法院（2018）最高法行申 9011 号行政裁定书.

讼请求"是指请求判决撤销或者变更行政行为、请求判决确认行政行为违法、请求判决确认行政行为无效，等等，因此，在通常情况下，具体的诉讼请求往往会指向行政机关作出的行政行为。结合《行政诉讼法》第 26 条的规定，在一个诉讼请求中，被诉的行政行为一般仅指一个行政机关作出的一个行政行为，或者两个以上行政机关共同作出的一个行政行为，而不包括同一行政机关或者两个以上行政机关作出的两个以上行政行为。其二，起诉人对诉请审查的行政行为的主观认识不影响对"有具体的诉讼请求"的判断。有法院认为，对"有具体的诉讼请求"的认定不应受限于当事人对诉求的表达与认识，而应综合案件情况进行自主判断。"王某源案"中，最高人民法院就指明："人民法院审查诉讼请求是否明确、具体，应根据原告的起诉状等予以综合、审慎判断"。此外，"陈某忠与如皋经济技术开发区管理委员会确认行政行为违法案"[①] 也是践行上述认定思路的典型例证。该案的裁判表明，"起诉人的诉请能够使人民法院判断其指向了一个特定的行政行为，就应当视为'有具体的诉讼请求'，不能在起诉审查阶段以行政行为是否合法来代替行政行为是否明确的判断。起诉人在起诉时所提交的证据或所作的说明能够表明被诉行为客观存在，且该行为与起诉人自身合法权益存在着可能性的影响，即应当认定起诉人完成了对'有具体的事实根据'的举证或说明义务。不能以起诉人对被诉行为和事实根据描述中的主观判断，影响对'有具体的诉讼请求和事实根据'的判断，更不能因此要求起诉人在起诉时即提交被诉行为违法的事实根据。"

第三，法院释明义务的履行情况。

概览相关司法案件，法院在"有具体的诉讼请求"方面所负的释明义务并未完全得到履行。有人指出，2018 年《适用解释》对"有具

---

① 江苏省南通市中级人民法院（2019）苏 06 行终 192 号行政裁定书。

体的诉讼请求"条款的修订引发了法院对该条释明的细微转向，2015年《适用解释》第 2 条第 2 款中的"当事人未能正确表达诉讼请求的，人民法院应当予以释明"被修改为 2018 年《适用解释》第 68 条第 3 款中的"当事人未能正确表达诉讼请求的，人民法院应当要求其明确诉讼请求"。前者强调的是法官的释明义务，而后者在措辞上有弱化义务的倾向，似乎更突显了职权主义。① 在"马某忠案"中，原审裁定未显示原审法院进行过相关指导和释明，然而，有法官认为，未予以指导和释明的行为虽然欠妥，但结合上诉人马某忠所提起诉讼请求的情况来看，这种欠妥"并未影响上诉人诉权的依法合理行使"②。

概括而言，有关法院释明义务的履行，目前司法裁判文书中主要表现出三种状态：一是释明义务的积极履行。例如，在"王某武等诉新疆生产建设兵团第七师土地行政行为案"③ 中，法院在裁判意见中明确："本案中二上诉人的诉讼请求涉及多个行政行为，包括要求政府信息公开，政府不履行法定职责，要求确认行政合同无效及行政赔偿等，其多项请求涉及多个法律关系，涉及不同的行政机关，亦必然涉及相应的级别管辖。故二上诉人将多项请求作为一案起诉，不符合上述法律规定的受理条件。在原审法院向二上诉人释明的情况下，二上诉人仍坚持并案诉讼，一审裁定驳回起诉并无不当。"在这类裁判书中，法院往往说明其已经履行释明义务，以及起诉人是否根据释明调整其诉讼请求等基本情况。在少数裁判文书中，审理法院除明确释明义务的履行外，还强调释明之于诉权保障的重要意义，"王某源案"即是典型。二是释明义务的忽视。在大量案件中，实际上无法探知审理法院是否履行了释明义务，因为裁判文书中并未提及法院释明问题。

---

① 李溪灵. 行政诉讼中"有具体的诉讼请求"之界定研究. 上海：华东政法大学，2020.

② 李纬华，易旺. 马生忠与宁夏回族自治区固原市人民政府等房屋拆迁补偿纠纷上诉案——"一行为一诉"原则的适用. 人民司法·案例，2019（32）.

③ 最高人民法院（2016）最高法行申 1810 号行政裁定书.

例如，在"张某琴与河南省郑州市金水区人民政府行政纠纷案"[1] 中，法院的裁判意见中只言明原告在一审提出了两个诉讼请求，这两个诉讼请求虽有一定关联，但确实是两个具体行为，表现为被告不一、内容不一、不是基于同一基础的行政行为，违反"一行为一诉"原则。据此，法院直接作出驳回起诉的裁定。三是释明义务的有效履行。在实务中，除了在法官是否履行释明义务问题上存有争议外，对于法官释明义务的履行是否有效的问题也有质疑。例如，在"宁夏银泰生态开发有限公司与宁夏回族自治区贺兰县人民政府等其他行政纠纷再审案"[2] 中，银泰公司申请再审时提出，"一、二审法院释明不规范，并非有效释明。银泰公司请求一、二审法院告知权利救济路径，却遭到拒绝"。实际上，这一问题也在2015年《行政诉讼法》司法解释起草时引发诸多讨论。在起草司法解释时，有关法官将对诉讼请求的释明条文曾拟定为："诉讼请求不明确或者不适当的，人民法院应当予以释明。"在征求意见过程中，立法机关和部分学者认为，人民法院不能仅仅因为"不适当"就进行释明和引导，建议删除。原因在于，释明应当有边界，当事人的诉求应当由当事人自己决定，若规定法官对诉求是否适当进行释明，将使法官承担过多的责任。因而，最终该条文被修改为："诉讼请求不明确的，人民法院应当予以释明。"[3]

（三）"有具体的诉讼请求"的判断标准

"有具体的诉讼请求"的判断标准是理论界颇受关注的行政诉讼法课题，同时也是实务界力图明晰的现实问题。"马某忠案"的裁判思路中蕴含着认定"有具体的诉讼请求"的基本规则，其所强调的"一行为一诉"原则是"有具体的诉讼请求"的另一种表达。具体而言，以

---

[1] 最高人民法院（2020）最高法行申6944号行政裁定书.
[2] 最高人民法院（2020）最高法行申14729号行政裁定书.
[3] 梁凤云. 行政诉讼法司法解释讲义. 北京：人民法院出版社，2018：189-190.

"一行为一诉"原则为核心的"有具体的诉讼请求"之判断标准,包含以下三个层次的内容。

第一,以"一行为一诉"为原则。

"马某忠案"中法院以"一行为一诉原则"作为判断当事人的诉讼请求是否具体的重要标准。该原则实为行政诉讼规律使然,"确定诉讼请求是否明确,是否有事实根据,离不开行政行为"①。该案中法院的基本裁判思路是:有具体的诉讼请求主要是指要有确切、具体的被诉行政行为。"马某忠案"的裁判文书指出,行政案件中被诉行政行为"一般仅指一个行政机关作出的一个行政行为,或两个及两个以上的行政机关作出的同一个行政行为"②。"一行为一诉"这一立案受理原则被法院普遍适用,与我国行政诉讼中的行政行为合法性审查原则密切相关。如果诉讼请求针对多个行政行为,法院便无法有效进行合法性审查。"不同行政行为的作出主体不同,所依据的行政实体和程序法律存在差别,所基于的事实有异,人民法院进行合法性审查的范围、内容、强度等亦不完全一致。"如果起诉时提出多项诉讼请求,涉及不同行政机关作出的多个不同的行政行为,加之如果所诉事项属于不同人民法院管辖,则接收该诉讼请求的法院显然无法推进诉讼程序,甚至不符合"属于受诉人民法院管辖"这一起诉条件。③④ 法院同时审查两个及以上行政行为的合法性,无疑将使审理程序"举步维艰",最终与其设置目的背道而驰。

将"有具体的诉讼请求"原则上归为"一行为一诉"与我国以行政行为为中心的行政诉讼制度构造有着密切联系。《行政诉讼法》第6

---

① 郭修江. 以行政行为为中心的行政诉讼制度——人民法院审理行政案件的基本思路. 法律适用,2020(17).
② 最高人民法院(2019)最高法行终 1 号行政裁定书.
③ 最高人民法院(2016)最高法行申 1810 号行政裁定书.
④ 李纬华,易旺. 马生忠与宁夏回族自治区固原市人民政府等房屋拆迁补偿纠纷上诉案——"一行为一诉"原则的适用. 人民司法·案例,2019(32).

条规定："人民法院审理行政案件，对行政行为是否合法进行审查。"据此，法院的审理对象只能是行政行为，而非当事人的诉讼请求。有学者指出，"修改后的行政诉讼法实施后，一些法官在行政审判实践中还没有充分认识到我国行政诉讼制度回归以行政行为为中心的这一特点，以我国修改后的行政诉讼法中关于判决方式类型化的规定引申解读，把我国修改后的行政诉讼法理解为诉讼类型化的制度，否定合法性审查原则。"[1] 也就是说，2018 年《适用解释》第 68 条中诉判对应的尝试、诉讼类型化的趋向不是要否定以行政行为为审查对象的审理思路，而仅为指引当事人明确诉讼请求。对此，最高人民法院一直以来发布的有关案由的司法解释即是明证。按照 2020 年 12 月 25 日发布的《最高人民法院关于行政案件案由的暂行规定》，当事人提出的诉讼请求应可归于具体的行政行为种类。实际上，各个法院也就"一行为一诉"原则的适用达成一定共识，认定"一行为一诉"是行政诉讼立案的基本原则。

第二，以多行为并诉为例外。

对"一行为一诉"的理解并非机械地进行诉讼请求数量上的判断，不能单纯地理解为数量上的限制。"马某忠案"中法院指出，"在无法律规定的情况下，除非存在关联事实等特殊情况及出于诉讼经济的便宜考虑，一般不得在一个行政案件中将两个或两个以上的行政行为列为被诉行政行为"。结合《行政诉讼法》的规定与实践中案件的基本情况，"一行为一诉"原则适用的例外包括两种情形。

一是法律中明确规定的多个诉求合并审理的情形。现行《行政诉讼法》的第 26 条第 2 款和第 27 条中分别规定了两种"一行为一诉"原则适用的例外情形：其一，复议机关维持原行政行为的决定与原行政行为的合并审理。其二，因同类行政行为发生的行政案件，并经当

---

[1] 郭修江. 以行政行为为中心的行政诉讼制度——人民法院审理行政案件的基本思路. 法律适用，2020（17）.

事人同意，法院认为可以合并审理的。这一情形的适用需同时满足同类行政行为的存在、法院认为可以合并审理、当事人同意合并审理这三个条件。同时，其中"同类""认为"等抽象概念的存在使《行政诉讼法》第 27 条规定的具体适用更为复杂。对此，2018 年《适用解释》第 73 条予以进一步明晰，列明了三种法院可以决定合并审理的具体情形，并在该第 4 项中进行兜底性规定。

二是法院基于诉讼经济的便宜考量进行合并审理的情形。"马某忠案"的二审法院指出，"在无法律规定的情况下，除非存在关联事实等特殊情况及出于诉讼经济的便宜考虑，一般不得在一个行政案件中将两个或两个以上的行政行为列为被诉行政行为"①。这一归纳无疑可作为对 2018 年《适用解释》第 73 条第 4 项规定的实践演绎的总结。实际上，根据上述相关法律规定，对多个诉讼请求是否合并审理的问题需要法官结合案件具体情况进行裁量判断。在"雷某邦与南宁市人民政府再审纠纷案"中，审理法院就指出，"如果当事人同时对同一行政机关作出的具有关联性的数个行政行为提起诉讼，要求一并审理，人民法院作为一个案件予以受理，可以减少当事人的诉累，以达到实质性解决纠纷的目的，并不违反法律规定"②。结合审判实践，对是否存在合并审理基础的考量主要聚焦于各行政行为之间是否具有关联性。③对合并审理后是否符合"诉讼经济的便宜考量"则多聚焦于是否减少当事人诉累、是否有助于实质性解决纠纷、是否能够达到合并审理的目的等。④

除此之外，在少数案件中法院并未受限于"一行为一诉"原则，

---

① 李纬华，易旺. 马生忠与宁夏回族自治区固原市人民政府等房屋拆迁补偿纠纷上诉案——"一行为一诉"原则的适用. 人民司法·案例，2019 (32).
② 最高人民法院（2017）最高法行申 2799 号行政裁定书.
③ 最高人民法院（2020）最高法知行终 447 号行政裁定书.
④ 最高人民法院（2020）最高法行再 251 号行政裁定书，最高人民法院（2019）最高法行申 6848 号行政裁定书.

认为多项诉讼请求的存在并不是法院拒绝立案受理的合理事由。典型案件如"向某年与湖南省衡东县自然资源局其他强制赔偿纠纷案"①。在该案中,最高人民法院认为:"人民法院应当予以释明,当事人拒绝按照释明内容修改起诉状的,法院不宜以起诉多个行政行为违背'一行为一诉'原则为由不予受理或驳回起诉;可根据案情分别对被诉行政行为是否符合起诉条件逐一进行审查,对于符合立案受理条件的被诉行政行为应当予以受理。"

第三,以法院的释明为基本要求。

现有法律规定已然表明,在立案阶段法院对当事人诉讼请求的明确附有释明职责。这一解释既是"有权利、必有救济"的理念使然,亦是其他国家与地区的通行做法。法院释明责任的履行以必要为前提,以有效释明为基本要求。诚如有学者所言:"诉讼标的之表明,攸关既判力客观之范围,倘原告所表明之诉讼标的有不明了之情形致未能加以特定,审判长应行使阐明权,俾划定审判之对象及攻击防御方法之范围,并预告既判力客观之范围,以促进审理集中化及防止对于被告造成突袭。"② 综合而言,在"有具体的诉讼请求"的判定上,对法院的释明义务宜从两个方面进行理解。

其一,诉讼请求"不具体"时法院的释明义务才需激活。按照现行法律规定,法院的释明责任仅在诉求不具体、不明确、不规范等情形存在时才产生。虽然法院的释明对于当事人诉讼请求的明确具有重要意义,但"有具体的诉讼请求"认定的关键之处仍在于对"具体"与否的判断。有学者总结,就诉讼请求"具体"而言,一般包含两层要求:一是明确,即通过诉讼请求的表述可以确切地认定当事人的真

---

① 最高人民法院(2020)最高法行再251号行政裁定书.
② 陈清秀. 行政诉讼法. 9版. 台北:元照出版有限公司,2019:457.

实诉求；二是正确，即诉讼请求的表述不违反法律规定以及诉讼规律。[1] 按照我国立案登记制的基本定位，法院对起诉条件的审查应是一种程序性审查。然而，在司法实务中，存在不少对起诉条件进行实质性审查的情形。[2] 例如，在"葛某华与浙江省杭州市人民政府土地其他行政行为案"[3]（以下简称"葛某华案"）中，葛某华要求确认杭州市人民政府强制占用其土地违法。按照基本的理论逻辑，葛某华的诉讼请求针对占地这一事实行为，提出的是确认其违法的诉求，可以2018年《适用解释》第68条第1款第3项的规定为依据。从基本形式来判断，应已符合"有具体的诉讼请求"这一要求。但是，最终法院判定该诉讼请求不明确，驳回其起诉。有学者指出，"此种违法性及权利损害之具体化的主张，必须达到如何程度，乃系于个别案件之情况，尤其是取决于系争行政处分之整体内容、性质以及诉之种类。在任何案件，必须可让法院充分地认识其诉之目的，亦即诉之要求，而且必须可让法院认识其诉权"[4]。因此，目前司法实践中对"有具体的诉讼请求"宜结合"一行为一诉"的认定标准，更宜结合具体案件情况、原告的表述内容进行判断。简单粗暴地将多个诉讼请求判定为诉讼请求"不具体"往往并不利于对当事人诉权的保障，也不利于行政争议的实质性化解。

其二，法院的释明义务以有效履行为基本要求。对"有具体的诉讼请求"的判定不是简单的"一锤子买卖"，其中包含着法院的释明义务，如果释明后仍无法满足"有具体的诉讼请求"之要求，方能认定为未满足这一起诉条件。"不可以因原告选择了一个不适当的诉讼种

---

[1] 章文英. 当事人诉讼请求不具体的裁判规则——兼谈对行诉解释第68条规定的理解. 法律适用，2018（8）.
[2] 梁君瑜. 我国行政诉讼立案登记制的实质意涵与应然面向. 行政法学研究，2016（6）；施立栋. 得形忘意：行政诉讼立案登记制之省思. 浙江学刊，2021（3）.
[3] 最高人民法院（2020）最高法行申5319号行政裁定书.
[4] 陈清秀. 行政诉讼法. 9版. 台北：元照出版有限公司，2019：388.

类，而将该诉作为不适法的诉驳回。""如果原告选择了错误的诉讼种类，法院必须依照行政法院法的规定，首先通过解释，必要时也可以通过转换，但至少要通过一个具体的指示，使之成为一个适当的诉讼种类。"① 并且，法院释明应在实际上满足解释专业问题、说明诉讼请求不规范的情形以及对当事人明确诉讼请求形成指导等要求。在部分案件中，法院对释明义务的履行趋于形式化。例如，在"葛某华案"中，面对葛某华提出的确认杭州市人民政府强制占用其土地违法的诉讼请求，法院仅指出，其诉讼请求并未明确指向某一具体行政行为，属于诉讼请求不明确。一审法院虽进行了释明，但具体如何释明，从裁判文书中无法解读更多信息。② 根据规定法院释明责任的初衷，以及现行《行政诉讼法》中实质性化解行政争议的立法本意，法院对释明义务的履行应聚焦于厘清案件中是否存在可能侵害相对人权益的行政行为，而非简单指明当事人诉讼请求的不妥之处。根据司法案件中呈现的情况，起诉人一方也往往难以突破专业上的"壁垒"，严格达到"一行为"的标准。例如，在"二连市荣兴砖厂、内蒙古自治区锡林郭勒盟二连浩特市人民政府再审审查与审判监督案"③ 中，法院强调："在行政争议中，不宜苛求当事人必须择出其中的某一个具体程序性环节才允许起诉，人民法院不能因此认定当事人提起行政诉讼时诉请不具体明确。""有具体的诉讼请求"这一起诉条件的满足，应以人民法院有效履行释明义务为前提；基于"一行为一诉"原则的判断应以法院的有效释明为基础。

---

① [德] 弗里德赫尔姆·胡芬. 行政诉讼法. 莫光华，译. 北京：法律出版社，2003：203-204.
② 最高人民法院（2020）最高法行申 5319 号行政裁定书.
③ 最高人民法院（2017）最高法行申 4073 号行政裁定书.

工伤认定中不确定法律概念的解释

——北京国玉大酒店有限公司诉北京市朝阳区劳动和社会保障局工伤认定行政纠纷案①

一、案情摘要

陈某东系北京国玉大酒店有限公司（以下简称国玉酒店公司）员工，双方签有书面劳动合同，但国玉酒店公司未给其缴纳工伤保险。同时，陈某东利用下班时间在北京馄饨侯餐饮有限责任公司（以下简称馄饨侯公司）从事兼职工作。2006年9月20日晨，陈某东自其住

公报案例全文

处骑一辆三轮车前往国玉酒店公司上班，行至路口时发生机动车交通事故而受伤，经抢救无效死亡。陈某东之妻向朝阳区劳动和社会保障局（以下简称朝阳区劳动局）提出工伤认定申请。朝阳区劳动局经调查，认定陈某东之死亡事实符合《工伤保险条例》第14条第6项关于"上下班途中"的规定，应认定为工伤。国玉酒店公司不服该工伤认定，向北京市劳动和社会保障局（以下简称北京市劳动局）申请行政复议。北京市劳动局于2007年4月26日作出"行政复议决定书"，维

---

① 最高人民法院公报，2008（9）.以下简称"北京国玉案"。

持了涉案工伤认定书。国玉酒店公司不服朝阳区劳动局的工伤认定及北京市劳动局的复议决定，遂将朝阳区劳动局诉至朝阳区人民法院。朝阳区人民法院经审理后认为，陈某东清晨上班的情形属于"合理时间"与"合理路线"，符合《工伤保险条例》第14条第6项关于"上下班途中"的规定，被告作出的认定书合法合理。遂驳回原告的诉讼请求。国玉酒店公司不服一审判决，向北京市第二中级人民法院提起上诉，请求撤销原判，依法改判撤销涉案工伤认定书。

二、裁判要旨

《工伤保险条例》第14条第6项规定："在上下班途中，受到非本人主要责任的交通事故或者城市轨道交通、客运轮渡、火车事故伤害的，应当认定为工伤。"此处，"上下班途中"为工伤认定中的不确定法律概念，须进行解释。根据日常社会生活的实际情况，职工为上下班而往返于住处和工作单位之间的合理路径可能有多种选择。只要在职工为了上班或者下班，在合理时间内往返于住处和工作单位之间的合理路径之中，都属于"上下班途中"。至于职工选择什么样的路线，该路线是否为最近的路线，均不影响对"上下班途中"的认定。故最终作出驳回上诉、维持原判的决定。

三、法理分析

工伤保险是我国社会保险制度中最先步入法制化路径的社会保险项目，是迄今为止法律规范最多、引发纠纷最多的社会保险项目。我国《宪法》规定了"国家建立健全同经济发展水平相适应的社会保障制度"条款，随之建立了相应的行政规范体系。法律的生命力在于实施，法律适用的过程也是适法者于个案中解释法律的过程。在工伤认定的实践中，由于受政策、一般社会观念等多种因素的影响，一些法律概念被赋予新的内涵和意义，逐步走向"不确定化"。这些价值补充或经验判断也导致了适法者在适用法律过程中的迷茫与无所适从。因此，有必要在知晓工伤认定案件中不确定法律概念的概念、类别及产生原因后，分析行政机关和司法机关对工伤认定案件中不确定法律概念的表达及困境，从而提炼出一些方式去解释这些不确定法律概念，使适法者在解释法律的过程中举措有方。

（一）工伤认定案件中不确定法律概念概述

在理想状态下，立法机关遵循法律明确性原则，使用明确的概念或语句，制定严密而精准的法律，行政机关和司法机关直接适用法律即可。① 而在工伤认定领域，随着时代的发展与工伤保险制度的变迁，立法者使用明确、具体的法律概念以确保法律安定性的模式受到了极大的挑战。"由于规范事实的多样性与歧义性，立法者往往无法作完全明确的规定，难以再利用'条件式'构造的法规范完成导控社会的任务。"② 因此，法律要涵盖千变万化的工伤情形，只能抽象地规定，越抽象则涵盖面越广，必须借由积极授予行政机关裁量的权限，以便在个案中进行调整。

1. 工伤认定案件中不确定法律概念的含义

不确定法律概念者，系指内容特别空泛及不明确，含义有多种解释之可能，而法律本身不作界定之法律概念。③ 专业性极强的工伤认定所涉行政法律规范中的不确定法律概念极为丰富。《工伤保险条例》

---

① 姜世明. 再论程序法律安定性之终结者？以"民事诉讼法"第二八八条之疑难为中心——评"最高法院"九十二年度台上字第一七六四号民事判决. 月旦法学杂志，2005（7）.

② 陈雪芳. 具体化不确定法律概念之行政规则之司法审查——以"医师法"第25条相关函释为中心. 台北：东吴大学，2008.

③ 陈敏. 行政法总论. 5版. 台北：新学林出版股份有限公司，2007：194；吴庚. 行政法之理论与实用. 增订第11版. 台北：新学林出版股份有限公司，2010：127.

第 14、15、16 条从"认定为工伤""视同工伤""不得认定为工伤"三个方面进行展开。其中,"工作时间""工作场所""工作原因""工作时间前后""与工作有关""因履行工作职责受到暴力等意外伤害""因公外出期间""上下班途中""突发疾病死亡""经抢救无效死亡""醉酒"均为不确定法律概念,需要通过规范的法律解释完成法律的适用。① 需要强调的是,"'不确定法律概念'在被当作一个法释义学的主题进行研究时,它指涉的对象仅限于在法定构成要件中所明白使用的法律概念。"② 也即所需要进行法律解释的不确定法律概念,仅是规范条款中的概念,不确定性是其特征。

2.工伤认定案件中不确定法律概念的分类

德国行政法学界主流观点认为,不确定法律概念包括经验(或叙述)概念以及规范(或需要填补价值的)概念两种。③ 其中,"经验概念亦称描述概念,涉及吾人可以掌握、知觉或经验之状况或事件。法律适用者可以在具体事件中,根据单纯之'知觉'而理解经验概念。唯有时亦可根据特定之'经验'而为推论"④。工伤认定中的"工作时间""工作地点""上下班途中"等,即为经验概念。规范概念,亦称"需填补价值之概念",因欠缺与真实事物之关系,法律适用者必须采取评价之态度,始能认识其意义,而非仅为单纯之知觉、认识或推论。"暴力伤害""醉酒""特殊情况"等为规范概念。然而,需要注意的是,经验性不确定法律概念和价值性不确定法律概念的区别不是绝对的,它们的界限并非不可跨越。在

---

① [德]考夫曼,哈斯默. 当代法学和法律理论导论. 郑永流,译. 北京:法律出版社,2002:186.
② 盛子龙. 行政法上不确定法律概念具体化之司法审查密度. 台北:台湾大学,1998.
③ 陈敏. 行政法总论. 5版. 台北:新学林出版股份有限公司,2007:194-195.
④ 翁岳生. 论"不确定法律概念"与行政裁量之关系//翁岳生. 行政法与现代法治国家. 台北:三民书局,2015:63.

笔者收集的案例中，人民法院的解释困境大多集中在以下几个不确定法律概念上。

第一，工作时间。职工发生伤害在"工作时间"是认定工伤的重要条件。在以往计划经济年代，人们遵循着规律的工作时间。而随着社会的发展，非公有制经济在我国经济体量中所占比例逐年增加，越来越多的企业职工工作时间愈加灵活。因此，法院解释一些特殊案件中的"工作时间"要素愈发重要。例如，在"原告与德清县人力资源和社会保障局工伤确定纠纷案"中，死者陈某强受公司委派，出差洽谈业务，与客户用餐醉酒后，第二天于酒店死亡。① 其出差及应酬时间是否属于"工作时间"，成为案件的焦点。

第二，工作场所。"工作场所"是认定工伤的地点性因素。一般情况下，劳动者前往工作场所进行劳动，在工作场所遭遇伤害，应认定为工伤。而在现实生活中，一部分劳动者并无固定的工作场所，如环卫工、外卖骑手等；还有一部分劳动者在上厕所或者串岗的过程中受伤。这时，如何赋予"工作场所"新的意义，成为"工作场所"要素解释的重点。例如，在"王某淮诉江苏省盱眙县劳动和社会保障局工伤行政确认案"中，公司清洁员王某淮至回收酒精车间学习时因躲避危险致双足摔断。② 为此，员工"串岗"是否被认定为"在工作场所"成为案件的争议焦点。而在"孙某兴诉天津新技术产业园区劳动局工伤认定行政案"中，孙某兴为完成开车接人的工作任务，从办公室下到一楼，在一楼门口台阶处摔伤。其摔伤地点是否为工伤场所的认定成为本案的关键。③ 值得一提的是，在疫情期间，大多数企业实行弹性工作制，允许员工在家办公。倘若员工在居家办公期间受到暴力伤害，是否应以在"工作场所"为由认定为工伤？"柴某家属诉黑龙江省

---

① 浙江省湖州市中级人民法院（2015）浙湖行终字第4号行政判决书。
② 最高人民法院公报，2011（9）.
③ 最高人民法院公报，2006（5）.

人社厅与大庆市人社局工伤认定案"中即存在类似争议焦点。①

第三，工作原因。职工发生伤害是否与其本职工作有因果关系，这是"工作原因"因素的认定标准。在企业分工精细化与员工活动多元化的今天，职工之行为与其工作是否有因果关系成为许多案件的争议焦点。例如，在"熊某羚诉南昌市人力资源和社会保障局工伤行政认定案"中，熊某羚在单位组织的"龙虎山之行"团队建设拓展活动中遭遇交通事故而受伤。② 这时，职工在参加单位组织的团队建设活动中受伤能否归结为工作原因，成为本案的焦点。

第四，上下班途中。《工伤保险条例》第14条第6款规定："在上下班途中，受到非本人主要责任的交通事故或者城市轨道交通、客运轮渡、火车事故伤害的，应当认定为工伤。"然而，在现实生活中，"上下班途中"变得愈加复杂，"合理时间"和"合理地点"成为判定"上下班途中"的构成要件。然而，如何判断该种情况是否合理，在具体案例中时常也会发生解释困境。例如，在"武某与C货物搬运公司工伤认定案"中，下班后探望岳父母是否为"上下班途中"即是该案的争议焦点。③

第五，"48小时"条款。《工伤保险条例》第15条第1款规定："在工作时间和工作岗位，突发疾病死亡或者在48小时之内经抢救无效死亡的，应视同工伤。"随着医疗水平的提高，职工发生伤害后，在先进医疗设备的维持下，其生命存续时间经常会超过法律规定的48小时。这时，法律与伦理等便成为是否视为工伤应当考虑的因素。同时，在单位已发觉身体不适，回家后死亡是否视同工伤，也是很多案件的

---

① 女子居家办公遇害未被认定工伤，家属起诉省人社部门法院一审判重新认定工伤．[2021-10-03]．https://baijiahao.baidu.com/s?id=1705719490993839998&wfr=spider&for=pc．
② 南昌铁路运输法院（2017）赣7101行初2号行政判决书．
③ 2020年清江浦区法院发布八起劳动争议类典型案例之八：武某与C货物搬运公司工伤认定案——下班后探望岳父母，属"上下班途中"情形．[2021-11-01]．https://www.pkulaw.com/pfnl/a6bdb3332ec0adc4b7e2f44fa4a6eb1c4182fe42aaa1bd0abdfb.html．

争议焦点。例如，在"束某红诉仪征市人力资源和社会保障局工伤认定纠纷案"中，职工在上班期间已经出现病症，在下班后不久病情加重，在48小时内经抢救无效死亡。

3. 工伤认定案件中不确定法律概念产生的原因

德国学者罗伊斯曾言："不确定法律概念并非被创造，只是被发现"。这一论断引发了对"不确定法律概念"起源的探讨。在工伤认定这一专业性极强的领域，相关行政规范的设计不仅涉及工伤认定过程中的指引，而且关涉福利国家政策及社会权的限度。① 工伤认定规范中的不确定法律概念的产生是多方面、多角度原因综合作用的结果。

首先，人类语言具有多义性与模糊性。美国学者吉多斯指出，"像多数其他机构一样，法律既是语言的产物，也依赖于语言"②。可见，法律是通过语言作为载体表现出来的，而语言本身存在着各种缺陷，使人们在解释法律时常常窒碍难行。在一些情况下，行政机关和司法机关对法律的理解与立法机关运用语言制定法律时所表达的意思不一致，甚至出现相背离的状况。即使我们对一个概念进行精准的语言定位，现实生活中也总是存在着一些无法预料的情形，以致语言无法完全涵盖。例如，因工作中矛盾激化、个人恩怨等导致冲突的情形纷繁复杂，《工伤保险条例》中的"暴力伤害"也在个案中呈现出不同的表意。

其次，工伤领域的复杂多变性与认识能力的相对局限性存在冲突。法律概念是在某一历史阶段人类对事物认识的总结，其根源于立法者所处的社会发展阶段。然而社会是一个不断变化的系统，人都是在对以往经验进行总结的基础上形成盖然性认识，语言无法对其进行合理的概括。正如萨维尼所言："法自制定公布之日起就逐渐与时代脱节。"在社会急速转型时期工伤认定这一专业性极强的领域里，行政法律规范的抽

---

① 高秦伟. 论社会保障行政中的正当程序. 比较法研究, 2005 (4).
② [美] 本杰明·吉多斯. 法律语言学导论. 程朝阳, 毛凤凡, 秦明, 译. 北京: 中国法制出版社, 2002: 3.

象性与社会生活的复杂性之间的矛盾尤为突出。① 为了尽量防范社会发展导致的法律滞后性，立法者一般采用相对模糊却概括性较强的语句来表述同一属性的社会行为。同时，随着政治的民主化和经济的市场化，生产力得到了极大的发展，人们的物质生活得到了丰富，权利的保障机制也日趋完善，由此也带来人们生活方式和思想认识的变化，使立法需保持模糊的空间。

最后，法律概念的不确定性是立法者基于立法技术而有意为之。立法者在立法中对相应法律规范作出安排时，需考虑在其所处时代人们的观念价值。"人们的权利和义务是由某种普遍的、确定的并能被证实的原则决定的，因此，法律应提供尽可能多的普遍规则并排斥个别正义，使人们获得行为的安全性。"② 为了达成这样的状态，法律必须预见社会上一切可能发生的情况，并以缜密的逻辑和规范加以规定。然而，这种理想化状态在现实生活中几乎无法达成。同时，倘若法律规范中的表述十分具体、准确，则会出现僵化性缺陷。③ 另外，从社会发展进步的视角来看，准确无误的法律表达将会无法因应时代的变迁，导致法律修改频繁，有违法律安定性原则。所以，立法者在有些条文中选择不确定法律概念，是为了让法律更具灵活性和适用性。正如德国学者罗伯特·霍恩所言："即使是一部法典，也不可能而且也不会对所有的概念都作出阐释；它在很大程度上需要借助法学家们所提出的观点。"④

（二）工伤认定案件中不确定法律概念的表达

在工伤认定案件中，行政机关对不确定法律概念进行首次解释。倘若相对人对行政机关作出的行政确认行为不服，可向人民法院提起

---

① 章志远. 工伤认定行政法规范解释的司法审查. 清华法学，2011（5）.
② 尹建国. 行政法中的不确定法律概念研究. 北京：中国社会科学出版社，2012：45.
③ 关于僵化性缺陷，参见王启庭. 法官个人因素对法律运行不确定性的影响. 现代法学，2006（4）.
④ ［德］罗伯特·霍恩，等. 德国民商法导论. 北京：中国大百科全书出版社，1996：76.

诉讼，要求人民法院对行政机关的解释进行合法性审查。此时，行政机关和人民法院认为工伤认定中不确定法律概念如何表达的，便成为其解释不确定法律概念的前提。

1. 行政机关的表达

行政机关处理工伤认定案件的前提为适用法律规范问题，即行政机关依据哪些法律规范对工伤认定案件中的不确定法律概念进行审查。目前行政机关在认定工伤时的主要依据为国务院制定的《工伤保险条例》。该条例第14条、第15条分别规定了认定工伤、视同工伤的情形，第16条从反面的角度，规定了不得认定为工伤或者视同工伤的情形。在上述三个条文中，存在着大量的不确定法律概念，需要行政机关结合案情予以解释，如第14条中的"工作时间""工作原因""工作场所内""工作时间前后""与工作相关""因履行工作职责受到暴力伤害""因公外出期间""上下班途中"，第15条中的"突发疾病死亡""经抢救无效死亡"，第16条中的"醉酒"等。这些不确定法律概念给行政机关认定工伤增加了些许难度。此外，行政机关在工伤认定案件中也应当遵循两个复函。一个复函为2008年国务院法制办公室对安徽省人民政府法制办《关于〈工伤保险条例〉第14条第6项适用问题的请示》的复函（国法秘复函〔2008〕375号）。在此复函中，国务院法制办认定请示中反映的职工李某从单位宿舍至其父母家的情形，属于《工伤保险条例》第14条第6项规定的"上下班途中"。此复函将"从单位宿舍到父母家"的情形纳入"上下班途中"的范畴，对这一不确定法律概念进行了填充。另一个复函为2005年国务院法制办对福建省人民政府法制办《关于对〈工伤保险条例〉第六十四条的法律溯及力问题的请示》的复函（国法秘函〔2005〕314号）。在此复函中，国务院法制办对《工伤保险条例》第64条的溯及力问题进行了解释。

在知晓行政机关应当依据的法律规范后，如何通过各种途径将法律规范适用于个案成为审理的主要内容。在受理劳动者或其家属的工伤认定申请后,行政机关应当对个案中的不确定法律概念进行解释。以"北京国玉案"为例:北京市朝阳区劳动局在依法核实身份与申请时效后,受理了陈某东之妻余某的工伤认定申请。朝阳区劳动局随后归纳案件的症结在于陈某东是否属于《工伤保险条例》第 14 条第 6 项规定的"上下班途中"。《工伤保险条例》第 19 条规定:"社会保险行政部门受理工伤认定申请后,根据审核需要可以对事故伤害进行调查核实,用人单位、职工、工会组织、医疗机构以及有关部门应当予以协助。"被告朝阳区劳动局据此针对陈某东是否为"上下班途中"从"时间要素"和"地点要素"两个方面展开调查。在时间方面,其要求国玉酒店公司提供考勤簿、排班表、员工考勤记录表,并对公司员工展开询问,最终认定当日为陈某东工作日,且上班时间为早晨 7 点。遂据此认定陈某东当日清晨 6 点 5 分发生车祸,属于上班的"合理时间"。此外,朝阳区劳动局根据地图认定陈某东的住处在国玉酒店公司的西北方向,涉案事故发生于朝阳区北辰西路安翔北路东口,在国玉酒店公司的西方,该地点虽然不在国玉酒店公司自制的从陈某东住处到国玉酒店公司的交通路线图上,但亦位于陈某东上班的合理路线之内。据此,陈某东在上班途中遭遇车祸具备"合理时间""合理地点",故应认定为工伤。

2. 司法机关的表达

司法机关能否审查工伤认定中的不确定法律概念,是司法审查的前提。"法院对行政机关具体化的审查,究竟如何审查、给予何种严格程度的审查,亦即司法审查强度及其方法的问题,关涉着权力分立关系的维系和司法机关对人权的保障。"[①] 自不确定法律概念从行政裁量中分离后,法院对行政行为审查之界限,一直为学界所关注。在德国,对不确定法律概念的司法审查经历了完全不审查、完全审查、部分审

---

① 王贵松. 行政法上不确定法律概念的具体化. 政治与法律,2016 (1).

查三个阶段①,最终以巴霍夫提出的判断余地理论作为司法审查的适用标准。② 在我国,对于工伤认定中的不确定法律概念,通说为法院原则上全面审查,在价值判断上有所尊重。③ 这一论断在司法实践中通过一则判决体现。最高人民法院公报刊登的一则判决从总体上指出:"本案中上诉人园区劳动局对工伤保险条例第14条第1项规定的'工作场所'、'因工作原因'的理解,不符合工伤保险条例保障职工合法权益的立法目的。行政诉讼法第1条规定:'为保证人民法院正确、及时审理行政案件,保护公民、法人和其他组织的合法权益,维护和监督行政机关依法行使行政职权,根据宪法制定本法。'该规定体现了国家设置行政诉讼制度的目的。行政机关对法律的理解违背立法本意,人民法院在审理相关行政诉讼案件中,应当依法作出正确的解释,这也是对行政机关行使职权的监督。"④ 这一段话清楚地说明,法院之所以能够严格审查行政机关的认定结果,是基于法律授予法院的权力。

与行政机关相同,司法机关在工伤认定行政案件中对不确定法律概念进行司法审查时也需要准确适用法律法规。《行政诉讼法》第63条规定:"人民法院审理行政案件,以法律和行政法规、地方性法规为依据。"由此可知,人民法院在审理工伤认定行政案件时,应当以《工伤保险条例》为依据。同时,"法律解释是通过对法律、法规等法律文件或其部门条文、概念、术语的说明,揭示其中表达的立法者的意志和法的精神,进一步明确法定权利和义务及其界限或补充现行法律的规定的一种国家活动,是立法的继续。"⑤ 法院对不确定法律概念进行解释

---

① 翁岳生. 论"不确定法律概念"与行政裁量之关系//翁岳生. 行政法与现代法治国家. 台北:三民书局,2015:32;陈新民. 行政法学总论. 9版. 台北:作者自版,2015:300;陈春生. 行政法之学理与体系:第1册·行政行为形式论. 台北:三民书局,1996:221-270.
② [德]哈特穆特·毛雷尔. 行政法学总论. 北京:法律出版社,2000:134.
③ 王天华. 行政法上的不确定法律概念. 中国法学,2016(3).
④ 最高人民法院公报,2006(5).
⑤ 张文显. 法理学. 5版. 北京:高等教育出版社,2018:293.

时也应参酌最高人民法院所制定的司法解释。最高人民法院相继出台了《最高人民法院关于审理工伤保险行政案件若干问题的规定》（法释〔2014〕9号）、《最高人民法院关于超过法定退休年龄的进城务工农民在工作时间内因公伤亡的，能否认定工伤的答复》（〔2012〕行他字第13号）①、《最高人民法院关于职工因公外出期间死因不明应否认定工伤的答复》（〔2010〕行他字第236号）② 等20个现行有效的司法解释。③ 这些司法解释对于"上下班途中"等不确定法律概念作出了进一步解释，也是法院进行司法审查的依据。此外，无论是为了

---

① 此司法解释明确用人单位聘用的超过法定退休年龄的务工农民，在工作时间内、因工作原因伤亡的，应当适用《工伤保险条例》的有关规定进行工伤认定。

② 此司法解释明确职工因公外出期间死因不明，用人单位或者社会保障部门提供的证据不能排除非工作原因导致死亡的，应当依据《工伤保险条例》第14条第5项和第19条第2款的规定，认定为工伤。

③ 除以上列举之外，按照时间顺序，还有《最高人民法院行政审判庭关于非因工作原因对遇险者实施救助导致伤亡的情形是否认定工伤问题的答复》（〔2014〕行他字第2号）、《最高人民法院行政审判庭关于劳动行政部门是否有权作出强制企业支付工伤职工医疗费用的决定的答复》（〔1997〕法行字第29号）、《最高人民法院行政审判庭关于河南省高级人民法院就〈焦作爱依斯万方公司诉焦作市劳动局工伤认定案件的请示〉的电话答复》（〔2004〕行他字第14号）、《最高人民法院行政审判庭关于如何适用〈工伤保险条例〉第十四条第（六）项及第十六条第（一）项如何理解的答复》（〔2004〕行他字第19号）、《最高人民法院行政审判庭关于工伤保险条例时间效力问题的答复》（〔2005〕行他字第9号）、《最高人民法院关于因第三人造成工伤的职工或其亲属在获得民事赔偿后是否还可以获得工伤保险补偿问题的答复》（〔2006〕行他字第12号）、《最高人民法院行政审判庭关于离退休人员与现工作单位之间是否构成劳动关系以及工作时间内受伤是否适用〈工伤保险条例〉问题的答复》（〔2007〕行他字第6号）、《最高人民法院行政审判庭关于职工外出学习休息期间受到他人伤害应否认定为工伤问题的答复》（〔2007〕行他字第9号）、《最高人民法院行政审判庭关于〈工伤保险条例〉第六十四条理解和适用问题请示的答复》（〔2009〕行他字第5号）、《最高人民法院行政审判庭关于劳动行政部门在工伤认定程序中是否具有劳动关系确认权请示的答复》（〔2009〕行他字第12号）、《最高人民法院行政审判庭关于超过法定退休年龄的进城务工农民因工伤亡的，应否适用〈工伤保险条例〉请示的答复》〔2010〕行他字第10号〕、《最高人民法院行政审判庭关于职工在上下班途中因无证驾驶机动车导致伤亡的，应否认定为工伤问题的答复》（〔2010〕行他字第182号）、《最高人民法院关于对"统一第三人侵权工伤赔偿案件裁判标准"问题的答复》、《最高人民法院行政审判庭关于职工无照驾驶无证车辆在上班途中受到机动车伤害死亡能否认定工伤请示的答复》（〔2011〕行他字第50号）、《最高人民法院发布的四起工伤保险行政纠纷典型案例》。

回应"同案同判"之司法公正的需求,还是在多元社会中力求规范法官自由裁量权的行使,作为司法改革的举措之一,案例指导制度至少在当前的我国已经具有了不容置疑的正当性。[1] 2010 年 11 月 26 日,最高人民法院发布的《关于案例指导工作的规定》第 7 条规定:"最高人民法院发布的指导性案例,各级人民法院审判类似案例时应当参照。"可见,各级人民法院在审理工伤认定行政案件时,对一些与指导性案例类似的案子,应当参照指导性案例的审理进路。在我国,狭义的指导性案例指最高人民法院发布的 30 批,共 171 个指导性案例。广义的指导性案例除最高人民法院发布的指导性案例外,还有最高人民法院发布的公报案例,以及最高人民检察院、最高人民法院、各省高级人民法院发布的典型案例。笔者以"工伤"为检索条件,在"北大法宝"类案检索行政案例系统中共检索到 2 个指导性案例、13 个公报案例、53 个典型案例和 22 个参考性案例。在逐一分析后,剔除无关工伤认定的案例,共有 1 个指导性案例[2]、4 个公报案例、17 个典型案例和 6 个参考性案例与工伤认定相关,司法机关在审理案件时均需参照。

在明确司法审查的强度与依据后,司法机关审理工伤认定行政案件中时不确定法律概念的解释进路成为主要内容。《行政诉讼法》第 6 条规定:"人民法院审理行政案件,对行政行为是否合法进行审查。"在工伤认定中,行政机关对不确定法律概念进行了初次解释,而司法机关审查的对象,是行政机关对不确定法律概念的解释是否合法。以"何某良诉成都市武侯区劳动局工伤认定行政行为案"[3] 为例,成都市武侯区劳动局认定何某章"是上班铃声响后未进车间而先到厕所小便,

---

[1] 雷磊. 指导性案例法源地位再反思. 中国法学,2015 (1).

[2] 此即指导案例 94 号:重庆市涪陵志大物业管理有限公司诉重庆市涪陵区人力资源和社会保障局劳动和社会保障行政确认案。

[3] 最高人民法院,2004 (9).

在厕所里不慎摔伤,经送往医院抢救效后死亡"。因其上厕所与本职工作无关,故不应认定为工伤。法院在受理案件后,归纳案件争议焦点为"'上厕所'中摔伤致死与其本职工作是否有关"。在解释的过程中,法院首先从劳动者的基本权利出发,认定上厕所是劳动者"获得劳动安全卫生保护"的权利,并认定行政机关的决定"与《劳动法》保护劳动者合法权利的基本原则相悖,也有悖于社会常理"。其次,法院以《企业职工工伤保险试行办法》第9条,即不应当认定为工伤的情形为依据,归纳出不应当认定为工伤的情形"均是职工因自己的过错致伤、致残、死亡的"。而在本案中,没有明显证据显示何某章系自己的过错致亡,故不属于不认定为工伤的情形。最后,法院根据武侯区劳动局提供的四川省劳动厅《关于划分因工与非因工伤亡界限的暂行规定》规定在上下班途中的合理时间、合理地点内,都应当认定为工伤,举轻以明重,何某章是在上班时间段、在工作区域内发生的非出于本人过错的伤亡,如若不认定为工伤则与上述规则相悖。综合这三方面因素,法院撤销了成都市武侯区劳动局所作出的"企业职工伤亡性质认定书"。

通过对行政机关与司法机关解释或审查工伤认定案件中的不确定法律概念的依据和进路进行整理,可知行政机关和司法机关对工伤认定中的不确定法律概念有着迥乎不同的表达方式,而不同的表达方式在解释不确定法律概念中必然存在着一定程度上的差异。

(三)工伤认定案件中不确定法律概念的解释困境

在实践中,工伤认定案件中的不确定法律概念通常会遇到解释的困境,在我国,一般表现为行政机关与人民法院的解释相异,进一步说,即司法机关在司法审查时将行政机关的认定。笔者在"北大法宝"数据库中以"工伤认定"为关键词,共检索到28个指导案例、公报案例及经典案例中。其中,在13个案例中,司法机关不认同行政机关的认定，并予以撤销。通过综合分析，笔者将相关情况整理如下表所示。

表1 司法机关与行政机关认定不一致的案件一览表

案件名称	涉及的不确定法律概念争议	司法机关否定行政机关的认定的原因
何某良诉成都市武侯区劳动局工伤认定行政行为案	职工在工作中"上厕所"死亡能否认定为发生在"工作地点"	与《劳动法》保护劳动者合法权利的基本原则相悖，也有悖于社会常理
王某淮诉江苏省盱眙县劳动和社会保障局工伤行政确认案	职工"串岗"发生安全事故导致伤害能否认定发生在"工作场所"	不符合认知常理、常情，显失公平，亦与保护职工权益的立法精神相悖
孙某兴诉天津新技术产业园区劳动局工伤认定行政案	职工"完成工作任务的必经之路"是否为"工作场所"	既不符合立法本意，也有悖于生活常识
何某祥诉江苏省新沂市劳动和社会保障局工伤认定行政案	职工工作日中午就餐后返回工作单位途中是否为上下班途中的"合理时间"	上下班途中的"合理时间"与"合理路线"，是两种相互联系的认定，属于上下班途中受机动车事故伤害情形的必不可少的时空概念，不应割裂开来
李某与邢台市人力资源和社会保障局工伤认定案	职工在上班期间明确表示自己身体不适，而后请假回家后病情加重身亡是否应视同工伤	既不符合立法本意，也有悖于生活常识
李先生与邓州市人社部门工伤认定案	职工提前上班在途中身亡能否认定为在"上下班途中"受伤	对"上下班途中"不可机械认定
原告与德清县人力资源和社会保障局工伤确定纠纷案	销售人员陪酒后第二天身亡能否认定存在"工作时间""工作岗位"	未正确把握立法精神，机械地理解和适用法律
熊某羚诉南昌市人力资源和社会保障局工伤行政认定案	职工在参加单位组织的团队建设活动中受伤，是否出于"工作原因"	结合具体情况分析涉案活动与单位工作的关联度，从有利于保障劳动者合法权益的角度作出合理认定

续表

案件名称	涉及的不确定法律概念争议	司法机关否定行政机关的认定的原因
张某景诉鄄城县人力资源和社会保障局工伤认定案	职工工作期间突感不适请假回家后送医院身亡是否符合视同工伤情形	在现有证据不能排除经抢救无效死亡的可能性的情况下,作出不予认定工伤决定,主要证据不足,适用法律不当
武某与C货物搬运公司工伤认定案	下班后探望岳父母,是否属"上下班途中"情形	"上下班途中"既包括在合理时间内往返于工作地与住所地、单位宿舍或者配偶、父母、子女居住地,还包括在合理时间内从事日常工作生活所需要的活动
刘某荣诉米泉市劳动人事社会保障局工伤认定案	本单位利益如何界定	未彰显工伤保险的立法精神
李乙与西宁市人力资源和社会保障局工伤认定行政纠纷案	职工送货过程中受到暴力伤害,是否认定存在"工作时间"和"工作场所"	未准确把握立法精神,片面理解
束某红诉仪征市人力资源和社会保障局工伤认定纠纷案	职工如在上班期间已经出现病症,下班后不久病情加重,在48小时内经抢救效死亡的,是否为"突发疾病"	《工伤保险条例》将"职工在工作时间和工作岗位,突发疾病死亡或者在48小时之内经抢救无效死亡"的情形规定为"视同工伤",这里的"突发疾病"包括各种疾病,而疾病的发生、发展往往会有一个由轻到重的动态发展的过程,因此如有证据证明职工确在上班期间出现病症,后在48小时内经抢救无效死亡的,应视同工伤

综合分析以上案件，人民法院判决行政机关的工伤认定违法的原因大致有三点：第一是不符合立法目的和原则，第二是对法条的机械理解，第三是未结合社会实际情况综合分析。究其根源，乃是司法机关与行政机关的权力运行基础与审查立场不同。

一方面，司法机关与行政机关的权力运行基础不同。不同权力的运行基础与设计目的致使它们在工伤认定法律关系中对不确定法律概念的解释有所差异。司法机关对工伤认定法律关系中不确定法律概念的解释是基于人民法院的审判权，而"审判权的公正性源于法律的平等、公平、公正的价值内涵，如果没有法律的公正价值，则审判权的公正性就无法体现，"[①] 它体现在对任何人平等适用、公平裁判上。行政机关对工伤认定法律关系中不确定法律概念的解释体现在行政权的运行上，而行政权的运行须遵循依法行政的原则，但由于行政权自身所具有的效率性、灵活性，其公正性会受到更多因素的影响。司法机关与行政机关在价值理念上的冲突会导致两个机关在解释工伤法律关系中的不确定法律概念时发生分歧。

另一方面，司法机关与行政机关的审查立场不同。行政机关对工伤法律关系中不确定法律概念的解释立足于工伤保险基金的给付者的角色。而人民法院作为完全客观、"中立"的裁判者，秉承社会公正的理念，更多的是为实现在个案中保护工伤职工合法权益的目的而裁判。当对法律规范本身的含义在理解、适用上存在争议时，司法机关结合法律规范的立法本意，作出有利于保护劳动者合法权益的理解应当是必然选择。一些法官往往倾向于对弱者的保护，他们有时甚至充当工伤职工"守护人"的角色。司法机关与行政机关双方之间的角色博弈，造成了双方在工伤法律关系中对不确定法律概念的理解的不一致。

---

① 谭秋勤. 工伤认定行政案件中不确定法律概念的解释困境及司法表达. 社会科学家，2020（11）.

（四）工伤认定案件中不确定法律概念的解释

不确定法律概念的解释，也称不确定法律概念的具体化，而"所谓不确定法律概念的具体化就是按照法律的意旨，通过各种方法明确不确定法律概念的要求，使其能适用于具体的案件之中"[①]。对工伤认定案件中不确定法律概念进行合理的解释，既有利于避免工伤认定案件中不确定法律概念带来的模糊性与随意性，也有助于行政机关和人民法院统一认识，更好地平衡企业与劳动者之间的关系，实现公平正义。

1. 采用作为主要解释方法的价值补充

在解释工伤认定案件中的不确定法律概念时，对其进行价值补充是一般的解释方法。"不确定法律概念极为抽象，须于具体的个案中予以价值判断，使之具体化，而后其法律功能始能充分发挥，此种透过法官予以价值判断，使其规范意志具体化之法律解释方法，谓之价值补充。"[②] 同时，具体化的价值判断，应参酌社会可探知、认知的客观伦理秩序及公平正义原则，期能适应社会经济发展及道德价值观念的变迁。[③] 因此，在对"工作原因"等不确定法律概念进行解释时，必须考量各种相关因素，这些"相关因素"不限于各种法律规范，而应当包括道德、政策、习惯、社会效果等。

2. 立足于宪法的原则与基本权来解释

由于宪法规范的位阶优于其他法规范，故个别的法律规范或者法律解释与宪法原则相抵触时即应当被认定无效。"一个法律规定仅于其无法'合乎宪法'地加以解释时，始属违宪而无效，亦即只要对于一

[①] 王贵松. 行政法上不确定法律概念的具体化. 政治与法律，2016（1）.
[②] 杨仁寿. 法学方法论. 北京：中国政法大学出版社，1999：131.
[③] 王泽鉴. 法律思维与民法实例：请求权基础理论体系. 北京：中国政法大学出版社，2001：247.

个法律规范可以进行符合宪法的解释，并且此种解释仍然具有意义时，则不得宣告其违宪无效。"① 当同时出现两种解释，一种解释与宪法相符，另一种解释导致违宪的结果时，应当优先采用与宪法相符合的解释。可见，合宪性是一种解释基准。

一方面，在工伤认定案件中，对不确定法律概念的解释首先要合乎宪法的基本原则。具体来说，要符合平等原则。首先，法律适用应平等，即将劳动者与用人单位放在同等重要的位置。劳动法律关系乃双方以劳动者劳动力的使用权和支配权为交易对象，以平等协商和市场交易的方式订立以劳动者提供和给付劳动来确立彼此权利义务关系的劳动契约，由此形成法律上的合意，平等、互利的法律关系和内部管理与隶属关系。② 其一，劳动者势单力薄，无法与用人单位相抗衡而处于弱势地位，故司法机关在裁判时要遵循倾向劳动者的原则。其二，基于《劳动法》的立法目的为调整劳动关系及建立和维护适应社会主义市场经济的劳动制度，促进经济发展和社会进步，在优化营商环境的大背景下，不要科以用人单位太重的义务。例如在"陈某菊不服上海市松江区人力资源和社会保障局社会保障行政确认案"③ 中，法院裁判认为："职工在单位浴室被杀害并非用人单位所能预见，或者用人单位履行相应的安全注意义务即可避免，因此，若将此情形认定为工伤则无端提高了用人单位安全注意义务的标准。"其次，对不确定法律概念进行解释时应遵循平等原则，即相同情况相同对待，不同情况不同对待。④ 就是说，在类案中，要作出相同的判断，即同案同判。2020 年最高人民法院发布《关于统一法律适用加强类案检索的指导意

---

① 陈清秀. 法理学. 3 版. 台北：元照出版有限公司，2020：544.
② 黄越钦. 劳动法新论. 北京：中国政法大学出版社，2003：57-58.
③ 最高人民法院公报，2013（9）.
④ 朱应平. 宪法学基础. 北京：北京大学出版社，2016：58-62.

见（试行）》，对类案进行了定性①，并将指导性案例作为裁判参照，将其他类案作为裁判的参考。此意见反映到工伤认定领域，即要求法院在对不确定法律概念进行解释时，要遵循以往类案的解释规则，如对"上下班途中"解释时，应避免机械性地适用法条，将"合理时间"与"合理路线"结合起来进行裁判。②

另一方面，在工伤认定案件中对不确定法律概念的解释要尊重公民的劳动权。我国《宪法》第42条规定："中华人民共和国公民有劳动的权利和义务。国家通过各种途径，创造劳动就业条件，加强劳动保护，改善劳动条件，并在发展生产的基础上，提高劳动报酬和福利待遇。"《劳动法》第3条亦规定了劳动者享有获得劳动安全卫生保护、享受社会保险和福利的权利。③ 在工伤认定案件中，对不确定法律概念的解释，要将公民劳动安全卫生保护等基本劳动权这一要素考虑在内。例如，在"重庆袁氏再生资源有限公司诉重庆市江北区人力资源和社会保障局劳动行政确认案"④ 中，胡某惠因在工作中劈柴生火取暖致使手受伤。在认定工作原因时，法院认为，用人单位向胡某惠提供的工作条件、工作环境极其恶劣，胡某惠于严冬在露天货场值班，货场内仅有一工棚，且三面遮挡。在此环境下，胡某惠因严寒劈柴生火取暖，这一行为源自其正当的生理需求，亦是为履行工作职责采取

---

① 《关于统一法律适用加强类案检索的指导意见（试行）》指出，类案是指与待决案件在基本事实、争议焦点、法律适用问题等方面具有相似性，且已经人民法院裁判生效的案件。

② 最高人民法院发布的四起工伤保险行政纠纷典型案例之三——何培某诉江苏省新沂市劳动和社会保障局工伤认定行政案，河南省南阳市中级人民法院公布的10起劳动者维权典型案例之五——李先生与邓州市人社部门工伤认定案，2018年黑龙江省行政审判十大典型案例之四——鸡西市某山庄诉鸡西市人力资源和社会保障局工伤认定案，清江浦区法院发布的八起劳动争议类典型案例之八——武某与C货物搬运公司工伤认定案，春宇电子（吴江）有限公司诉吴江市人力资源和社会保障局因员工就餐时外出致伤劳动保障行政确认案。

③ 《劳动法》第3条规定：劳动者享有平等就业和选择职业的权利、取得劳动报酬的权利、休息休假的权利、获得劳动安全卫生保护的权利、接受职业技能培训的权利、享受社会保险和福利的权利、提请劳动争议处理的权利以及法律规定的其他劳动权利。

④ 重庆市第一中级人民法院（2014）渝一中法行终字第00390号行政判决书.

的必要措施。此判决支持了工伤认定部门认定工伤的决定,其理论基础乃宪法所规定之劳动权:公民不仅要有尊严地进行劳动,获得相应的报酬,还要在劳动的全过程中获得保障。本案中用人单位应保障公民在劳动中的合法权益,面对恶劣工作环境,胡某惠通过自力救济改善环境时发生意外,应归责于用人单位的保障不周。

3. 依照立法目的和原则进行解释

"正如耶林所言,目的是整个法律的创造者,没有赋予法条的一个目的,也就是赋予其来源一个时间的动机,就没有法条。"① 法的目的创造了全部法规范,所以,法规范的旨意就不能背离法目的。为了确保法律的正当性,法官须严格按照法律进行裁判,但在裁判过程中,法官遭遇法律规范中的不确定法律概念,需要对其进行价值补充时,往往会援引立法目的来化解难题。在工伤认定案件中,由于工伤认定标准过于严苛,很多事故伤害无法被认定为工伤。这一现状不利于保护在工作中受伤的职工的合法权益,故行政机关和人民法院应援引立法目的,作出倾向于保护职工的合法权益的决定。同时,随着社会的发展和时代的变迁,原有的一些工作时间、工作地点等发生了变化,现行法律无法将这些变化涵盖。此刻,行政机关和人民法院也会援引立法目的来填补法律漏洞。

目的解释是指从法律的目的出发对法律所作的说明。"任何法律的制定都具有一定的立法目的,根据立法意图解答法律疑问,是法律解释的应有之义。"② 依照立法目的来解释工伤认定中的不确定法律概念,首先要解决的问题是在何种情况下可以依据立法目的进行解释。在实践中,行政机关和人民法院依据立法目的对不确定法律概念进行解释时出现了一些问题。一方面,立法目的的适用情形泛化。依法理,

---

① 吴从周. 概念法学、利益法学与价值法学:探索一部民法方法论的演变史. 北京:中国法制出版社,2011:125.

② 张文显. 法理学. 5版. 北京:高等教育出版社,2018:293.

只有当具体的法律规范存在缺陷或者已有的规范在某些情况下不能适用时方能结合立法目的及原则进行解释。然而在实践中，出现了滥用保护劳动者合法权益原则的倾向。在被列入 2019 年山西行政审判十大典型案例的"张某花诉阳泉市郊区人力资源和社会保障局工伤行政确认案"① 中，法院认定，只要是在工作时间和工作岗位上发生疾病，即便回家后病情加重，经抢救无效 48 小时内死亡，也应当视同工伤。但相关条文中，"工作时间""工作岗位""突发疾病""48 小时内经抢救无效死亡"均为对工伤认定的限制，而法院适用保护职工权益的立法精神认定构成工伤，是对条文进行扩张性解释。在文义上，法院对"突发疾病"中的"突发"无法作出合理解释。另一方面，法院在依据立法目的进行认定时，仅在裁判文书中说明"认定为工伤符合立法目的"，而不对立法目的是什么、立法目的如何能够适用不作过多的说明。例如在"何某良诉成都市武侯区劳动局工伤认定行政行为案"②中，法院认定"被告作出的行政认定未体现《劳动法》中保护劳动者合法权益的基本原则，属适用法律、法规错误"。也即仅以未体现基本原则一笔带过，省略了其适用于案件的逻辑进路。

针对工伤认定案件中用立法目的来解释不确定法律概念的混乱，笔者认为应严格遵循原则的适用公式。由于原则的适用会存在一些弊端，因此，法律原则的司法适用必须遵守一定的规则：第一，仅能适用法律原则，而不可适用道德原则、政策原则等非法律原则。在工伤认定领域，所适用最广的莫过于保护劳动者权益原则，这体现了我国平等原则中对弱者保护的理念。在适用中，不可因劳动者的家庭条件困苦抑或其他原因，基于同情而认定构成工伤。第二，法律规则优先适用。在选用法律的时候，优先选择适用法律规则，适用法律原则是

---

① 山西省太原市中级人民法院（2019）晋 03 行终第 14 号行政判决书.
② 最高人民法院公报，2004（9）.

例外。此即所谓的"禁止向一般条款逃逸"①。据此，仅在现有的法律规则未涵盖不确定法律概念的具体化或现有的法律规则无法涵盖当今社会对不确定法律概念的具体化时，方可适用法律原则。第三，充分说明理由。在特殊情况下，法律解释者适用原则，相当于其承担了立法者与司法者的双重职能，对原则的适用具有相当大的主观性。为了防止法律解释者利用原则随意解释不确定法律概念，保障法的安定性与双方当事人的权利，法律解释者在解释不确定法律概念时需充分说明理由。

4. 结合社会生活一般观念解释

一般而言，不确定法律概念系被解释及涵摄的对象，但事实上，不确定法律概念也可以用来解释"确定法律概念"之意涵，亦即把"不确定法律概念"拿来作为解释其他概念的方法，例如对违法性的认知，实务中亦可用"社会一般通念"作为判断基准。②例如在"沭阳县七彩木业制品厂不服沭阳县人力资源和社会保障局因职工非上班时间参与企业救火致害认定工伤案"中，法院认为，职工非上班时间救火的行为，对于维护企业利益有着重要作用，其救火行为应当认定为"工作原因"③。在本案中，法院结合社会生活的一般观念，将"企业利益"这一不确定的概念作为解释"工作原因"的决定性因素，并作出了裁判。

法院在适用社会生活一般观念进行解释时，需要注意以下两点：

一方面，社会的一般观念应符合普通民众的一般生活情理和生活习俗。虽然行政机关和人民法院对工伤认定案件中的不确定法律概念进行解释都是公权力活动，但在解释时需"慎重考虑普通民众的生活习俗，对很多事故伤害作出合乎情理的判断，真正实现法律效果与社

---

① 张文显. 法理学. 5版. 北京：高等教育出版社，2018：297.
② 李惠宗. 经济行政法中不确定法律概念之研究//东吴公法论丛：第7卷，2014.
③ 江苏省宿迁市中级人民法院（2013）宿中行终字第0027号行政判决书.

会效果的统一"①。在解释"工作时间"等概念时应将一般人的常理与生理需求考虑在其中。例如，在"何某良诉成都市武侯区劳动局工伤认定行政行为案"中，法院认为"'上厕所'虽然是个人的生理现象，与劳动者的工作内容无关，但这是人的必要的、合理的生理需要，与劳动者的正常工作密不可分"②。该法院站在人的生理需求角度，将"在工作中上厕所遭受伤害"纳入工伤范畴，符合社会的一般观念。其次，利用社会生活的一般观念来解释不确定法律概念要以社会生活的变化为导向。在市场经济高度发达的今天，商品和人员快速流动，对"工作地点""工作岗位"的认定不能机械地理解为在上班时间内在办公场所。一些职业例如销售需要通过与客户进行一些社会交往来获得相关的资源及利益。正如在"原告与德清县人力资源和社会保障局工伤确定纠纷案"③ 中，陈某为华美公司销售员，为洽谈业务，因公出差并与客户共用晚餐，其间饮酒，第二天被发现死亡。法院认定陈某因公出差并应酬的行为属于在工作状态下。

另一方面，要发挥裁判的导向作用，引领社会一般观念的发展。司法是保障社会公平正义的最后一道防线，司法裁判体现着国家司法机关对特定事项的权威性判断，对普通民众和社会各界作出预期行动有着引导作用，同时也对社会道德观念的演变起着关键性作用。重视司法裁判对社会的引领作用，对实质性化解行政争议，保证社会的健康、稳定发展有着不言而喻的意义。在工伤认定案件的司法实践中，法院在对不确定法律概念进行价值填充时，要充分考虑裁判带来的社会影响。第一，法院要对一些有利于社会发展的行为作目的扩张性解释。例如在"重庆市涪陵志大物业管理有限公司诉重庆市涪陵区人力资源和社会保障局劳动和社会保障行政确认案"中，法院认为，虽然

---

① 章志远. 工伤认定行政法规范解释的司法审查. 清华法学，2011（5）.
② 最高人民法院公报，2004（9）.
③ 浙江省湖州市中级人民法院（2015）浙湖行终字第 4 号行政判决书.

职工不是在工作地点因工作原因受到伤害，但其是在维护国家利益、公共利益活动时受到伤害的，故也应当按照工伤处理。① 法官在该案的裁判文书中写道："罗仁均不顾个人安危与违法犯罪行为作斗争，既保护了他人的个人财产和生命安全，也维护了社会治安秩序，弘扬了社会正气。法律对于见义勇为，应当予以大力提倡和鼓励。"第二，对于社会所要遏制的行为，法院在解释时需作限缩解释。例如，在"严某诉马鞍山市人力资源和社会保障局工伤认定案"② 中，严某因在工作过程中采取非正当暴力手段造成自己受伤。法院认为，"履行职责发生争议时，劳动者应以恢复正常履行工作职责状态为目的，并以适度的方法和手段达到该目的，行为不应超过合理、必要的限度，否则劳动者的严重不当行为会阻却履行工作职责与受到暴力伤害之间的因果关系，导致其不被认定为在履行工作职责，"从而不认定严某采取非正当的暴力手段履职构成工伤。这两个判决一正一反地为工伤认定树立了两个相异的价值判断，为实现法律效果与社会效果相统一树立了榜样。

---

① 最高人民法院第 94 号指导性案例.
② 安徽省马鞍山市花山区人民法院（2017）皖 0503 行初 54 号行政判决书.

工伤认定中"48 小时"条款的理解适用

——上海温和足部保健服务部诉上海市普陀区人力资源和社会保障局工伤认定案[①]

一、案情摘要

吴某海是上海温和足部保健服务部（以下简称温和足保部）职工，工作时突发疾病被送往医院救治。抢救过程中医生明确告知家属，吴某海不存在救治可能。在救治无望的情况下，吴某海家属呼叫救护车送其返乡。

公报案例全文

次日，吴某海在返乡途中的救护车上死亡，医学死亡证明书载明死亡疾病为肝硬化。后吴某海家属向上海市普陀区人力资源和社会保障局提出工伤认定申请，经受理被认定为工伤。温和足保部对该决定不服，诉至法院。法院经审理查明，吴某海与温和足保部存在劳动关系，在工作时间内和工作岗位上疾病发作，经医院抢救无效次日死亡的情形，符合视同工伤规定。遂判决驳回温和足保部的诉讼请求。

[①] 最高人民法院公报，2017（4）．以下简称"上海温和案"。

二、裁判要旨

职工在工作时间和工作岗位上突发疾病，经抢救后医生虽然明确告知无法挽救生命，但家属未有拒绝接受救治的意思表示，后在救护车运送返家途中死亡的，仍应认定其始终未脱离治疗抢救状态。若职工自发病至死亡期间未超过48小时，应视为"48小时之内经抢救无效死亡"，视同工伤。

三、法理分析

我国对工伤认定采取的是列举式立法，包括应当认定为工伤的六种情形、视同工伤的三种情形以及不得认定为或视同工伤的三种排除情形。列举式立法在实践中能够展现出快速、高效的应用优势。但是随着社会的发展，新业态环境下劳动者面临的风险也在不断变化，该立法模式在工伤认定上表现出了一定的局限性。弹性空间延伸的不确定，导致现实中不可预见、错综复杂的劳动者健康损害认定出现了困难和分歧，难以切实保障劳动者的权益。此处以视同工伤情形之一的"48小时突发疾病"情形为切入点，分析对"48小时"条款的当下理解和适用。

（一）"48小时"条款的适用难题

1951年2月26日颁布的《中华人民共和国劳动保险条例》第13条规定：工人与职员疾病或非因工负伤，其治疗费、住院费及普通药费，均由企业行政方面或资方负担；贵重药费、就医路费及住院时的膳费由本人自理。1965年全国总工会劳动保险部在（65）险字第760号文件中规定："职工在正常的工作中，确因患病而造成死亡的，原则上应按非因工死亡处理。但是对于个别特殊情况……可以当做个别特殊问题,予以照顾,比照因工死亡待遇处理。"这肯定了突发疾病死亡在特殊情形下可以被认定为工伤。1996年《企业职工工伤保险试行办法》第8条规定:"在生产工作的时间和区域内,由于不安全因素造成意外伤害的,或者由于工作紧张突发疾病造成死亡或经第一次抢救治疗后全部丧失劳动能力的",应当认定为工伤。此处通过工作时间、工作区域和工作紧张原因进行限制,且要求疾病导致的后果为死亡或第一次抢救治疗后的全部失能。2004年开始施行的《工伤保险条例》将《企业职工工伤保险试行办法》中应当认定为工伤的突发疾病相关规定进行修改,并纳入"视同工伤"范围中。为避免突发疾病范围的无限扩张,在去除工作紧张的限制原因时,保留了工作时间和工作地点要件,即"在工作时间和工作岗位,突发疾病死亡或者在48小时之内经抢救无效死亡的",视同工伤。2010年修订后的《工伤保险条例》,并未对"48小时"条款予以修改。虽然保留工作时间和工作地点,但是删去"工作紧张"的限制前提有扩大认定范围的可能,而将第一次抢救治疗改为48小时内抢救,将健康损害从全部丧失劳动能力提升至死亡,从而又在客观上缩小了范围。但是从整个立法过程还是可以看出在工伤认定上有扩大范围的趋势,以及强化保障劳动者权益的目的。当下《工伤保险条例》第1条也将劳动者的医疗救治权和经济补偿权置于第一位。

　　目前我国对工伤认定,要求具备工作时间、工作地点、工作原因三个基本要件。疾病本来并不属于工伤范畴,但《工伤保险条例》为体现保护劳动者的原则和目的,将突发疾病作为视同工伤的情形纳入工伤认定体系,并予以相应的限制——规定工作时间和工作地点,避免突发疾病范围无限扩大。然而,该规定导致只要疾病突发于工作时间、工作岗位,经抢救无效死亡,就能被认定为工伤,而部分因工作患病死亡的劳动者仅因未在工作时间、工作地点突发疾病或者抢救超过48小时等情况就无法获得工伤保险赔偿。相较之下,该适用实践并不利于对劳动者合法权益的保障,与立法初衷相悖。

此外,"48 小时"条款在实践中的适用存在一定的道德风险。社会风险宛如悬在人类头顶上的"达摩克利斯之剑",不知何时会落下来。劳动者作为社会成员也面临职业风险,且当劳动者因工病亡后,在为其治疗期间及料理后事的过程中会产生超额开销,出现基本医疗保险难以填补经济损失的情况。如果该劳动者还承担了家庭主要收入来源,其病亡后对家庭的影响更甚。在面对苛刻的 48 小时时间限制时,不仅家属面临着花费巨额费用抢救但超过 48 小时还是任其死亡获取工伤保险赔偿的两难境地,用人单位还容易为超过 48 小时规避工伤保险赔偿而与劳动者家属产生救治拖延拉扯。当劳动者的生命健康与经济利益被置于一个选择层面时,就意味着劳动者的合法权益陷入了被动境地,而这并不利于保障劳动者的合法权益,与立法初衷相行甚远。

立法初衷与复杂实践的冲突,其实是行政规范的抽象性与社会生活复杂性之间的矛盾冲突。在劳动用工方式日趋灵活多样的当下,新型的劳工关系、灵活的工作方式、复杂的发病情形等都对"48 小时"条款的适用提出了挑战。"48 小时"条款包含形式要件和实质要件两个方面,形式要件主要是工作时间、工作岗位、突发疾病等要素,而这些是不确定法律概念。社会的多变性、案件的多样性和案情的复杂性,导致在对不确定法律概念的理解和适用上存在着一定的争议,例如"工作时间""工作岗位"之内涵和外延的明确和界定,"突发"的疾病是否包含慢性病、先天性疾病等与工作原因无关的疾病?超过"48 小时"时限是否一律无法认定为工伤?实质要件则是工作时间、工作岗位、突发疾病、抢救、死亡这整个过程的连贯性。该连贯性的要求难以由法律规定直接呈现,因此认定过程具有一定的复杂性,即:整个过程是否要求时间、空间上的不间断?如果存在客观不能的事由,导致该连贯性过程中断了,是否还能视同工伤?

无论是"48 小时"条款的形式要件中不确定法律概念的内涵和外延,还是实质要件的连贯性要求,均无法直接从条款中推导出来,因此，其在理论上和实践中都是焦点、难点，给专门行政机关的工伤认定和人民法院的审判造成了巨大压力。专门行政机关的工伤认定活动和人民法院的审判活动都属于法律适用，需要对法律予以理解和说明，而法律解释是准确理解和说明法律的需要。就具体案件而言，抽象的规范解释并不一定会出现，但是具体的解释不可或缺。我们要立足于人民法院具体裁决中对"48小时"条款的解释，总结提炼司法经验，促进对"48小时"条款的理解与适用。

通过中国裁判文书网检索案例，笔者共检索到最高人民法院作出的14篇裁判文书，高级人民法院作出的91篇裁判文书。除去主要涉及事实认定、不涉及"48小时"条款适用的案件后，共有60个案件涉及"48小时"条款的解释问题。[1] 因此下文就这60篇裁判文书，结合《人民司法·案例》登载的12个典型案例对"48小时"条款的要件展开分析。

表1 对典型案件中"48小时"条款的要件分析表

要件	要素	争议内容
形式要件	工作时间和工作岗位	不定时工作制；上下班途中；出差住宿；单位宿舍；居家办公
	突发疾病	先前疾病；发病程度
	48小时内	48小时起算时间；抢救超过48小时
	抢救	门诊治疗；上门治疗
	死亡	脑死亡；心肺死亡
实质要件	连贯性	身体不适未径直前往医院，回家后死亡
		身体不适未径直前往医院，回家后经抢救无效死亡 身体不适自行前往医院问诊，突发疾病经抢救无效死亡

---

[1] 截止到2021年11月30日，笔者在中国裁判文书网全文依次检索"视同工伤""突发疾病"，共检索到14篇最高人民法院作出的再审行政裁定书；全文依次检索"视同工伤""突发疾病"，共检索到91篇高级人民法院作出的行政判决书（其中二审43篇，再审48篇）。除去主要涉及事实认定、不涉及"48小时"条款适用的案件后，获得最高人民法院作出的10篇文书、高级人民法院作出的55篇文书，去除文书中涉及的5个重复案例后，共获得60个案例。

(二) 对"48小时"条款之形式要件的司法解读

对"48小时"条款之形式要件中各要素的正确理解是恰当适用该条款的基础,但由于其要素多为不确定法律概念,在面对繁多复杂的工伤情形、多元利益的矛盾冲突时,出现了一定的理解困难,因此需通过人民法院的司法裁决明确形式要件要素的内涵和外延。

1.工作时间和工作岗位

"48小时"条款在将疾病纳入视同工伤范围的同时,加以工作时间和工作岗位要素限制,通过工作时间和工作岗位明确工作的状态。工作时间通常是指法律或用人单位规定的劳动者工作的时间,工作岗位是工作所涉及的区域及自然延伸的合理区域。工作时间和工作岗位本身并没有被直接定义,从立法目的解释等来看,其范围较宽泛,因此基于个案的多样性应当具体分析。实践中,工作时间除了用人单位规定的工作时间和要求的加班时间,还有因公外出、紧急处理工作任务等的时间。工作岗位也不局限于单位工作地等,其范围要大于工作场所,强调的是岗位职责而非所处的位置。

(1) 不定时工作制。不同于国家机关、事业单位实行统一的工作时间,企业职工的工作时间更加灵活,例如"刘某学等诉湘潭市人力资源和社会保障局、湘潭市人民政府案"中,24小时待命的驾驶员在接到任务后30分钟内必须赶到指定地点,待命期间是否被认定为工作时间、工作岗位成为争议焦点。[①] 此种情形属于因工作特殊需要或职责所需,无法按标准工作时间衡量,需机动作业而采取不确定工作时间的工作制度,即不定时工作制。不定时工作制下工作时间是弹性的,但并不意味着劳动者24小时都处于工作状态,也依法享有休息休假的权利。其工作时间、工作岗位应当按照实际工作状态认定,当未实际

---

① 湖南省高级人民法院(2020)湘行再1号行政判决书.

履行工作职责时，对行为、所处地点均未限制的待岗状态不能被认定为工作时间和工作岗位。具体到上述案子中，待岗时间突发疾病并不能认定为工伤，如若是在接到任务后，前往目的地中突发疾病，应当视为在工作时间、工作岗位突发疾病，因为此时正在实际履行工作职责。

（2）居家办公。随着工作形态的复杂化和社会生活的便捷化，在家上班和加班的情形常有出现。对于职工在家加班期间突发疾病的情形，单依对法律条文的字面上的解释，其并不存在正常上班的时间，也非在工作岗位。"胡某诉重庆市酉阳土家族苗族自治县人力资源和社会保障局工伤确认纠纷案"中，法院对在家加班期间突发疾病而死亡的工伤认定予以了解释：工作时间和工作岗位是指职工完成工作任务的时间和空间。如果用人单位安排的工作任务量大或紧急，且职工客观上无法在日常工作时间内和工作岗位上完成，那么职工为了完成工作任务必须占用的休息时间和场所应当被认定为《工伤保险条例》第15条第1款第1项中的工作时间和工作岗位。[①] 此处是对工作时间和工作岗位的合理延伸。

理解工作时间和工作岗位时，应当检视职工是否为了单位的利益从事本职工作。除了通常情况下在单位规定的工作时间和工作岗位突发疾病而死亡，为了单位的利益将工作带回家或者宿舍等非工作地点，在占用个人时间继续工作期间突发疾病而死亡的，其权利更应当受到保护。

2. 突发疾病

"突发疾病"指的是突然发作或发生疾病，"疾病"包含各类疾病，是病的总称。"48小时"条款并未要求疾病具有工作关联性，病灶表现可以危急，也可以隐蔽。根据原劳动和社会保障部《关于实施〈工

---

① 重庆市第四中级人民法院（2017）渝04行终95号行政判决书。

伤保险条例〉若干问题的意见》（劳社部函〔2004〕256 号，以下简称《实施意见》）第 3 条之规定，突发疾病包括各种疾病。

第一，疾病的突发程度。法律法规对"突发疾病"中的"疾病"范畴无限制性规定，同时也未对疾病的突发程度予以明确。在笔者已收集的多数案例中，劳动者的初始病灶表现较为隐蔽，多表现为在工作时间、工作岗位上身体不适，但疾病恶化导致死亡或抢救无效死亡的结果发生在非工作时间和工作岗位。对于此种疾病突发程度，各地法院的理解各不相同，有法院认为：身体不适是突发疾病的前兆，根据日常生活经验法则和身体从不适到发病死亡的规律，突发疾病前身体不适符合常理，属于突发疾病的应然范畴。[①] 也有法院认为，突发疾病需要达到送医抢救的程度，在工作时间和工作岗位上感到不适，但从常情推断劳动者选择步行回家，表明其身体没有不适到需要立即抢救治疗的程度。[②] 对此，最高人民法院行政审判庭副庭长郭修江指出："只要有发病迹象，出现身体不适不能继续工作的情况，就应当认定突发疾病。如果仅仅是脸色不好、精神不佳，仍然能够坚持继续工作，不宜认定为在工作时间工作场所，突发疾病。"[③] 根据"48 小时"条款中的语言逻辑，死亡结果的产生意味着疾病的突发具有危急之态，重点在于疾病发作的瞬发性、突然性和结果的严重性。但是由于个人身体素质的不同，疾病严重程度及其表现也各不相同，要求一律都达到立即抢救治疗的程度并不符合实际情况。因此，应当在遵循法律条文含义的同时考量实际情况，对疾病的程度严格控制，准确把握疾病突发前的身体不适等各种症状以及该症状与发病而死亡之间的必然联系，且此种联系不能为其他的外部因素所阻断。

第二，既有疾病的认定。对于先天性疾病等既有疾病的突发能否

[①] 湖南省高级人民法院（2019）湘行再 27 号行政判决书.
[②] 重庆市高级人民法院（2017）渝行再 13 号行政判决书.
[③] 郭修江. 在家加班期间突发疾病死亡应当视同工伤. 人民司法，2019（2）.

被纳入"突发疾病"范围，产生了两种观点：一种观点认为，对"突发疾病"应作狭义理解，即发病前劳动者本人不知自己患有疾病，发病前未进行过任何针对性治疗，意外地突然发生疾病。另一种观点认为，对"突发疾病"应作广义理解，除包括狭义的理解外，还应当包括劳动者患有先天性疾病、间歇性疾病、慢性疾病、癌症或其他已出现症状且职工本人也已知晓的疾病，甚至已进行相关治疗，疾病突然发作之情形。[1] 但是在法院的判决中，对疾病的认定与《实施意见》的规定一致，认为"突发疾病是否因其自身身体原因导致的死亡并不影响视同工伤的认定"[2]。从因果关系而言，"48小时"条款只要求突发疾病与死亡结果之间的一因一果，并不要求疾病因工作引起的双因一果。且"48小时"条款要求的是疾病突然发生，而不是突然患病，两者在本质上有一定的差别。根据《劳动法》的规定，劳动者享有平等的就业权利，即便是患病的劳动者也有权利参加劳动。从"48小时"条款的立法目的来看，相对于用人单位而言，劳动者作为弱势群体更需要保护，将与工作无关的"病"作为工伤来保护，是工伤保险法律对劳动者倾斜保护的理念呈现。用人单位可以通过入职前体检和定期岗位体检掌握职工的健康状况，制定规范制止职工随意加班，或者通过购买保险分散风险。[3] 从形成历史来看，将疾病纳入"视同工伤"范围之内，在文义上有不断扩大范围的趋势，因此此处的疾病应当包含各类疾病，不能予以限制。

3. 48小时

从文义上看，48小时是时间要求，避免工伤范围无限制地扩大。相对于《企业职工工伤保险试行办法》第8条规定的前提条件"工作紧张"的难以认定和判断，48小时可能在实践中更易衡量和判断。

---

[1] 李响，裴嫒嫒. 既往病史是否影响突发疾病工伤. 中国社会保障，2010 (1).
[2] 甘肃省高级人民法院（2017）甘行终177号行政判决书.
[3] 王相东. 先天性心脏病发作死亡能认定为工伤吗. 人民法院报，2006-04-19.

第一，起算时间。《实施意见》第 3 条规定"48 小时"的起算时间为医疗机构的初次诊断时间。那么在面对同一疾病多次突发多次诊断的情况时应当如何认定？在"祝某玲与广水市人力资源和社会保障局案"中，劳动者在单位开会突发疾病被送往医院治疗后症状缓解而自行回家，隔日又突发疾病被送往医院，经抢救无效而死亡。本案中一共进行了两次诊疗行为。再审法院将前一过程视为完整的一次诊疗，认为是否符合"视同工伤"的条件应当以死亡前的该次诊疗行为为基点确定。之所以此问题成为争议焦点，是因为两次诊断时间相隔很近。① 此处对起算时间的确定，不应当局限于单纯的诊断时间，应当结合疾病多次突发的情况考量。由于人体发病具有过程性，医疗机构对于疾病轻重的诊断和相应治疗方案都会有所差异，只要疾病的多次突发之间属于同一疾病的同一变化过程，时间上具有联系性，就应当认定劳动者被送往医疗机构初次诊断时间即为《实施意见》规定的初次诊断时间。至于初次诊断后采取的治疗方案是否正确，是否采取抢救措施予以救治属于医疗机构的专业判断范围，并不影响 48 小时的计算。

第二，超过 48 小时时限。"48 小时"条款备受关注的问题之一是抢救时间超过了 48 小时死亡，能否视同工伤。"魏某娟与甘肃省定西市人力资源和社会保障局案"中，一审法院认为经抢救无效死亡的时间超过 48 小时，依然应视同工伤，因为我国现有法律、行政法规对突发疾病，经连续不断抢救无效超过 48 小时而死亡的，是否应视同工伤，没有明确禁止性规定。但是高级人民法院二审及最高人民法院再审时均认为居民死亡医学证明书记载的死亡时间距初次诊断时间已超过 48 小时，不符合"视同工伤"的规定。最高人民法院再审结果也表明抢救时间不应随便突破 48 小时时限。②

---

① 湖北省高级人民法院（2015）鄂行再终字第 00019 号行政判决书.
② 最高人民法院（2017）最高法行申 7363 号行政裁定书.

"不应随便突破48小时"表示严格限制48小时时限的同时还允许例外情况存在。随着医疗技术的进步和仪器设备的发展，劳动者生命可以通过先进的仪器得到维持，劳动者突发疾病后通过呼吸机等医疗设备延续生命超过48小时并不是难题。对此最高人民检察院发布的工伤认定和工伤保险类行政检察监督典型案例"颜某某诉广西某县人力资源和社会保障局案"[1]表明了类似观点。广西壮族自治区人民检察院认为：劳动者自主呼吸丧失，始终依靠设备给予呼吸、循环生命支持，持续抢救了10余天无法好转并在拔掉呼吸机5分钟内被宣告死亡，在法律无明确规定的情况下，应从保护职工的立场予以解释，认定视同工伤。广西壮族自治区高级人民法院采纳了该抗诉意见。可见，抢救不能突破48小时存在例外情况，即48小时内患者已经达到死亡标准，经过医院诊断确定没有存活可能性，用人单位或家属强烈要求继续抢救，通过医疗设备延续生命超过48小时的，仍能视同工伤。

对于48小时时限应当从严把握，因为"48小时"条款本身就已经扩大了工伤认定的范围，将时限延长至72小时甚至更长，依旧会有突破时限的情形存在，故此处的核心并非抢救时限的延长。当48小时内确实不存在抢救的必要，即继续抢救无法改变死亡结果时，可实质上认定死亡处于48小时之内。

4. 抢救

"抢救"通常是指在紧急危险的情况下迅速救护。这表明对患者进行的抢救有以下特点：人的生命健康处于紧急危险情况，患者或者相关义务人积极、迅速地寻求医疗帮助，医护人员对患者进行积极的救助。该救治方式可能是门诊，也可能是手术。《工伤保险条例》及相关规范性文件没有也不可能对"抢救"的地点、方式、限度予以规定，因此不能想当然地进行扩大解释。

---

[1] 最高人民检察院. 工伤认定和工伤保险类行政检察监督典型案例. https://www.spp.gov.cn/spp/xwfbh/wsfbt/202105/t20210512_517755.shtml#1.

第一，抢救的地点。在一般情形下，默认抢救地点为医院，那么卫生站、诊所等，以及"上海温和案"中所涉的救护车是否符合抢救的地点要求？《实施意见》将起算时间确定为医疗机构的初次诊断时间，由此可推定抢救地点应当为医疗机构。按照《医疗机构管理条例》的规定，医疗机构为从事疾病诊断、治疗活动的医院、卫生院、疗养院、门诊部、诊所、卫生所（室）以及急救站等。因此抢救的地点不局限于医院。至于"上海温和案"中，关于由救护车运送回家途中是否属于抢救状态的争议，具体来说就是救护车是否为抢救的地点，是否具备抢救的条件。根据《院前医疗急救管理办法》的规定，救护车是指符合救护车卫生行业标准，用于院前医疗急救的特种车辆。院前急救治疗是指在患者被送达医疗机构救治前，在医疗机构外开展的以现场抢救、转运途中紧急救治以及监护为主的医疗活动。虽然是由救护车运送回家的途中，但是救护车具有实施现场抢救、紧急救治的医疗条件，故始终未脱离医疗机构的治疗抢救状态。

第二，抢救的方式。门诊等应急诊断方式能否被认定为"抢救"，还是抢救只能采取手术方式？"宜兴市紫玉晶砂陶业有限公司潜洛分公司与宜兴市人力资源和社会保障局案"[①] 中，法院经审理认定卫生服务站在现有条件下所提供的门诊治疗可以视为"抢救"范畴。因疾病的不确定性和复杂性是现实存在的，对于不具备医学专业知识的普通劳动者而言，难以准确判断自身的病情，也无法预料可能的不利结果，故当病灶反应出现后，一般都是前往社区医院、诊所等地方接受门诊治疗，而非直接接受手术治疗。对此应当视为其主观上有进行抢救的意愿。《工伤保险条例》第15条虽然没有明确"抢救"的具体方式，但是根据一般的医学常识和就医习惯，"门诊治疗"方式是就医的重要途径之一，并且选择门诊治疗方式契合社会生活的一般规律。

---

① 何向东，孙宏，庄绪龙. 门诊治疗方式属于工伤认定中的"抢救"情形. 人民司法，2014（14）.

第三，抢救的限度。放弃抢救和过度抢救的问题反映出各方主体面临的道德挑战：家属是否应当在 48 小时内放弃抢救以获得工伤赔偿？用人单位作为第一发现者，在劳动者被抢救时是否应当为自身利益延续治疗至 48 小时后以延缓死亡时间？对该问题应当从主、客观两方面要素进行考量。在客观方面，过度抢救与放弃抢救的基础应当是劳动者有无存活的可能性，即抢救能否改变死亡结果，且医生是否提出了合理的建议并释明。在主观方面，考虑抢救的主观能动性，尤其是在放弃抢救情形下，应当排除仍有治疗必要的情形下劳动者本人主动放弃治疗的情形，以及劳动者与家属之间的关系正常程度。放弃抢救和过度抢救的重点在于抢救"能否改变死亡结果的发生，而不考量抢救行为是否起到了将患者的死亡暂时予以延缓的效果"[1]。按照社会一般观念，确实没有存活可能的，家属无论是基于对医疗诊断的信任而放弃抢救，还是因内心不舍而要求持续抢救，都符合大众的价值取向和人的理性。当然，对于尚有存活可能的，放弃抢救会引发道德风险，且既不符合人民群众的道义诉求，也会紊乱社会秩序，应当予以否定。

5. 死亡

"48 小时"条款对"突发疾病"的结果仅规定死亡一种情形，所以突发疾病导致其他后果的，不能视同工伤。死亡是指失去生命，生命体征消失，可能是心肺功能丧失，也可能是脑死亡，"48 小时"条款本身对此并没有加以过多限制。

目前我国多采用的是心肺死亡传统标准，但对脑死亡标准的考量一直处于讨论之中[2]，脑死亡和心肺死亡的判断往往决定劳动者家属能否获得工伤保险赔偿。"现代医学研究表明，死亡是分层次进行的复

---

[1] 王帆，汤龙. 在家加班期间突发疾病死亡的工伤认定. 人民司法，2019 (2).
[2] 刘宝森. 工人脑死单位上上呼吸机工伤"48 小时"界限引争议. http://www.chinanews.com/fz/2012/10 - 30/4287287.shtml.

杂过程，心肺功能丧失并不代表脑、肾脏及其他主要器官功能的丧失，心跳和呼吸的停止作为死亡过程的一个层次，并不表明作为一个整体的人的死亡必然发生。"[①] 心肺功能丧失具有医学可逆性，可以在心脏起搏器、人工呼吸机等先进医疗设备的帮助下，进行长时间的人工维持。但是脑死亡患者的呼吸只是连上呼吸机后所产生的一种机械性的被动呼吸动作，而不是自主行为。

在现行司法实践中，部分高级人民法院从保护劳动者利益的角度出发，适当向劳动者倾斜，在工伤行政确认再审案件中对于"脑死亡"作为死亡判断标准都持肯定意见。如在"昌邑市人力资源和社会保障局和李某翠案"中，山东省高级人民法院认为："我国法律目前对死亡标准的判定没有明确规定，为了保护劳动者合法权益……不宜作出对劳动者不利的解释。职工脑死亡时其死亡已具有不可逆性，持续救治只能延缓心肺死亡时间，因此……应当从保护职工合法权益的角度考虑，按照脑死亡的标准予以解释"[②]。但也有不少法院以死亡医学证明作为裁决依据，认可医疗机构采取的标准，不对死亡标准进行分析，如江苏省高级人民法院审理的"许某荣、裴某航等与东台市人力资源和社会保障局案"[③]。目前我国尚没有以脑死亡作为认定居民死亡标准的立法，因此对死亡的认定，以医疗机构的死亡证明上采取的判断标准更为适宜，即根据患者的脑死亡时间还是根据患者心肺功能停止时间或综合评判确认患者的死亡时间，应由医疗卫生机构依据相关的技术标准、认定要求和认定程序确定。只有当死亡证明不存在或者不符合法定形式时，才采取更有利于劳动者的标准。

梳理对"48 小时"条款之形式要件的司法解读，可将各要素的细化意见归纳如下：第一，工作时间和工作岗位。工作时间和工作岗位

---

① 吴鹏程. 脑死亡或心肺死亡是工伤认定标准吗？中国医疗保险，2012（7）.
② 山东省高级人民法院（2017）鲁行申 127 号行政裁定书.
③ 江苏省高级人民法院（2019）苏行申 1203 号行政裁定书.

的合理界定，是正确适用"48小时"条款的前提。机械化地理解概念并不符合保护劳动者权益的工伤认定立法目的，对于在非常规工作的情况下的工伤认定，要在具体案件中结合工作性质、特点、量度、难度或强度以及持续性等因素，基于一般社会生活常识和观念，结合当下事故原因、经济社会的变化、工作形态的多样化和新形式，立足于当下的立法之意予以合理阐释和判断。第二，突发疾病。由于疾病包含各种疾病，这一规定扩大了疾病认定范围，因此在疾病的发病程度上，应当严格控制。准确把握疾病突发前的身体不适等各种症状与发病死亡之间的必然联系，且此种联系不能为其他的外部因素所阻断。第三，48小时时限。在通常情况下不得随便突破48小时时限，只有48小时内无法改变死亡结果的抢救行为持续至超过48小时的情形下，才可能实现时限的突破。第四，抢救。抢救方式和地点符合公众的一般医学常识和就医习惯即可。对放弃抢救产生的法律效果应当从主、客观两个方面考虑，不仅要考虑劳动者及其家属抢救的主观能动性，还要从客观上看抢救能否改变死亡结果。第五，死亡的认定。在脑死亡尚未成为法律意义上的死亡判断标准时，对死亡的认定应当以死亡医学证明的记载为准，认可医疗机构采用的标准。只有死亡证明不存在或者不符合法定形式时，才可以在心肺死亡和脑死亡标准中采取更有利于劳动者的标准。

（三）对"48小时"条款之实质要件的司法解读

虽然在大多数情形下，满足形式要件的同时也能满足实质要件，但是并不意味着形式要件可以取代实质要件。通过整理已有的案例数据笔者发现，工作时间、工作岗位、突发疾病、抢救、死亡整个过程的连贯性[①]认定常常被忽略，内容涉及连贯性过程的28个案例中，有

---

① 实质要件的连贯性要求，除了时空连贯性，还有疾病与死亡之间的原因连贯性，由于原因连贯性涉及事实及其证据的认定，此处不展开讨论。

7个案例从工作时间、工作岗位等形式要件而非对实质要件出发进行认定。值得关注的是该 7 个案例中仅有 1 个案例最终判决"视同工伤"。这 7 个案例中的认定是否确实符合实质要件还有待分析，但依旧可以看出实质要件认定对劳动者权益保障的重要性。

在工作时间内和工作岗位上，"突发疾病死亡或在 48 小时之内经抢救无效死亡"的状态包括：突发疾病立即死亡、突发疾病未经抢救后死亡、突发疾病经抢救无效死亡三种情形。对突发疾病立即死亡此处无须讨论。

1. 突发疾病未经抢救后死亡

劳动者突发疾病未当场死亡且未前往医疗机构治疗的情形时常存在，原因有三：一是劳动者缺乏专业医学知识，难以对自身病情的严重性作出准确判断；二是疾病病灶表现因劳动者个人身体素质而不同；三是身体不适就立即就医不符合我国大多数劳动者的生活习惯。以下从两个案例的判决来分析此种情形的认定。"梁某位等与酉阳土家族苗族自治县人力资源和社会保障局案"中，重庆市高级人民法院认为，劳动者身体不适后还与同事外出，未送往医院抢救，不符合"实施抢救的空间要素条件"，在空间上出现了中断，因此不能认定为工伤。[①] 然而抢救环节缺失的情形下也能认定构成工伤，"海南省海口市人力资源和社会保障局与俞某杰案"中，最高人民法院认为，深夜在家发病，无人发现、未经抢救死亡，属于应当视为工伤情形[②]；并表示，"职工一人加班，突发疾病未经抢救死亡，只要根据现场证据以及其他相关证据相互印证，能够证明职工确系加班期间突发疾病死亡的，也应当认定为未经抢救死亡应当视为工伤的情形"[③]。此种情形实质上是客观不能抢救的情形，即有正当理由

---

① 重庆市高级人民法院（2015）渝行再 2 号行政判决书.
② 最高人民法院（2017）最高法行申 6467 号行政裁定书.
③ 郭修江. 在家加班期间突发疾病死亡应当视同工伤. 人民司法，2019（2）.

中断了过程的连贯性。综合上述两个案例可以看出，司法实践中要求抢救环节的存在，否则不能认定构成工伤，除非存在客观不能抢救的情形。

2. 突发疾病经抢救无效死亡

司法实践中对于实质要件的争议主要集中在工作时间、工作岗位、突发疾病、抢救无效死亡的连贯性认定。有些地方规范明确规定突发疾病死亡须具有同时性、连贯性，如原北京市劳动和社会保障局作出的《关于工伤保险工作若干问题的处理意见》（京劳社工发〔2008〕86号）规定，职工在工作时间和工作岗位上突然发病，且情况紧急，在工作岗位上死亡或者从工作岗位上直接送往医院抢救并在48小时之内死亡的，应依据《条例》第15条第1款第1项中的规定视同工伤；湖南省人力资源和社会保障厅《关于执行〈工伤保险条例〉第十五条第（一）项有关问题的意见》（湘人社发〔2017〕65号）规定，职工因病被认定为视同工伤，应当严格按照工作时间、工作岗位、突发疾病死亡（或突发疾病径直送医疗机构抢救并在48小时内死亡）并重，且具有同时性、连贯性来掌握，不宜再作扩大理解和延伸。人力资源和社会保障部法规司于2016年5月20日对国务院法制办社会管理法制司的复函中表示：应当严格按照工作时间、工作岗位、突发疾病、径直送医院抢救等四要件并重，具有同时性、连贯性来掌握，具体情形主要包括：（1）职工在工作时间和工作岗位突发疾病当场死亡；（2）职工在工作时间和工作岗位突发疾病，且情况紧急，直接送医疗机构当场抢救并在48小时内死亡等。至于其他情形，如虽在工作时间、工作岗位发病或者自感不适，但未送医院抢救而是回家休息，48小时内死亡的，不应视同工伤。最高人民法院在"代某燕与河北省人力资源和社会保障厅案"的判决中也支持了这一观点，认为："48小时"条款主要是针对在工作时间、工作岗位上突发疾病，不能坚持工作，需要紧急到医院进行抢救的情况而设定的。如果是回家之后再经医院抢救无效死亡，不属于该规定的适用范围。① 可以看出，从地方到中央，从行政机关的工伤认定到人民法院判决，都要求突发疾病后"径直"送往医疗机构抢救并在 48 小时内死亡，也即要求时间、空间上的不间断。

但通过梳理案例笔者发现，实践中存在两种突破"径直"连贯性规定的情形：一种是在工作时间、工作岗位上身体不适自行前往医院问诊后回家，之后再经医院抢救无效死亡；另一种则是如前所述，在工作时间、工作岗位上身体不适，回家之后再经医院抢救无效死亡。②

(1) 身体不适，自行前往医疗机构问诊后回家的情形。实践中对此有两种不同的观点：一种观点认为此情况不符合突发疾病要求的不能坚持工作，需要紧急到医院进行抢救③；另一种观点则认为病情的发展是由轻到重，再到抢救无效死亡的连续过程，具有连贯性，身体不适也的确前往医疗机构进行救治，与"径直送往医院"的规定并不矛盾。④ 后一种观点更具合理性，因为劳动者在身体不适时前往医疗机构进行救治，主观上具有积极救治的意愿并付诸实践，但医疗机构未能对疾病的复杂程度及危重状态作出明确判断并采取相应的措施，致使劳动者在就诊后选择回家而非住院治疗。这一情况并不能归责于劳动者，因此在此基础上发生的病情恶化经抢救无效死亡应当视同工伤。

(2) 身体不适，未前往医疗机构而是直接回家的情形。由于此种情况较为复杂，法院判决的出发点各不相同，但也有其自身的合理性，主要有以下六种：第一，从工作时间和工作岗位的形式要件要素认定

---

① 最高人民法院（2017）最高法行申 3687 号行政裁定书。
② 在裁判文书中，此两种情况下劳动者多是在工作时间内、工作岗位上"身体不适"，由此导致未径直前往医院。由于前文已对身体不适与突发疾病之间的联系予以阐述，此处不赘述。
③ 江苏省高级人民法院（2019）苏行再 2 号行政判决书。
④ 湖北省高级人民法院（2018）鄂行再 15 号行政判决书。

出发，认为在家中突发疾病并非在工作时间内、工作岗位上，不符合视同工伤的条件。第二，从疾病的严重性和紧迫性出发，身体不适而能够自行回家表明疾病尚不具有严重性和紧迫性，不符合视同工伤的条件。第三，从"径直送往医疗机构"抢救的规定出发，认为离开工作岗位后未直接到医疗机构进行救治，不符合视同工伤的条件。第四，从疾病的渐进演变过程出发，在工作时间内、工作岗位上的身体不适，与回到家后病情加重送往抢救是一个连贯的持续发病状态，过程上具有连续性，逻辑上有因果关系，符合视同工伤的条件。第五，从生活情理出发，普通劳动者由于缺乏医学专业知识，未及时选择治疗而是请假休息以缓解病情符合常情常理，符合视同工伤的条件。第六，从正当理由出发，劳动者选择回家存在正当理由（如客观上就医交通不便利、回家取钱取卡看病）时，只要过程在48小时之内，就符合视同工伤的条件。

在突发疾病之初劳动者即处于"危重状态"的，应及时抢救不言而喻，但将突发疾病时尚处于身体不适等较次的"重症状态"且有正当理由事后未能及时就医导致死亡排除在外，有悖于日常生活经验，也难以取得社会公众的普遍认同。《最高人民法院行政法官专业会议纪要（七）（工伤保险领域）》第2条也明确了职工在工作时间和工作岗位突发疾病视同工伤的认定：职工在工作时间和工作岗位突发疾病，因正当理由未及时送医疗机构抢救，但在离开工作岗位48小时内死亡，或者送医后因医疗机构误诊在离开医疗机构48小时内死亡，有证据证明职工死亡确属上述突发疾病所致，工伤认定申请人请求依据《工伤保险条例》第15条第1项规定认定视同工伤，社会保险行政部门予以认定的，人民法院应予支持。可见，只要有正当理由未及时抢救，突发疾病48小时内死亡的，也可视同工伤。

综上，在工作时间内和在工作岗位上发病、抢救、死亡应为一连续完整的不间断的过程，有紧密的先后顺序和逻辑联系，对实质要件的突破应当限于正当理由。对于突发疾病未经抢救后死亡的，通常不认定构成工伤，除非存在客观抢救不能的情形。对于突发疾病经抢救无效死亡的，视具体情况而定：前往医疗机构救治，医疗机构受能力限制导致救治不能，回家经抢救无效死亡的，应当认定构成工伤；径直回家后经抢救无效死亡的，不符合不间断的连贯性要求，不能认定构成工伤，因正当理由无法径直前往医疗机构的情况除外。

（四）司法经验的理性回归

司法裁判者审理工伤认定案件时，自由裁量权的行使会影响案件认定结果。对"48小时"条款的适用范围不可能详尽列举，裁判者的认知差异也无法避免。法律的应用并不是法律与事实的机械结合，而是一个视阈融合的过程。对于"48小时"条款不仅要借助具体的个案场景明确其内容，还要在适用过程中进行价值考量，发挥法律规范的作用。因此需梳理"48小时"条款的司法经验，总结司法裁判者行使自由裁量权时的价值考量因素以供参考或遵循。

1. 立法目的

耶林在《法律的目的》一书的序言中指出，目的是全部法律的缔造者，每条法律规则的产生都源于一种目的，即一种实际的动机。司法裁判者在解释法律时，应当特别关注法律所欲实现的目的，并在法律规范的框架之内予以阐释。《工伤保险条例》的立法主旨就体现了保护劳动者的合法权益的目的，将劳动者的权益置于第一位，是为了最大可能地保护主观上无恶意的劳动者"因工作"或"在与工作相关的活动"中受到损害而获得救助、康复和补偿的权利。因此对于事实难以查明、认定界限模糊等情形应当偏向于保护弱势一方（遭受伤害或者患职业病的职工）的利益，根据工伤认定倾向性保护职工合法权益的原则，应当作出有利于职工的肯定性的事实推定，而非否定性的事实认定。

2.法律效果与社会效果统一

"社会效果是指法律作用于社会生活所产生的社会效应或者是法律所要实现的社会统制目的。"① 强调社会效果的关键原因是我国正处于经济高速发展、政府职能迅速转变以及社会关系日益复杂的历史时期,社会价值和社会需求日益多元化、多样化,社会的法治觉悟和供给还需要进一步与法治需求相适应,因此在适用法律的过程中应当考量时代背景和变化,并在这个过程中促进法律发展。工伤认定在体现人文关怀的同时,还应考虑到工伤保险属于社会保障范畴,需考虑社会承受能力和社会公平。因此,将法律效果与社会效果有机结合,对于解决社会矛盾、维护公平正义、满足社会预期有重要意义。

法律效果并不是机械适用法律,社会效果也并不是随意制作和废除规则。法律效果与社会效果两者是有机统一的,不是对立的。法律的功能和作用最终是通过其作用于社会的效果体现出来的。② "法律解释和适用的目的是实现社会福祉,能否达到这种目标是衡量法律适用和解释的最重要的标准,社会效果是检验法律解释和适用的重要尺度。"③ 当然,对社会效果的判断必须具有客观性,不能恣意专断。两个效果的统一要根据案件的具体情况,妥善运用适当的法律解释方法得出符合社会效果的解释结论,在法律规范有两种以上的合理解释时,应当优先选择社会效果最大化的解释。

3.社情民意

"一个社会的法律的全部合法性最终都必须而且只能基于这个社会的认可,而不是任何国外的做法或抽象的原则。"④ 社情民意往往体现

---

① 王利明,王叶刚. 法律解释学读本. 南京:江苏人民出版社,2016:158-159.
② 江必新. 法律效果与社会效果的统一. (2006-05-10). https://www.chinacourt.org/article/detail/2006/05/id/205063.shtml.
③ 孔祥俊. 法律方法论:第2卷·法律解释的理念与方法. 北京:人民法院出版社,2006:927.
④ 苏力. 面对中国的法学. 法制与社会发展,2004(3).

了社会一般观念、生活情理、社会经验和人民群众的道义诉求。自由裁量权的行使过程中，会受到诸多社会因素的影响，应予以考量的社会价值也是多元化的。社会因素和社会价值往往具有当时性，加之法律解释必须坚持法的安定性和目的性，因此需要结合个案的具体事实和当时的社会背景、价值取向予以认定，立足于当下而非当时的应有之意。

法律的抽象性能够让法律适用者在适用法律时适应社会经济发展及伦理道德价值观念的变化，保持法律规范的时代性。且随着社会的发展，解释法律规范时也应当根据社会情势变化和实际需要进行必要的修正。在进行解释时，不仅仅要考虑一般观念和情理，还要考虑普通民众的一般性认知及个体的社会背景和文化基础。必须明确的是，社会生活是在不断发展和变化的，因此社情民意不能为"应有"之意，而应具有当下性，即社会的一般观念和伦理道德发生变化时，不能墨守成规，考量时根据具体个案的情况，依照社会、经济、政治、伦理道德等倡导的主流价值取向或社情民意进行必要的解释，以求得个案的公平与正义。[1] 应当认识到，社情民意只是一个重要的考量因素，并不能起到决定性作用，更不能成为干预法律适用的工具，应当以事实为依据，以法律为准绳，客观理性地进行解释和适用，做到依法行政、公正司法。

4.利益衡量

在行使自由裁量权解释法律的过程中，利益衡量不可或缺：比较每种解释产生的社会效果，判断何者最符合法律目的、最有效。当多种目的发生竞合时，属于目的选择的范畴，应为"利益衡量"。最早提出利益衡量的解释理论的是以菲利普·赫克为代表的利益法学。"赫克指出，法秩序所追求的目的就是解决社会上各种各样的利益冲突，法

---

[1] 时显群. 社会学法律解释方法研究. 北京：知识产权出版社，2019：127.

律不仅具有调整利益的目的，而且这种法律本身就产生于利益，是诸利益的产物。法的最高任务是平衡利益。"① 任何法律规范的制定是对特定历史阶段社会关系的记载，同时也是一种动态的利益博弈。这种博弈并不是非此即彼，而是具有多元性。法律制度是对社会多元利益的相对平衡予以确认和保障。在有很多解释可能的情况下，需要衡量当下社会环境及各种利益的变化，探求立法者处于今日立法时可能表示的意思并予以取舍。

"立法过程本身就是价值衡量的过程，立法者在立法过程中已经充分进行了利益考量。"② 因此，在进行利益衡量时，应当将立法者的利益取舍予以考量，不能抛弃而独立衡量。《工伤保险条例》强调保障劳动者利益，因此对工伤认定条件的理解和限制不能过于苛刻，否则将会导致大量的工伤难以认定。

当法律没有规定或者法律规定呈现多种利益衡量时，需要对各种利益及其冲突进行平衡和考量。"法治作为定分止争的实践理性，突出特征是对各种价值和正当利益的合理平衡，要求既尊重多数又保护少数，既维护秩序又尊重自由，既维稳又维权，实现价值追求的耦合，实现双赢乃至多赢。"③ 因此在工伤认定中，不仅要考量保护劳动者利益，还要关注用人单位的利益和工伤保险的社会保障功能，即应当适度向劳动者倾斜，呈现出工伤认定对社会的有益倾向，激励用人单位购买工伤保险，分散用工风险；同时也要考虑到我国当前的社会现状，不能过度扩大"48小时"条款的适用范围，损害用人单位的合法权益以及影响市场经济秩序。

视同工伤是对因工伤亡的扩大保护，主要针对劳动者在工作时间内、工作岗位上，突发疾病死亡，或者突发疾病、病情危重，不能坚

---

① 张文显. 二十世纪西方法哲学思潮研究. 北京：法律出版社，1996：129-131.
② 王利明，王叶刚. 法律解释学读本. 南京：江苏人民出版社，2016：162.
③ 刘平. 法律解释：良法善治的新机制. 上海：上海人民出版社，2015：203.

持工作，需要紧急到医疗机构进行抢救的情况，强调的是劳动者突发的疾病的危重性。过度扩张工伤保险的范围会加重用人单位的负担，不利于实现工伤保险的社会性，因此判定时应当严格掌握，不宜对视同条件随意扩大解释，同时也应当结合实际，考虑到人体发病原因的复杂性且通常的渐进、持续过程，普通人掌握的医疗知识有限，个体对疾病的耐受力和感知力存在差异等因素。全面地理解连贯性有利于保障劳动者的权益，体现立法的人文关怀。

　　理解和适用"48小时"条款存在一定的阻碍，此时应当立足于法律条文本身，综合运用法律解释方法，考证体察法律条文的立法原则和精神，结合具体个案的特定案情，作出有利于劳动者且合乎社情民意的解释。当现实社会关系随着社会转型而变化时，应当聚焦于具体社会情境的变化，在符合当前社会经济发展现状的基础上赋予其更为丰富的内涵，避免工伤认定两极分化，保障劳动者的合法权益，兼顾用人单位的风险分担，实现工伤保险的社会性，促进社会和谐发展。

诚实信用原则在行政允诺案中的适用

——崔某书诉丰县人民政府行政允诺案[①]

一、案情摘要

2001年6月28日，中共丰县县委和丰县政府为推动当地经济发展，印发丰委发[2001]23号《关于印发丰县招商引资优惠政策的通知》（以下简称《23号通知》），文件制定了一系列有关丰县发展招商引资的优惠政策。崔某书及其妻子李某响应丰县政府号召，

公报案例全文

多次接洽，最终为丰县引进并建成了徐州康达环保水务有限公司，为丰县取得良好的经济效益和社会效益。引资成功后，崔某书要求丰县政府根据《23号通知》支付引资奖励，丰县政府拒绝承担奖励义务。崔某书不服，遂起诉。一审法院徐州市中级人民法院认为本案原告崔某书引进项目不属于《23号通知》第25条及附则规定的奖励范畴而不应予以奖励，遂判决驳回原告崔某书的诉讼请求。二审法院江苏省高级人民法院认为丰县政府拒绝支付奖励违背诚实信用原则，遂撤销一审判决，责令丰县政府履行允诺奖励义务。

---

① 最高人民法院公报，2017（11）．以下简称"崔某书案"。

二、裁判要旨

行政诚信是法治政府建设的根本要求，法治政府建设推进必须坚持政府依法行政、诚信行政。行政允诺是为实现经济发展目的而由各地政府实施的单方授益行为，行政主体向社会公开作出行政允诺后，应当在行政相对人作出符合行政允诺规定的行为即双方形成行政允诺关系后，依照允诺内容如实履行允诺义务。诚实信用原则应是行政允诺关系中双方当事人共同遵守的基本行为准则，也是行政允诺的合法性与合约性的审查依据。在行政允诺的订立和履行过程中，行政主体行使行政优益权应基于对重大社会公共利益的考量，行使行政优益权不得与法律法规相违背，也不能与一般法律原则相抵触。

三、法理分析

"崔某书案"所引发的行政争议体现了行政允诺纠纷中存在的主要矛盾。政府在制定行政允诺过程中具有单方决定权与解释权，在允诺条件既定的前提下，行政相对人处于相对弱势的地位。政府在行使行政职权时，应遵守行为规范与法律法规，本案中丰县政府在对行政允诺关键内容的解释上，行使任意解释权，认为徐州康达公司不属于《23号通知》规定的奖励项目，遂拒绝履行允诺义务，极大损害了政府依法行政的公信力。诚实信用原则被称作私法上的帝王条款，源于罗马法中的善意衡平理念，与此同时，它同样是公法上不可或缺的基本原则。诚实信用原则在公法上的引入为现代公法发展提供了新的推动力，但就其规范发展而言，该原则适用范围的不确定与适用依据的缺失是其司法适用的最大障碍。下文拟通过阐述诚实信用原则的历史发展演变，分析该原则在我国行政法上的适用机制，结合当前行政允诺案件中适用诚实信用原则裁判的现状与该原则适用可行性，探讨诚实信用原则在行政允诺案件中的司法适用具体方法。

（一）诚实信用原则的发展演变

诚实信用伴随人类文明而生，自中华传统文化与罗马法的概念发源，再到启蒙思想与工业革命时期的规则发展，诚实信用从区分善恶的道德标准转化成为法规范制度原则。诚实信用原则早在自然法时期已有萌芽，古罗马法学家西塞罗在《论义务》中论述了诚信是正义的基础，认为诚信在于将许诺之事变成"事实"①。罗马法中当事人间之善意衡平观念即是诚实信用的雏形，这时期的诚实信用侧重于对原有的生活秩序与自然状态的尊重，将维持状态的平衡感与正义价值作为礼法的衡量标准。② 古代德意志法深受罗马法影响，其中关于"依据诚实信用原则方法而作誓约"的表述明确了诚实信用原则，将其作为私主体之间契约订立的规则。契约是社会发展中人与人之间不可缺少的联结产物，契约信守精神是契约自由的前提，也是完成契约之目的的重要保障。③

在19世纪开始，法国、德国、瑞士相继制定民法典，均将诚实信用原则作为私法中的重要法律原则加以规定。1804年《法国民法典》规定"契约应以善意履行之"，此"善意"也应被理解为诚实信用。1900年《德国民法典》第242条规定："债务人有义务依诚实和信用，并参照交易习惯，履行给付。"将诚实信用原则置于第二章"债务关系法"，强调了诚实信用原则在债法上的地位。1912年《瑞士民法典》第2条中规定："任何人都必须诚实信用地行使权利并履行义务。"此

---

① ［古罗马］西塞罗. 论义务. 王焕生，译. 北京：中国政法大学出版社，1999：23.
② 杨彪. 侵权行为法中的诚实信用原则研究. 环球法律评论，2007（4）.
③ 汪青松，罗娜. 社交电商的信用保障机制异化与重塑. 西南政法大学学报，2021（4）.

举直接将诚实信用原则置于法典的总则部分，将其确立为瑞士民法上的一般法律原则。在经历萌芽与初步发展后，随着19世纪末社会生活方式和经济的剧变，以单纯法典的规定来应对层出不穷的各类矛盾已日显不足，在新的社会规则尚未形成的过渡期中，诚实信用原则的司法功能得到了极大的发展——在其原本适用的债法领域之外，该原则一步一步扩展到私法领域一切权利的行使和一切义务的履行，成为现代民法的基本原则。

诚实信用原则作为私法领域的基本原则，是民事立法的基本根据，也是民事主体进行民事活动的基本准则。民法上的诚实信用原则是最低限度的道德要求在法律上的体现。[1]《民法典》第7条规定了该原则："民事主体从事民事活动，应当遵循诚信原则，秉持诚实，恪守承诺"，并通过第142条、第466条、第500条、第509条、第558条进行补充规定，以充分发挥诚实信用原则在公民交往与债权关系中的重要功能。诚实信用原则作为基本原则发挥着毫无疑问的重要作用，需要将诚实信用原则法定化，通过其价值引导、规范人们的行为，从而增强社会整体道德意识。诚实信用原则作为道德在法律上的直接体现，不仅为私法关系建立了衡量依据，在当下公、私法交融的发展趋势下，同样为公法关系的调整提供了参考规范。正如美浓部达吉所述："契约绝不限于私法的区域，在公法的区域中亦不乏其例。"[2] 作为债法上的根本性原则，诚实信用原则对公法领域出现的契约行为同样起到了重要的规范作用。

发展至今，诚实信用原则发展其道德内涵所处的规范地位，早已突破了原有的私法适用，成为公法领域同样不可或缺的基本原则，在新时代行政法治的各方矛盾中发挥着利益平衡与权益保障的重要作用。2016年中共中央办公厅、国务院办公厅共同印发的《关于进一步把社

---

[1] 王轶. 论民法诸项基本原则及其关系. 杭州师范大学学报（社会科学版），2013（3）.
[2] ［日］美浓部达吉. 公法与私法. 黄冯明，译. 北京：中国政法大学出版社，2003：97.

会主义核心价值观融入法治建设的指导意见》中明确指出，将"诚信"核心价值观融入法治建设，诚信思想是中华传统文化中的重要内容。古有云："人而无信，不知其可也。"中华传统文化中的诚信美德主要是一种道德规范，即对人际伦理相处标准的相对性要求。传统文化中每个人对诚信的理解不尽相同，当诚信与"礼""义""孝"等其他传统美德冲突时，诚信将不再作为第一位阶的价值规范。例如，我国古代"亲亲相隐"制度规定亲属之间可以藏匿、包庇犯罪而不负或减轻刑事责任[1]，"亲亲相隐"制度将伦理道德置于前位，以此包容亲属之间包庇罪行等违反诚信道德的行为。传统文化中的诚信主要从道德要求出发，以强调人心的仁善达到自我约束的目的。现代法律意义上的诚实信用和我国传统文化中的诚信有着本质区别。现代法律意义上的诚实信用侧重于对各方利益的考量，包含了公平、公正与合理等衡量标准，用于确定各方的义务与权利。

　　随着现代经济生活的变迁与社会管理的需要，把公法和私法全然隔绝已不符合经济社会发展的现状，就现代法律体系中出现的风险立法[2]来说，此类法律基于风险行为的特殊性由不同性质的法律规范堆砌而成，在立法中普遍呈现公法与私法规范交叉混合的样态。[3]现代民法最大的变化就是公法对私法自治原则之限制的扩大，表现在通过诚实信用原则、公序良俗原则对私法自治或契约自由进行限制，以及由法律直接规定某些契约条款无效等。[4] 诚实信用原则作为公法限制私法自治的工具，同样适用于公法规制的其他领域，以第一次世界大战后德国某法院判决中的相关叙述为例："国家作为立法

---

① 陆建红，杨华. 现代法治条件下"亲亲相隐"制度之构建——从历史、比较研究和现实思考出发. 法律适用，2017（3）.

② 风险立法主要指环境、健康、安全等风险领域的规制性立法，如《环境保护法》《食品安全法》《道路交通安全法》等。

③ 宋亚辉. 风险立法的公私法融合与体系化构造. 法商研究，2021（3）.

④ 梁慧星. 从近代民法到现代民法——二十世纪民法回顾. 中外法学，1997（2）.

者以及法的监督者,若课予国民特别义务,于国民私法关系,相互遵守诚实信用原则乃正常的要求;且国家对于个别国民在国家公法关系上,该诚实信用原则亦是妥当的。"① 该判决指出诚实信用原则不仅仅是公民之间交往的行为准则,现在愈来愈频繁发生于国家与公民的交往中,甚至于国家与国家之间,如格劳秀斯所言,"战争一旦开始,它只能在法律和诚实信用原则的范围内进行"②,即提出在国际关系交往中对诚实信用原则进行适用。诚实信用原则的公法适用回应了社会经济发展与行政管理的需要,日渐成为公、私法中共通的一般法律原则。

(二)诚实信用原则在行政法上的适用机制

诚实信用原则是私法上的传统原则,也是当下体现行政法治精神的原则之一。③ 诚实信用原则在行政法中尚未被成文化,其适用应遵照一般法律原则的规则进行。将诚实信用原则作为一般法律原则适用,对于我国当前的行政法体系来说是一个法律适用的技术问题,也可以说是类推的问题。④ 在司法中适用法律原则,必须厘清其适用前提、适用依据以及适用方式。

为充分发挥原则条款在行政法规范体系中的积极推动作用,应对诚实信用原则在行政法上的地位进行厘清。对此学界已有不少观点:有观点认为诚实信用原则属于超越成文法的法理,适用于所有法领域。⑤ 另有观点认为,在适用诚实信用原则时,须在与行政法诸多原

---

① 谢梦瑶. 行政法学上之诚实信用原则//城仲模主编. 行政法之一般法律原则(二). 台北:三民书局,1994:207.
② 李林. 格劳秀斯的国际法思想及其世界主义价值. 研究生法学,2021(1).
③ 张淑芳. 私法渗入公法的必要与边界. 中国法学,2019(4).
④ 王贵松. 论行政法原则的司法适用——以诚实信用和信赖保护原则为例. 行政法学研究,2007(1).
⑤ 林纪东. 行政法. 台北:三民书局,1984:30;刘丹. 论行政法上的诚实信用原则. 中国法学,2004(1).

理不冲突的情况下限制行政主体行为。[1] 还有观点强调诚实信用原则在行政合同中的适用，认为鉴于其契约性特征，诚实信用原则应成为其基本原则。[2] 在当前司法实践中，诚实信用原则的司法适用有引用司法解释条款适用、类推适用与直接适用这三种主要的适用方式。

诚实信用原则作为民法基本原则可引用具体法律规范进行适用。在行政审判中，法院根据《行政诉讼法》的规定，适用法律和行政法规、地方性法规与最高人民法院发布的司法解释。"崔某书案"中适用诚实信用原则的依据为 2015 年《最高人民法院关于适用〈中华人民共和国行政诉讼法〉若干问题的解释》第 14 条"人民法院审查行政机关是否依法履行、按照约定履行协议或者单方变更、解除协议是否合法，在适用行政法律规范的同时，可以适用不违反行政法和行政诉讼法强制性规定的民事法律规范"。但在 2018 年出台的新司法解释中已删去该条。在与行政协议相关的司法解释中也规定了民事原则的引入适用，如《最高人民法院关于审理行政协议案件若干问题的规定》第 12 条、第 18 条、第 25 条和第 27 条中规定了行政协议案件的审理可参照民事法律规范。根据以上规定，当行政行为类型带有私法的平等性与自治性时，民事法律规范同样可以适用于该行政行为下双方权利义务的调整，即可以在行政案件中适用民法基本原则。

诚实信用原则作为由来已久的私法原则，尚未在行政法中形成具体成文法律规范，因此，诚实信用原则在行政案件中的适用缺乏直接的法律依据。在行政法基本原则中，信赖保护原则也以诚信道德观念为基础，要求政府对其行政行为或承诺遵守信用，不得随意变更。其核心内涵与诚实信用原则的恪守信用要素一致。[3] 行政法要求行政主

---

[1] 王贵松. 论行政法原则的司法适用——以诚实信用和信赖保护原则为例. 行政法学研究, 2007 (1).

[2] 赵宏. 试论行政合同中的诚实信用原则. 行政法学研究, 2005 (2).

[3] 刘丹. 论行政法上的诚实信用原则. 中国法学, 2004 (1).

体与相对人均遵守诚实信用原则的要求，以诚实信用的方法行使权利与履行义务，有学者提出以信赖保护原则给予保护更为恰当。① 与诚实信用原则相比，信赖保护原则已通过《行政许可法》第 8 条规定见诸法律之中，使得其在行政许可案件中的适用更为简便和直接。在此情形下，信赖保护原则可作为诚实信用原则在公法领域的下位原则。② 遗憾的是，信赖保护原则在《行政许可法》中的规定无法直接适用于其他行政行为案件，信赖保护原则和诚实信用原则在公法中的适用在一定程度上因法律规范缺失而受阻。在司法中运用法律原则进行案件裁判，仍然要遵循法律适用的具体规则。

除"崔某书案"之外，近年来还有不少典型的指导案例直接适用诚实信用原则解决行政争议，这些案例的发布对厘清诚实信用原则在行政案件中的适用范围，确定其适用的方式有很大的意义。在我国早期行政审判中，诚实信用原则频频被运用于保护知识产权案件中，用来处理商标注册、专利权纠纷，对复制、模仿、抄袭或恶意抢注商标，易产生混淆的商品或服务以及对受众群体具有欺骗性行为的企业或个体行为进行规制。以上所依据的法律主要是《民法通则》第 4 条"民事活动应当遵循自愿、公平、等价有偿、诚实信用的原则"与《反不正当竞争法》（1993 年）第 2 条第 1 款"经营者在市场交易中，应当遵循自愿、平等、公平、诚实信用原则，遵守公认的商业道德"（《反不正当竞争法》历经 2017 年修订与 2019 年修正，均保留了对诚实信用原则的规定）。如指导案例 113 号"迈克尔·杰弗里·乔丹与国家工商行政管理总局商标评审委员会、乔丹体育股份有限公司'乔丹'商标争议行政纠纷案"的裁决中运用《民法通则》第 4 条规定的诚实信用原则，认定乔丹公司对于争议商标的注册具有主观恶意，否认该商标的合法有效性。

---

① 黄学贤. 行政法中的信赖保护原则. 法学，2002 (5).
② 闫尔宝. 行政法诚实信用原则研究. 中国政法大学，2005：118.

在规范行政行为的行政裁判中,"温州星泰房地产开发有限公司垫江分公司诉垫江县国土资源和房屋管理局不履行土地使用权变更登记发证法定职责纠纷案"[①] 是我国法官在判决中运用诚实信用原则进行裁判说理的第一案:被告以招商引资方式建设渝东食品批发市场,同意将土地使用权转让于原告,事后拖延履行土地变更登记发证法定职责,侵害原告的合法权益。该案中,法官认为原告因被告的承诺存在合理信赖,相较于政府的其他利益,相对人的信赖利益更值得保护,因此应适用诚实信用原则保护原告的合法权益。在最高人民法院指导案例 76 号"萍乡市亚鹏房地产开发有限公司诉萍乡市国土资源局不履行行政协议案"中,被告市与原告就原有约定产生分歧,因此被告拒绝按照原有约定履行义务。与前案一致,后案的法院认为,在行政协议合法合理签订的前提下,各方当事人应严格遵守诚实信用、平等自愿的原则,行政机关无正当理由不得在约定之外给另一方当事人附加义务或单方变更解除协议。以上两个案件中均存在政府与相对人有约定的前提,约定的性质虽不同,但不能否认的是相对人在约定之中对政府产生了合理信赖,在相对人遵守约定的前提下,政府应该遵守诚实信用原则,保护相对人的信赖利益。

诚实信用原则除了用于衡量政府行政行为的合法性,对相对人的行为也有规制作用。在"陆某霞诉南通市发展和改革委员会政府信息公开答复案"[②] 中,原告陆某霞滥用政府信息公开申请权,在获取、知悉所申请政府信息的情形下仍提起数十起高度雷同的诉讼,超越了权利行使的界限,不符合诚实信用原则的要求。

综合上述案例分析,我们可以总结出诚实信用原则在适用于判断行政机关的行为时侧重于保护相对人的信赖利益,在适用于判断相对人的行为时用于规范相对人合法权利的行使。

---

① 重庆市武隆县人民法院(2008)武法行初字第 1 号行政判决书。
② 最高人民法院公报,2015(11)。

(三) 行政允诺案件中诚实信用原则的适用可行性

作为案由的行政允诺早在 2000 年已进入现代行政法治的视野。在行政环境日益复杂的背景下，新兴的行政行为不断出现，由于缺乏统一的概念界定，行政允诺案由在法院裁判中偶被错用、滥用，法治供给上的不足也对实际裁判造成困境。结合行政诚信管理的背景与行政允诺的契约性特征，诚实信用原则的介入是行政允诺纠纷妥善解决的最优路径。

1. 政府行政诚信对允诺行为的要求

曾经有一段时间，我国政府行政诚信受到社会的质疑，政府行政、执法中行政主体不诚信行为并不鲜见，行政执法者滥用行政职权、非法执法等情形时有发生，如有些政府部门扩大自身的收费、处罚和许可权，严重侵害了公民权利；还有的政府部门和执法人员存在有法不依、执法不公、多头执法和执法扰民的现象；甚至有的政府官员官僚主义严重，滥用权力、贪污腐败。这一切政府的失信行为致使政府的公信力下降，让民众对政府的执政能力产生怀疑，动摇政府执政的基础。2004 年 3 月 22 日，国务院发布了《全面推进依法行政实施纲要》。该纲要第 5 条阐述了依法行政的六项基本要求："合法行政"、"合理行政"、"程序正当"、"高效便民"、"诚实守信"、"权责统一"。对"诚实守信"的具体要求是"行政机关公布的信息应当全面、准确、真实"。法治政府建设对政府执政与行政提出了基本要求。

从 20 世纪 90 年代至今的社会发展中，行政领域的扩张和行政定位的转变促使行政行为的方式不断丰富、行政争议的特点不断变化。行政允诺同行政给付、行政监管等新兴行政行为一样，需要积极回应社会生活各阶段中人民群众层出不穷的行政纠纷。2020 年最高人民法院发布的《关于行政案件案由的暂行规定》中明确将行政允诺的范围列为两类：兑现奖金和兑现优惠。行政允诺的内容确定为相对人以完成指定条件为前提，获得向行政机关主张兑现奖金和兑现优惠的公法权利。^① 在"崔某书案"的二审判决中,法官强调了"诚实守信是法治政府的基本要求之一,是构建诚信社会的基石和灵魂"。诚实信用原则在行政行为中的适用,与其说是公民法律义务的一种扩张,倒不如说是现代社会在法治化的进程中对其成员的一种道德要求。^② 诚实信用原则作为已经被固定的一般法律原则,其对法治政府建设的意义不仅在于政策的强调与理念的呼吁,更是对政府依法行政的严格衡量和底线把控。行政允诺代表政府诚信,政府作出允诺行为使相对人形成合法预期,相对人的信赖利益应当得到保护。对于合法的行政允诺,行政机关应当从依法行政与诚实信用的角度,保障行政相对人获得在该允诺下应得到的奖励;若允许所依据的事实基础或客观条件发生变化,为一定公共利益所需,行政机关单方变更或撤销行政允诺可能侵害相对人的信赖利益,行政机关应予以补偿。^③

2.诚实信用原则对行政允诺的契约性的规制作用

由于缺乏统一的概念界定,许多法院在审理行政允诺案件中会出现误用、滥用行政允诺的情况,将其与行政奖励、行政协议、行政补偿等行为混淆。在审理拆迁补偿、征地补偿案件中,经常出现滥用行政允诺代替行政协议、行政补偿的情形。以"吴某元与重庆市綦江区民政局民政行政允诺上诉案"^④ 为例:重庆市第五中级人民法院将被上诉人重庆市綦江区民政局下设的綦江区文明治丧管理领导小组与上诉人吴某元就保证依法从事丧葬用品生产、经营并给予一次性补偿5万元的协议认定行政允诺,实则错误。该补偿协议是被上诉人行政机关为了本区域殡葬业管理与吴某元签订的依法经商补偿协议,被上诉人允诺的补偿款并不属于奖励或优惠,故该协议不具有行政允诺性质。

---

① 闫尔宝. 行政允诺行为详论. 山东审判, 2001 (2).
② 张国炎, 林喆. 诚实信用原则和现代社会法治目标. 政治与法律, 2000 (5).
③ 刘烁玲. 行政允诺及其法律控制. 行政与法, 2008 (7).
④ 重庆市第五中级人民法院 (2014) 渝五中法行终字第 00096 号行政判决书.

出现如此的混淆,和行政允诺与行政协议所具有的共通性有关。行政允诺和行政协议都是政府行政行为方式的载体,其中行政允诺在形式上属于政府单方行政处理行为,而行政协议在本质上是单方行政处理行为的替代措施。[①] 行政允诺通常由行政机关单方作出,并以文件形式规范条款为行为内容与执行依据。作为承载典型行政允诺行为的招商引资文件,与直接调整行政关系双方的权利义务的行政协议相比,两者对行政权利义务都有明确的指向,但招商引资文件包括的部分民事权利义务没有相对方。[②] 可见行政允诺和行政协议均具有民事合同的契约性。

诚实信用原则以社会为本位,追求衡平正义,并要求在尊重他人利益和社会利益的前提下实现利益,对形式与性质不一的各类合同起到引导和矫正的作用。[③] 在最高人民法院发布的"黄某友、张某明诉湖北省大冶市人民法院、大冶市保安镇人民政府行政允诺案"[④] 中,一、二法院的审理均围绕大冶市政府颁发的《优惠办法》来认定该行政允诺关系的成立、内容与权利义务分配。这与"崔某书案"相同,后者也是通过对《23号通知》之内容的解释对政府行政允诺行为进行认定与剖析。适用诚实信用原则对行政允诺所依据的文件进行司法审查,可以同时保障政府文件的合法合规性与社会公平性。

3. 诚实信用原则对法律规则的补充作用

基于行政诉讼保护行政相对人的合法权益,使之不受行政主体违法行政行为侵害的现代行政法治理念,司法机关通过适用法律原则来实现公平、正义的法律价值符合社会发展、法制健全的现实需要。[⑤]

---

① 王学辉. 行政何以协议:一个概念的检讨与澄清. 求索, 2018 (2).
② 张青波. 政府招商引资协议的司法审查. 行政法学研究, 2021 (6).
③ 江平, 程合红, 申卫星. 论新合同法中的合同自由原则与诚实信用原则. 政法论坛, 1999 (1).
④ 湖北省黄石市中级人民法院 (2015) 鄂黄石中行初字第00036号行政判决书.
⑤ 沈福俊, 林茗. 行政法基本原则的司法适用问题探究——以行政判例制度的建立为视角. 华东政法学院学报, 2006 (3).

我国审判制度在法律适用上采取的是以制定法为裁判规范的构造，法官在行使法律适用权时，必须本着诚实和信用，合理和正确地适用法律。① 法律原则是规则的伦理支撑，是规则不能时的填充器与纠偏器。司法领域是法律原则作用彰显的场域，同时也承担着对规则和原则试错与再创造的重任。②

目前，涉行政允诺案件的争议集中于以下两点：第一，被告是否对原告作出了行政允诺，其中如何认定书面材料是否为行政允诺是关键问题；第二，被告是否应该履行行政允诺。以"南京交家电车辆有限公司与南京市雨花台区人民政府雨花办事处不履行行政允诺案"③为例：在该案的行政裁定中，法院认为，"关于行政机关出具的书面材料是否为行政允诺，应当从允诺主体是否为行政主体、允诺目的是否基于行政管理需要、允诺内容是否在行政职权范围之内、是否具备一定的外化表现形式等方面进行判断"。在行政允诺法律法规缺失的前提下，必须结合行政允诺的性质来寻求与其性质相连接的法则。结合前述对行政允诺契约性的论证，综合行政允诺目的的公共属性与义务的单方设定性，其规范法则需体现双方的权益公平并兼顾行政管理所应达到的社会效果，适用诚实信用原则会对规范政府行政允诺行为起到良好的规制作用。

（四）行政允诺案件中诚实信用原则的具体适用

相比同时期出现的行政给付与稍晚出现的行政协议，行政允诺在概念界定与法治供给上的不足均对实际裁判造成了困难。"崔某书案"中，法院通过适用诚实信用原则对行政允诺行为依据的招商引资条款

---

① 王琦. 民事诉讼诚实信用原则的司法适用. 中国法学，2014（4）.
② 李克诚，刘思萱. 论法律原则在我国司法裁判中的适用——以《最高人民法院公报》案例为范本的研究. 法律适用，2008（3）.
③ 江苏省南京市中级人民法院（2015）宁行终字第443号行政裁定书.

和双方权利义务履行情况进行了审查，对行政机关依法行政强调了诚信的基本要求，同时体现了诚实信用原则对实质性化解行政允诺纠纷的重要意义。

1. 诚实信用原则在行政允诺案件中的适用范围

目前，在行政允诺案件中法院裁判适用诚实信用原则都是从行政机关角度出发，一方面督促行政机关切实履行行政允诺，另一方面衡量允诺内容的合法性与合理性。目前司法实践中，诚实信用原则主要用于衡量履行允诺义务的对应条件是否成就，以及双方成立行政允诺关系后行政机关是否依约履行了义务。河南省高级人民法院发布的实质性化解争议典型案例"某公司诉新乡市凤泉区人民政府行政允诺案"中，新乡市凤泉区人民政府发布招商引资政策，承诺为投资者投资项目提供扶持优惠政策与全程手续服务。在某公司项目引进后，由于政府拨给该公司的用地是一块无法直接使用的坑地，该公司向新乡市凤泉区人民政府要求解决相关允诺事项，政府未对此作出回复。政府的不作为侵害了某公司因行政允诺而产生的信赖利益，因此一审法院支持原告，判决政府不作为行为违法。二审法院在确认行政机关违法的基础上，以主持双方当事人达成和解协议的方式结案：一方面，从实质性化解争议的角度出发查清案件事实，对行政允诺的内容和该坑地的情况进行确定；另一方面，通过诚实信用原则的适用确定双方责任，以坑地填补的造价作为政府应承担的某公司投资损失。诚实信用原则的适用充分体现了行政诉讼对相对人合法权益的保护，维护和监督行政机关依法行政的立法本意，对规范地方政府制定行政允诺相关文件的行为也有着重要意义。

在诚实信用原则的司法适用中，不仅可以在适用于判断行政机关的行为时侧重于保护相对人的信赖利益，还可以在适用于判断相对人的行为时规范相对人行使合法权利。在行政允诺中，相对人因履行允诺所指向的内容而获得向行政机关要求兑现奖励或优惠的权利。首先，相对人所履行的内容必须是在合法合规的前提下遵守诚实信用原则，其完成的引资、投资或者其他行为必须在允诺生效期间内符合允诺所要求的基本要素，非善意的投机取巧的浪费社会资源的履行行为应被严格制止；其次，相对人应在项目存续和允诺生效的合理的期间内以合理的方式向有关行政机关提出兑现申请，必须以行使权利为诉讼救济的前提；最后，诚实信用原则对行政相对人的适用应注意不得苛求其对行政允诺其他辅助文件全面了解与知悉，如"崔某书案"中《23号通知》之外的《招商引资条款解释》，该内容超出了原有的允诺，不应强加在原有的允诺之上增加为相对人请求兑现允诺的条件。

2. 诚实信用原则与行政机关优益权的平衡适用

行政机关作出行政允诺行为受到社会公益的影响，对社会公益的保障途径之一为行政机关天然享有行政优益权。按照《最高人民法院关于审理行政协议案件若干问题的规定》第 16 条和第 24 条的规定，为避免国家利益、社会公共利益受严重损害，行政机关有权单方变更、解除行政协议；在相对人未按约定履行义务时，行政机关有权作出要求履约之行政决定，并可申请法院强制执行。行政优益权就是国家为保障公共利益，而为行政主体行使职权提供的行为优先条件和物质保障条件[1]，行政机关可不问相对人的意见直接行使行政优益权。这意味着行政机关单方变更、解除合同所受的约束少而松，大大地增加了普通市场主体民事权益受侵害的概率。[2]

行政优益权代表着一种行政权能优于法律规定的例外，行政优益权与诚实信用原则之间用的冲突，可被理解为一种规范冲突，只是此种冲突主要存在于作为原则的规范之间。[3] "崔某书案"的裁判要旨明

---

[1] 莫于川. 行政职权的行政法解析与建构. 重庆社会科学，2004 (1).
[2] 崔建远. 行政合同族的边界及其确定根据. 环球法律评论，2017 (4).
[3] 陈鹏. 诚实信用原则对于规范行政权行使的意义——对当前学说及司法实践的探讨. 行政法学研究，2012 (1).

确指出："在行政允诺的订立和履行过程中，基于公共利益保护的需要，赋予行政主体在解除和变更中的相应的优益权固然必要，但行政主体不能滥用优益权。优益权的行使既不得与法律规定相抵触，也不能与诚实信用原则相违背。"因此，在规范之外、实践之中，虽然行政优益权确能保障政府取得利益分配的优势，但这种利益须基于对社会公共利益的衡量。在现代法治国家中行政权的运行必须遵守依法行政原则，在法律原则与规则的规制下进行，对社会公共利益的衡量也必须在法律的监督下进行。因此，诚实信用原则在行政允诺案件中并不与优益权产生适用上的冲突，其适用在一定程度上也可用于衡量优益权在行政自由裁量权下的适用。①

3.诚实信用原则在行政允诺案件中的适用路径解析

"崔某书案"在公报上的发布为诚实信用原则在行政允诺案件中的适用打开了良好的开端，后续有多例行政允诺案件借鉴该案依据诚实信用原则进行个案裁判。②通过目前在司法实践中的适用，诚实信用原则的功能主要在于衡量行政相对人履行允诺指向的内容的条件是否成就，以及双方成立行政允诺关系后行政机关是否依约履行了义务；更重要的是将诚实信用原则作为对允诺内容的合法性基础进行审查的具体标准。

结合目前已有的实践，诚实信用原则在行政允诺案件中的适用路径由以下两个部分组成：

第一，确定行政允诺关系成立的合法前提。行政允诺的合法形式一般包括行政机关以书面形式发布的政策性文件或地方政府规范性文件，少数以口头形式作出。行政允诺由行政机关单方作出，在此阶段行政相对人尚未特定化，虽未形成有效的行政允诺法律关系，但行政

---

① 张淑芳.行政优先权与法律优先之鉴别.政治与法律，2004（1）.
② 四川省成都市温江区人民法院（2017）川0115行初8号行政判决书，内蒙古自治区高级人民法院（2018）内行申476号行政裁定书，广西壮族自治区高级人民法院（2019）桂行终476号行政判决书，浙江省高级人民法院（2020）浙行终436号行政判决书，南昌铁路运输中级法院（2021）赣71行终44号行政判决书。

机关仍受其意思表示的约束。诚实信用原则在该阶段不仅可作为允诺作出程序与内容的审查标准，也可作为依据行政允诺文件或通知对不特定相对人的信赖利益进行保护的根据。

第二，衡量行政允诺关系中双方的权利义务履行。在行政相对人方面，行政相对人应合法、按时且完全地完成行政允诺中指向的内容，并在允诺的有效期间内以合理方式向行政机关提出兑现允诺的要求。在行政机关方面，诚实信用原则的适用对监督行政机关履行行政允诺义务起到了至关重要的作用。行政机关履行义务的内容可以细化为两步：（1）核查行政相对人完成允诺的情况；（2）根据允诺内容判断是否兑现允诺。前后两步的判断和衡量均在行政机关内部完成，具有较大的不透明性，若无有效规则制约有时会造成重大的行政失误，损害政府公信力和公共利益。"崔某书案"中出现争议的原因在于双方对政府招商引资文件中允诺条件的认识不同：对于"新增固定资产"应解释为原有基础上新增还是直接新增？行政机关对其规范性文件的解释应当在其语境标准与公共认知范围之内。本案中，多处证据表明原、被告之间已经形成了行政允诺法律关系[①]，在此基础上，被告以"巧妙"的解释偷换概念，拒绝履行允诺义务，违背了诚实信用原则，侵害了原告基于允诺而享有的权利。

诚实信用原则的适用为解决行政允诺案件目前面临的概念界定、内容审查等问题提供了直接与客观的裁判标准，但在复杂的实践中，由于前期允诺订立的不规范、允诺履行条件的复杂与法官能力的差别，诚实信用原则在行政允诺案件中的适用需要根据允诺的具体情形加以判断。法院在适用诚实信用原则进行案件裁判时，应在穷尽法律法规的前提下，以法治政府建设理念为指导，在审判中秉持对法律规范的敬畏与对时代内涵的把握，力促新时代行政管理下的行政允诺实现其应有的社会公共价值。

---

① 赵剑文. 行政审判中对"随意解释"行为的司法判断——以"崔某书诉丰县人民政府行政允诺案"为例. 山东法官培训学院学报，2019（5）.

咨询申请的认定及限度

——孙某荣诉吉林省人民政府行政复议不予受理决定案[①]

一、案情摘要

孙某荣于 2010 年向吉林省长春市房地产管理局提出将其房屋用途由"住宅"变更为"商用"的申请。登记机关称,依据吉林省住房和城乡建设厅(以下简称"吉林省住建厅")于 1999 年 11 月 17 日公布的吉建房字〔1999〕27 号《关于申请房屋用途变更登记有关问题的通知》(以下简称"27 号通知"),变更用途须经规划许可。在规划部门拒绝作出相应的行政许可之后,孙某荣于 2011 年 2 月向吉林省住建厅提交了关于查询 27 号通知是否已过时效的申请,并要求给予书面答复。吉林省住建厅一直未予书面答复。2011 年 4 月 26 日,孙某荣以吉林省住建厅对其申请未予书面答复为由向吉林省人民政府申请行政复议,请求依据《政府信息公开条例》及相关法律规定,责令吉林省住建厅依法给予书面答复。2011 年 4 月 28 日,吉林省人民政府认为孙某荣提出的行政复议申请不在行政复议范围之内,遂根据《中华人民共和国行政复议法》第 6 条、第 17 条的规定,作出吉政复不字〔2011〕号不予受理决定。2011 年 7 月 6 日,孙某荣向吉林省长

公报案例全文

[①] 最高人民法院公报,2016(12).以下简称"孙案"。

春市中级人民法院提起行政诉讼，请求人民法院撤销吉林省人民政府吉政复不字〔2011〕号不予受理决定，并责令重新作出行政行为。

二、裁判要旨

《政府信息公开条例》调整的"政府信息"是指现实存在的，并以一定形式记录、保存的信息。申请了解文件效力，属于咨询性质，不属于该条例第 26 条规定的"应当按照申请人要求的形式予以提供"政府信息的情形。行政机关针对咨询申请作出的答复以及不予答复行为，不属于政府信息公开行为，不会对咨询人的权利义务产生实际影响，故不属于行政复议的受理范围。起诉人缺乏诉的利益，不具有原告资格，人民法院可以不予受理或裁定驳回起诉。

三、法理分析

实践中，公民、法人或其他组织经常通过申请政府信息公开的形式，要求行政机关对有关问题作出答复，或者向行政机关询问某行政行为的事实依据、法律依据，或者要求行政机关就某些现象、行为提供解释。由于这类申请大多内容描述模糊，行政机关难以确定申请公开的对象。出于对行政效率、信息公开客观性等方面的考虑，将这类非规范性申请认定为"咨询"并予以拒绝往往成为行政机关的现实选择，大量的行政争议由此而生。值得注意的是，在"孙案"之前已经有不少案例支持行政机关对此类非规范性申请作出咨询认定[①]，但"咨询"并非严格

---

① 笔者在北大法宝"司法案例库"中，以"政府信息公开"为案由，以"咨询性质"为关键词展开检索，共检索裁判文书 627 件。在"孙案"再审裁定作出之前，即 2012 年至 2015 年间，有 110 件裁判文书支持行政机关对非规范性申请的咨询认定。

意义上的法律概念①，因此，引入咨询概念的正当性问题、认定咨询申请的条件及限度问题等，亟待理论界和实务部门回应。"孙案"是首个系统阐述咨询申请认定标准、行为性质和法律效果的司法判例，并入选《最高人民法院公报》。故笔者以"孙案"的裁判作为研究对象，探寻行政机关、法院引入咨询概念的缘由，明晰咨询申请的认定条件和适用限度，以期丰富"孙案"的裁判内涵，助益政府信息公开实践。

（一）引入咨询概念的缘由

政府信息公开制度的效能发挥与社会公众积极、规范行使公开申请权紧密相关。在现阶段，由于社会公众不断增长的知情需要与申请能力并不匹配，政府信息公开实践面临申请秩序失衡、规范供给不足等系列问题。"咨询"虽然不是法律术语，但其意思明确，即"征求意见，就某事向特定对象寻求解释、意见、答复"②。行政机关、法院将其引入，能够为实践中的非规范性申请提供参考坐标，同时提升行政答复、司法裁判的可接受度，有助政府信息公开申请秩序的恢复。

1. 信息公开申请秩序失衡

任何一项法律制度的出台都被赋予了相当的制度功能，以回应社会发展的现实需要。制定《政府信息公开条例》的直接动因是2003年"非典"，而更为深刻的动因是我国政治生活民主化的进程。③ 在当时，"推动政府信息公开"被认为是推进社会主义民主、完善社会主义法制、建设法治国家的重要举措，是建立行为规范、运转协调、公正透明、廉洁高效的行政管理体制的重要内容，能够更好地发挥政府信息

---

① "咨询"不是严格意义上的法律概念，除《北京市政府信息公开规定》第29条规定"咨询不在政府信息公开申请范围内"外，《政府信息公开条例》并未提及。

② 中国社会科学院语言研究所词典编辑室. 现代汉语词典·6版. 北京：商务印书馆，2012：1800.

③ 杨海坤.《政府信息公开条例》的时代价值. 学习时报，2007-05-07 (5).

对人民群众生产生活和经济社会活动的服务作用。① 因此，2008年《政府信息公开条例》的立法目的被确立为以下四点：一是保障公民、法人和其他组织依法获取政府信息，二是提高政府工作的透明度，三是促进依法行政，四是充分发挥政府信息对人民群众生产、生活和经济社会活动的服务作用。2019年《政府信息公开条例》仅对上述立法目的进行微调，将第三个立法目的修改为"建设法治政府"。

《政府信息公开条例》多元立法目的背后是其多样化的制度功能。一方面，政府信息公开制度肩负着保障公民知情权益的功能，公民可基于主观需要依法申请获取政府信息；另一方面，政府信息公开制度肩负着提高政府工作的透明度、促进依法行政的功能，公民可以通过提出公开申请，监督依法行政，督促政府公开信息。"黄某俭等人诉汝城县人民政府政府信息不公开案"是全国首例政府信息公开行政诉讼案件，集中体现了政府信息公开制度功能的多样化特征。黄某俭等人是汝城县原自来水公司的退休职工，为查清原公司在改制过程中存在的问题，向汝城县人民政府提交"政府信息公开申请书"，请求公开县政府对改制情况的调查报告。黄某俭等人认为，"作为一名原自来水公司的退休职工和普通市民，应该享有对公司改制情况的知情权"②。

然而，制度功能多样化引发的直接结果却是政府信息公开申请秩序的失衡，即各式各样的请求借由政府信息公开制度表达。例如，有的申请人将政府信息公开理解为与行政复议、行政诉讼相类似的监督约束机制，试图通过政府信息公开直接挑战行政行为的合法性③；有的则以申请政府信息公开的形式进行信访、投诉、举报活动；还有的政府信息公开申请类似于咨询，要求行政机关就某特定事项作出解释、

---

① 温家宝主持召开国务院常务会议. 人民日报，2007-01-18 (1).
② 赵文明. 透视政府信息公开条例实施后第一案. 法制日报，2008-05-06 (8).
③ 后向东. 中华人民共和国政府信息公开条例 (2019) 理解与适用. 北京：中国法制出版社，2021：7.

意见、答复等。因此，司法部负责人就《政府信息公开条例》2019年修订答记者问时强调，修订条例的总体思路之一是"平衡各方利益诉求，即保障社会公众依法获取政府信息的权利，同时防止有的申请人不当行使申请权、超出行政机关公开政府信息的能力，影响政府信息公开工作的正常开展"[1]。然而，修订后的条例似乎仍未成为规范性申请的基本指引。根据2020年度各省（区、市）政府信息公开年报，全年政府信息公开申请总数（含上年度结转）为373 311件，其中予以公开为189 175件，公开率仅为50.67%。有近半数申请因申请对象不属于政府信息、行政机关无法提供、申请形式不规范等事由而被拒绝。

2. 信息公开规范供给不足

"申请秩序失衡"的典型表现是，申请人提出的申请在性质上不属于政府信息公开申请，或者不在《政府信息公开条例》的调整范围之内。这类申请挤占了信息公开的申请资源，阻滞了行政机关的答复效能，进而导致申请秩序失衡。然而，现行《政府信息公开条例》并未针对申请秩序的保障与修复构建严密的规范体系，故行政机关对非规范性申请的处理行为往往引发诉争。

首先，对政府信息公开申请的判断标准不一。在文义层面理解，政府信息公开申请是以政府信息为对象的公开申请。如果申请公开的不是政府信息，那么该申请就不属于《政府信息公开条例》的调整范围。根据《政府信息公开条例》第2条的规定，政府信息是指行政机关在履行行政管理职能过程中制作或者获取的，以一定形式记录、保存的信息。其中，"以一定形式记录、保存"在学理上被称为政府信息的形式要素。[2]《国务院办公厅关于做好政府信息依申请公开工作的意见》第2条对此的解释是，"现有的，一般不需要行政机关汇总、加工或重新制

---

[1] 坚持"公开为常态、不公开为例外"——司法部负责人就政府信息公开条例修订答记者问. http://www.xinhuanet.com/politics/2019-04/15/c_1124370889.htm.

[2] 曹康泰，张穹. 中华人民共和国政府信息公开条例读本. 北京：人民出版社，2009：24-25；张岩. 政府信息的认定. 中国行政管理，2012 (8).

作（作区分处理的除外）"。因此，只有申请公开的对象是现有的政府信息，才是标准的政府信息公开申请。然而，根据《政府信息公开条例》第29条的规定，公开申请能够表明政府信息的名称、文号或者对政府信息的特征性描述便于行政机关查询即可，至于申请公开的政府信息是否客观存在、存在形式如何，并未构成政府信息公开申请的形式要件。因为普通民众难以对政府信息的存在情况了若指掌，政府信息是否存在须经行政机关检索方能确定。由此可见，不同判断标准下的公开申请在性质认定方面可能引发争议。

其次，信息公开申请的答复规则模糊。《政府信息公开条例》构建的答复规则是针对申请内容设计的。具体而言，行政机关经检索没有所申请公开信息的，应根据《政府信息公开条例》第36条第4项的规定，告知申请人政府信息不存在。对于申请内容不明确的公开申请，行政机关应根据《政府信息公开条例》第30条的规定给予申请人指导和释明，并自收到申请之日7个工作日内一次性告知申请人作出补正。对于申请人以政府信息公开申请的形式进行信访、投诉、举报等活动的，行政机关应根据《政府信息公开条例》第39条第1款的规定告知申请人不作为政府信息公开申请处理，并可告知申请人通过相应渠道提出。但在实践中，由于申请人并非专业人士，申请内容可能存在未能明确指向具体政府文件，或者描述内容不足以使行政机关能清楚辨别的情况，因而，行政机关是依常理判定属于非政府信息公开申请，作出拒绝答复，还是要求申请人明确申请内容，作出告知补正答复，抑或直接以无法依据申请内容找到政府信息为由，作出信息不存在答复，皆存在讨论的空间。[①]

最后，拒绝答复的可救济性不明。根据《政府信息公开条例》第51条的规定，公民、法人或者其他组织认为行政机关在政府信息公开

---

① 余凌云. 政府信息公开的若干问题——基于315起案件的分析. 中外法学，2014（4）.

工作中侵犯其合法权益的，可以向上一级行政机关或者政府信息公开工作主管部门投诉、举报，也可以依法申请行政复议或者提起行政诉讼。在规范层面看，可争议的行政行为，一方面须是行政机关在政府信息公开工作中作出的行为，另一方面必须产生侵犯相对人合法权益的后果。但是，对于行政机关以不属于政府信息公开申请为由作出的拒绝答复，申请人能否提请行政诉讼，司法实践中尚存争议。笔者于2021年10月30日在北大法宝"司法案例"栏目中，以"政府信息公开"为案由，以"不属于政府信息公开申请"为关键词进行检索，共得到裁判文书495份。经梳理，笔者发现，法院对这类诉讼请求主要持以下两种观点：第一，行政机关对非政府信息公开申请所作的拒绝答复，不会对申请人的合法权益产生实际影响，不能进入政府信息公开之诉的实体审查，已经立案的，应当裁定驳回起诉。[①] 第二，行政机关主张政府信息不属于政府信息公开申请范围的，必须证明其已尽到勤勉检索义务。对于貌似咨询，实质上要求行政机关提供政府信息，且对所涉及事项进行了具体描述的，应当予以受理，或者在告知其补正完善后予以受理。[②]

（二）认定咨询申请的条件

"孙案"作为公报案例，宣示了咨询概念在政府信息公开实践以及司法实践中的可适用性，即"申请了解文件效力，属于咨询性质"。但是，咨询毕竟不是法律概念，各级法院在认定咨询申请时仍然采用着不同的判断标准。总体上看，以下三种观点较为典型：第一种侧重于从性质上判断申请对象是不是政府信息，若申请对象不具备政府信息

---

① 浙江省杭州市江干区人民法院（2020）浙0104行初146号行政裁定书，北京市第一中级人民法院（2019）京01行初1073号行政裁定书，南京铁路运输法院（2018）苏8602行初302号行政裁定书。
② 北京市第四中级人民法院（2019）京04行初162号行政判决书，最高人民法院（2017）最高法行申5759号行政裁定书。

的法定构成要件，则该申请不属于政府信息公开申请，属于咨询。①第二种侧重于从形式上判断申请是否指向明确、具体的政府信息，若指向不明确则属于咨询性质，不属于《政府信息公开条例》的调整范围。②第三种侧重于从实质上判断申请的目的，是单纯地获取特定的政府信息，还是强调行政机关就某特定事项作出解释、说明、答复。③因此，有必要对"孙案"裁判确立的咨询认定标准进一步展开分析，以更好地发挥"孙案"裁判的指导性作用。

1. 申请形式不符合规范要求

孙某荣向吉林省住建厅提交的公开申请为："1999 年 11 月 17 日由贵厅下发的吉建房字〔1999〕27 号《关于申请房屋用途变更登记有关问题的通知》，根据吉林省人民政府令第 201 号《吉林省规章规范性文件清理办法》相关规定，该文件已超时效。不知现在是否仍然有效？

---

① 例如，在"李某新诉朝阳区人民政府案"中，法院认为：本案的争议焦点在于李某新申请公开的"朝阳区或以上人民政府制定的有关'腾退'的'行政法规、规章或规范性文件'"信息是否属于咨询。根据原信息公开条例第 2 条规定，政府信息一般是指行政机关在履行职责过程中制作或者获取的、已经产生并客观存在的信息。对于政府信息，行政机关只需从形式上进行简单识别即可确定，无须通过主观分析予以判定。本案中，李某新申请公开的信息为"朝阳区或以上人民政府制定的有关'腾退'的'行政法规、规章或规范性文件'"，无论该信息存在与否，制作保存主体为谁，还是类型为何，均存在不确定性，需要朝阳区政府进行主观分析判断后才能确定。故申请对象不是以一定形式记录保存的政府信息，不属于《政府信息公开条例》的调整范畴。北京市高级人民法院（2019）京行终 4898 号行政判决书。

② 例如，在"邵某霞诉镇江市人民政府政府信息公开案"中，法院认为：申请人申请公开的政府信息应当是明确的、具体的，不能用咨询方式申请公开政府信息。邵某霞要求镇江市人民政府公开的"对是否属于农业人口产生异议的，异议当事人应向哪个有权机关提出行政裁决申请；对裁决结果不服的应如何处理"相关信息，在性质上属于咨询，不属于政府信息公开条例调整的范畴。江苏省高级人民法院（2018）苏行终 1072 号行政裁定书。

③ 例如，在"孟某华诉东城区人民政府信息公开案"中，法院认为：孟某华申请"依法公开认定申请人居住的东城区李村南里 33 号的房屋（20 平方米）是否为合法房屋的结论和依据"的政府信息，从申请公开的内容看，其实质并非申请获取《政府信息公开条例》所规定的政府信息，而是以信息公开名义就其居住的房屋是否为合法房屋提出的咨询和质疑。该申请并非《政府信息公开条例》的调整范围。北京市高级人民法院（2018）京行终 3964 号行政裁定书。

敬请给以书面答复。"法院对申请内容的概括十分精准,即"申请了解文件效力"。而按照2008年《政府信息公开条例》第20条的规定,公民、法人或者其他组织向行政机关申请获取政府信息的,应当采用书面形式,表述上应当包括申请人的姓名或者名称、联系方式,申请公开的政府信息的内容描述,申请公开的政府信息的形式要求等内容。也就是说,政府信息公开申请在法定内容的表述上,原则上应当是以陈述句的形式表达所要获取的政府信息是什么。

"申请了解文件效力"与"申请获取政府信息"显然在文义表达方面并不相同。前者强调主观上的认知,是知识性的;后者强调客观上的得到,是物质性的。因此,咨询申请在内容的表达上并不是围绕着某一具体政府信息的特征而展开,而是"抛出问题式"地寻求行政机关的答复、解释。例如,在"朱某福、苏某诉北京市昌平区人民政府政府信息公开案"中,原告朱某福、苏某提出的政府信息公开申请为:"1.北七家镇人民政府党委或者镇政府其他部门是否就王府家庭农场物业管理事宜、白庙村(包括其物业公司)入院管理物业做出了决定?或者知道并掌握这样的信息?2.如果掌握或者做出了前述决定,决定的内容和法律依据是什么?并请提供决议文件。"[1]

"抛出问题式"并不意味着咨询申请一定是以疑问句、反问句、设问句等疑问句式提出,其也有可能以陈述句式要求行政机关解释、答复某些问题。例如,在"王某滨等诉海淀区人民政府政府信息公开案"中,原告王某滨提出的咨询申请是,"要求获取西北旺镇政府强制拆除土井村4—7区土地内温室大棚及种植的金银花、香椿树的法律依据"[2]。从形式来看,该案申请是以陈述句的形式表达获取某些政府信息的需要,但其核心内容是要求西北旺镇政府回答其强制拆除行为的法律依据是什么,实际上仍属于"抛出问题式"。因此,笔者认同肖卫

---

[1] 北京市高级人民法院(2020)京行终3825号行政判决书。
[2] 北京市高级人民法院(2015)高行终字第2502号行政裁定书。

兵教授对咨询申请的形式描述，即申请人通过政府信息公开途径，要求行政机关就政策文件、法律规定、行为活动或特定事项等提供指导和解释的申请。①

2. 申请内容不指向政府信息

"孙案"的审理法院以申请了解的内容系政府文件的法律效力，而非申请公开以一定形式记录、保存的政府文件本身，得出咨询申请的内容不指向政府信息这一结论。对此，存在两种理解：其一，咨询是指申请公开非以一定形式记录、保存的信息的行为，仅限于申请对象不具备政府信息之形式要素的情况；其二，咨询是指申请公开非政府信息的行为，即除申请对象不具备政府信息之形式要素的情况外，申请对象不是由行政机关制作、获取的，或者不是在行政机关履行行政管理职能中制作、获取的，也属于咨询。②

笔者检索相关案件发现，法院对咨询申请的认定并不囿于申请公开"非以一定形式记录、保存的"信息这一种情况。例如，在"上海新世界紫澜门大酒店有限公司诉上海市黄浦区人民政府政府信息公开案"中，紫澜门大酒店有限公司（以下简称紫澜门大酒店）向黄浦区政府申请公开的信息为"黄浦区政府领导对新世界综合消费圈建设的指示"。一审法院认为，紫澜门大酒店提出公开申请的实质，系以申请政府信息公开的方式咨询黄浦区政府领导对新世界综合消费圈建设的相关意见，在性质上属于咨询。③ 最高人民法院再审时进一步指出：根据《国务院办公厅关于做好政府信息依申请公开工作的意见》（国办发〔2010〕5号）第2条第2款的规定，行政机关在日常工作中制作或者获取的内部管理信息以及处于讨论、研究或者审查中的过程性信息，一般不属于《政府信息公开条例》所指应公开的政府信息。紫澜

---

① 肖卫兵. 咨询类政府信息公开申请探析. 法学论坛，2015（5）.
② 章剑生，胡敏洁，查云飞主编. 行政法判例百选. 北京：法律出版社，2020：116.
③ 上海市高级人民法院（2018）沪行终711号行政裁定书.

门大酒店向黄浦区政府申请公开的"黄浦区政府领导对新世界综合消费圈建设的指示",具有"内部性"的特点,不属于《政府信息公开条例》规定的应公开的政府信息范围,系一个不成立的政府信息公开申请。① 由此可见,法院认定咨询申请并未囿于形式要素缺失这一种情况,因而前述第二种理解与司法实践中的情况更为契合。

从法条逻辑来看,前述第二种理解同样具有合理性。对于2008年《政府信息公开条例》第2条的规定,学界倾向于在要素式拆分的前提下展开分析,其中,典型观点有"四要素说"和"三要素说"。所谓"四要素说",即从信息产生的主体、信息产生的过程、信息产生的方式、信息存在的形式等四个方面界定政府信息。② 也有学者以主体要素、职责要素、来源要素、载体要素界定之③,但实质内容一致。"三要素说"则主要是在"四要素说"的基础上对某两个要素进行整合。④ 值得注意的是,无论是"三要素说"还是"四要素说",要素间的排列都遵循了从主体到职权,再到形式的秩序,与2008年《政府信息公开条例》第2条的内容一致。由此可见,要素间的前后排列是识别秩序的体现,即只有当前一个要素满足时,才会进入对下一个要素的判断。在主体要素缺失的情况下,没有必要判断职权要素等后几个要素,后几个要素当然不具备。因此,"非以一定形式记录、保存"既直接指涉形式要素缺失的情况,也应包括主体要素缺失、职责要素缺失等在先要素缺失,导致形式要素当然不具备或无判断必要的情况。

3. 申请目的并非获得政府信息

从孙某荣的申请内容不难看出,他提出公开申请的目的在于了解

---

① 最高人民法院(2019)最高法行申7355号行政裁定书.
② 李广宇. 政府信息公开诉讼:理念、方法与案例. 北京:法律出版社,2009:71-75.
③ 王敬波. 政府信息概念及其界定. 中国行政管理,2012(8).
④ 张岩. 政府信息的认定. 中国行政管理,2012(8);曹康泰,张穹. 中华人民共和国政府信息公开条例读本. 北京:人民出版社,2009:24-25;后向东. 中华人民共和国政府信息公开条例(2019)理解与适用. 北京:中国法制出版社,2019:8.

27号文件的法律效力，而非获取27号文件。据此，不以获取政府信息为目的，是"孙案"提出的用以认定咨询申请的又一标准。

"目的"是指行为人意图实现的目标，有直接目的和间接目的之分。直接目的是指行为人所要达到的直接结果，往往以行为方式表示于外；间接目的则主要指行为人内心的意图，外界通常只能通过外在行为进行推测。法院在认定咨询申请时，通常会在说理部分对行为人的内心意图进行分析。例如，在"王某滨、李某强诉天津市滨海新区人民政府案"中，法院认定申请人提出申请是为了借助政府信息公开制度寻求质疑行政行为的机会。① 在"陈某华、胡某镯等诉东阳市人民政府案"中，法院认定申请人意图通过重复、琐碎的信息公开申请和诉讼不断向行政机关施加压力以实现其他目的。② 由于这类认定主要是法官推测的结果，不同案件当事人的内心意图也难言一致，为保证对咨询申请目的作出客观把握，建议以探求行为人的直接目的为限。

司法实践中，法院认定的咨询申请在内容上以下列两种形式为主要表现：一是要求行政机关就其提出的问题作出选择性答复。例如，在"唐某彬诉四川省广安市人民政府政府信息公开案"中，唐某彬等130人向广安市政府申请"告知广署函（1996）5号是怎么样性质的批复文件，是花园坝体育中心建设项目批复文件，或是花园坝土地征用批复文件"③。二是要求行政机关就特定事项提供解释、说明。例如，在"刘某忠诉南通市崇川区人民政府政府信息公开案"中，原告刘某忠向被告崇川区政府提出的两项申请，即"农村建立的集体经济组织成员、被征地农民数据库是否在崇川区政府（管委会）；崇川区依据什么政策文件第几条批准李某杰购买，李某杰通过父亲遗产房分户后，

---

① 最高人民法院（2020）最高法行申10262号行政裁定书.
② 浙江省高级人民法院（2020）浙行终1157号行政裁定书.
③ 最高人民法院（2019）最高法行申12259号行政裁定书.

依据什么文件可得到区政府批准购买低价位普通住宅商品房的政策文件"①。通过申请内容能够直观地发现，申请人的直接目的在于寻求行政机关的解释、说明、答复，其中并不涉及获取政府信息的内容，而寻求解释、说明、答复等行为能被咨询词义所涵摄。因此，申请的直接目的在微观层面符合咨询的概念特征，是申请行为被认定为咨询的关键。

（三）适用咨询申请的限度

"孙案"裁判的意义之一在于，最高人民法院阐明了咨询申请的法律效果。咨询申请不属于政府信息公开申请，行政机关对此不负答复之法定职责。即使被申请机关作出答复行为，在性质上也仅相当于行政事实行为，不会对申请人的合法权益产生影响。申请人对行政机关不予答复或者答复行为不服的，不享有申请行政复议或提起行政诉讼的救济权利。因此，为避免行政机关、法院错误认定咨询申请，造成申请人救济失权，有必要针对咨询申请的适用限度展开分析。

1. 咨询申请区别于申请形式不规范

咨询申请与申请形式不规范皆可被纳入非规范性申请的范畴，但从法律性质及法律效果来看，两者存在巨大差别，不能等而视之。"申请形式不规范"是指公开申请不满足法定的形式条件。具体而言，出于政府信息公开效率与秩序性要求，申请人提交的公开申请应当符合法定形式。2008年《政府信息公开条例》第20条规定，申请人提出的公开申请应当包括"申请人的姓名或者名称、联系方式，申请公开的政府信息的内容描述，申请公开的政府信息的形式要求"等内容。2019年《政府信息公开条例》第29条在此基础上作出细化规定，即在内容方面应当包括"政府信息的名称、文号或者便于行政机关查询

---

① 江苏省高级人民法院（2019）苏行终1170号行政判决书.

的其他特征性描述",在形式方面应当包括"获取信息的方式、途径"。因此,当申请人提出的公开申请在内容上未能指明具体的政府信息,或者行政机关仅依内容描述无法锁定相关政府信息的,就属于申请形式不规范的情况。

形式不规范的公开申请仍属于政府信息公开申请,理由在于,政府信息公开属于给付行政范畴,任何公民都享有对政府信息的知情权,只不过由于申请人专业水平的差异性,不一定所有的公开申请都能够清楚、完整地描述所要申请的政府信息。故为最大限度地保障申请人知情权的实现,2008年《政府信息公开条例》第21条第4项对形式不规范的公开申请专门规定了告知补正制度,即申请内容不明确的,应当告知申请人作出更改、补充,不能简单地一退了之。2019年《政府信息公开条例》第30条在原条文的基础上进一步细化、完善,即行政机关应当自收到申请之日起7个工作日内一次性告知申请人作出补正,说明需要补正的事项和合理的补正期限;并且还为行政机关增加了指导和释明的义务。因而在法律效果层面,对于形式不规范的公开申请,行政机关负有告知补正的法定职责,行政机关逾期不予答复的,申请人可以申请行政复议或者提起行政诉讼。反观咨询申请,其在形式上并不指向具体的政府文件,主要以征询行政机关就某特定事项的解释、说明、答复为表现,在性质上不属于政府信息公开申请,行政机关对此也就不负法定答复职责。因此,当申请形式不规范的情形被行政机关错误认定为咨询时,申请人难以通过复议、诉讼等法定渠道救济知情权益。

咨询申请与申请形式不规范在认定时存在混淆,原因系两者都存在申请内容描述不明确的情况。但若仔细甄别,对前者的完全答复,要求行政机关进行主观层面的分析、判断,以提供"非以一定形式记录、保存的"信息;对后者的完全答复,仅需要进行简单的检索,提供具体的政府文件。但是,实践中还存在要求行政机关提供某个时间段或某个门类的政府信息的情况。对这类申请的完全答复，也往往需要行政机关对相关政府信息进行一定程度的提取和汇总，故也存在行政机关以申请对象"非以一定形式、记录保存"为由拒绝答复的情况。"公共机构无须创造或生产它们没有或无须拥有的信息，也无须公布对其持有信息的评估和分析，这样的规定是有道理的。但是，公共机构执行某些很简单的操作，例如从数据库中自动提取某种格式的信息，实际上也是信息权的重要组成部分。"[①] 因此，对"非以一定形式记录、保存"应当作严格解释，将其限于政府信息在客观层面完全不存在的情况。

2. 咨询申请区别于政府信息不存在

申请公开"非以一定形式记录、保存的"信息，是"孙案"裁判确立的咨询申请认定标准。但实践中对这一标准的理解并不准确，存在"非以一定形式、记录保存"与"政府信息不存在"认定混同的情况。例如，在"李某才诉北京市西城区人民政府信息公开案"中，李某才申请公开的对象是"北京市西城区展览路1号万容天地服装批发市场疏解闭市的具体行政措施及法律依据"。西城区政府以未制作、未获取、未保存该信息为由，告知李某才政府信息不存在。法院则认为，李某才申请的实质是以政府信息公开的名义向行政机关提出咨询，不属于《政府信息公开条例》的调整范围。对西城区政府答复的政府信息不存在，法院却又表示肯定。[②] 诚然，"非以一定形式记录、保存"与"政府信息不存在"都指向"申请对象不存在、非现有"这个客观事实，但从法律性质及法律效果来看，咨询申请与申请对象不存在的政府信息公开申请之间存在巨大差异，不能等而视之。

就法律性质而言，"政府信息不存在"是行政机关答复政府信息公

---

① ［美］托比·曼德尔. 信息自由：多国法律比较. 龚文庠，等译. 北京：社会科学文献出版社，2011：121.

② 最高人民法院（2020）最高法行申10038号行政裁定书.

开申请的法定理由之一，主要用以应对行政机关根据申请人提供的文号、名称或描述性内容，无法检索到相应政府信息的情况。行政机关只有对政府信息公开申请，才负有答复政府信息存在与否的法定职责。咨询申请在性质上并不属于政府信息公开申请，其申请的对象是"非以一定形式记录、保存"的信息，行政机关没有必要，也不可能根据申请内容展开检索。因而，行政机关针对咨询申请答复政府信息不存在，既无法律上的依据，也无事实上的必要。

就法律效果而言，"政府信息不存在"是行政机关针对政府信息公开申请作出的实体性答复，答复行为会直接影响申请人知情权益的实现。"政府信息是否存在"属于可寻求救济的实体性行政争议，申请人对行政机关的答复行为不服的，可以申请行政复议或提起行政诉讼。反观咨询申请，在性质上不属于政府信息公开申请，亦不在《政府信息公开条例》的调整范围内。行政机关的答复行为不会对行为人的权利义务产生影响，行为人不能据此申请行政复议或提起行政诉讼。因此，将"咨询申请"理解为"政府信息不存在"，会导致非政府信息公开争议挤占行政诉讼资源；将"政府信息不存在"理解为"咨询申请"，会导致可寻求救济的政府信息公开争议，因咨询之名而被阻却于复议、诉讼门外。

特许经营协议的解除

——寿光中石油昆仑燃气有限公司诉寿光市人民政府、潍坊市人民政府解除政府特许经营协议案[①]

一、案情摘要

2011年7月15日寿光中石油昆仑燃气有限公司（以下简称昆仑燃气公司）与寿光市政府授权的寿光市住房和城乡建设局签署"山东省寿光市天然气综合利用项目合作协议"，协议约定寿光市住房和城乡建设局同意昆仑燃气公司在寿光市从事城市天然气特许经营，特许经营范围为渤海化工园区（羊口镇）、侯镇化工园区、东城工业园，特许经营期限为30年。协议签署后，昆仑燃气公司先后开展了寿光市双王城生态经济园区、羊口镇中压管网及万隆华府小区、侯镇紫金花园小区、文家天然气门站等燃气项目的建设工作，累计投资1 500余万元。项目建设过程中，寿光市各相关部门先后给昆仑燃气公司批复了路由意见、门站选址意见、安全评价、环境影响评价等手续，对昆仑燃气公司的工作给予了配合和认可。此后，昆仑燃气公司负责建设的燃气管道由于投资不到位等原因一直未能达到要求，难以满足区域内

公报案例全文

---

① 最高人民法院公报，2018（9）. 以下简称"昆仑燃气公司案"。

居民的用气需求。

2015年6月开始，寿光市政府下属的相关部门先后四次召开燃气建设施工工作调度会议，督促昆仑燃气公司及其他燃气企业全面履行双方签订的协议，并告知如不及时取得相关审批手续，加快投资建设进度，寿光市政府将依法收回其经营区域授权。2015年6月29日，针对寿光市政府的催促和要求，昆仑燃气公司向寿光市政府作出了书面保证，承诺在三个月内完成投资建设，但是，昆仑燃气公司违背承诺直至2016年4月6日寿光市政府作出寿政办发〔2016〕47号文件仍未完成投资建设。当昆仑燃气公司正在进行项目建设时，寿光市政府于2016年4月6日作出《关于印发寿光市"镇村通"天然气工作推进方案的通知》（寿政办发〔2016〕47号），作出了"按照相关框架合作协议中有关违约责任，收回羊口镇、双王城生态经济园区和侯镇的经营区域授权，授权给寿光市城市基础建设投资管理中心经营管理"的决定。

昆仑燃气公司不服上述决定，向潍坊市政府申请行政复议，潍坊市政府收到昆仑燃气公司的行政复议申请书后，依法予以受理。2016年6月7日，潍坊市政府向寿光市政府作出并送达了"提出行政复议答复通知书"。同年6月21日，寿光市政府向潍坊市政府提交了"行政复议答复书"。2016年8月2日，潍坊市政府作出潍政复决字〔2016〕第161号行政复议决定书，维持了寿光市政府作出的寿政办发〔2016〕47号文件中关于收回昆仑燃气公司燃气特许经营区域授权的决定，并送达了昆仑燃气公司及寿光市政府。

昆仑公司认为，寿光市政府作出的收回昆仑公司全部燃气经营权区域授权的决定认定事实错误，且未履行听证程序，属于违法行政行为。为维护自身合法权益，提起行政诉讼，请求：（1）确认寿光市政府作出的收回全部燃气经营区域授权决定的行为违法；（2）撤销寿光市政府收回全部燃气经营区域授权的决定。

一审法院认为：昆仑公司的行为属于迟延履行合同主要债务，寿光市政府有权解除合同。寿光市政府作出的收回昆仑公司天然气经营区域授权的决定，事实清楚，证据充分，理由正当。因寿光市政府系依据合作协议中有关违约责任收回原告的经营区域授权，非燃气经营许可的收回，故昆仑公司认为寿光市政府未履行听证程序违法的主张于法无据。

昆仑公司不服一审判决，提起上诉。

二审法院认为：由于昆仑公司长期不能完成燃气项目建设，无法满足居民的用气需要，足以影响社会公共利益，应为法律、法规所禁止。寿光市政府未证明其已举行听证程序，取消特许经营权的行为不符合法律规定，属于程序违法。寿光市政府作出47号通知收回昆仑公司燃气经营区域授权的行为事实清楚、证据充分，但违反法定程序，应当确认该被诉行政行为违法。因本案涉及寿光市供气公共事业，行政行为一旦撤销不仅会影响他人已获得的合法权益，而且会损害区域内公共利益，因此，对昆仑公司提出撤销被诉行政行为的诉讼请求不予支持。此外，考虑到寿光市政府收回昆仑公司燃气经营区域授权的行为会造成一定程度的损失，寿光市政府应当采取适当的补救措施。

二、裁判要旨

行政相对人迟延履行政府特许经营协议致使协议目的无法实现的，行政机关可以单方解除政府特许经营协议。行政机关据此强制收回特许经营权的行为，应肯定其效力，但对于收回特许经营权过程中没有履行听证程序的做法应给予确认违法的评价。因公用事业特许经营涉及社会公共利益，当程序正当与公共利益发生冲突时，法官应运用利益衡量方法综合考量得出最优先保护的价值。本案在取消特许经营权行为实体正确、程序违法的情况下，选择确认违法判决但不撤销该行政行为，并要求行政机关采取补救措施，体现了人民法院在裁判过程中既要优先保护社会公共利益，又要尽力维护行政相对人合法权益。

三、法理分析

随着公众对社会公共服务质量的需求不断提高，政府在基础设施建设和公用事业运营方面更多地需要其他资本的参与。这种政府通过竞争方式依法授权法人或者其他组织，通过协议明确权利义务和风险分担，约定其在一定期限和范围内投资建设运营基础设施和公用事业并获得收益，提供公共产品或者公共服务的经营形式被称为特许经营，而政府与特许经营方签订的协议便是特许经营协议。通常情况下，特许经营协议中会约定双方的权利义务以及协议变更和提前终止的条件，并且明确政府在特许经营方无法履行协议时解除协议和收回特许经营权的权力。"昆仑燃气公司案"的争议焦点在于政府解除特许经营协议的行政行为是否违法、是否应予撤销，而法院最终判决解除特许经营协议的行政行为程序违法，但不予撤销。作为最高人民法院的行政公报案例，该案的判决对于在特许经营中如何兼顾社会公共利益和行政相对人权益具有重要的参照意义。

（一）撤销特许经营协议应考量公共利益

特许经营协议纠纷属于行政诉讼受案范围中较为特殊的类型。所谓特许经营是指，"政府按照有关法律、法规规定，通过市场竞争机制选择市政公用事业投资者或者经营者，明确其在一定期限和范围内经营某项市政公用事业产品或者提供某项服务的制度"[①]。由此可见，特

---

① 《市政公用事业特许经营管理办法》第2条.

许经营是行政法治和行政许可的一个特殊种类。它的特殊性体现在适用特许经营的领域，涉及特种行业，涉及公共利益，且它对当事人的经营资质、所掌握的技术手段等等都有非常高的要求。《市政公用事业特许经营管理办法》第5条规定："实施市政公用事业特许经营，应当遵循公开、公平、公正和公共利益优先的原则。"该条也充分表明，特许经营与公共利益有着非常密切的关系：一方面，行政主体在特许经营管理领域所采用的管理手段常常更加严格，在特许经营中的行政执法也严于其他范围内的行政执法；另一方面，人民法院在特许经营行政诉讼案件中所考量的因素不仅仅是原告和被告之间简单的行政管理关系，还有被告在特许经营中履行公共职能的状况，要考虑原告在履行特许经营协议时对公共利益关心和关注的状况。正是上述这两个方面的特殊性，使人民法院在对特许经营行政案件判决时不可以简单地对行政行为作出实体和程序上的考量，还要看该被诉行政行为所蕴含的公共价值、所进行的公共利益考量等。

《行政诉讼法》第74条第1款规定，行政行为有下列情形之一的，人民法院判决确认违法，但不撤销行政行为：（1）行政行为依法应当撤销，但撤销会给国家利益、社会公共利益造成重大损害的；（2）行政行为程序轻微违法，但对原告权利不产生实际影响的。"昆仑燃气公司案"中，寿光市政府收回燃气经营区域授权未进行听证，而依据《市政公用事业特许经营管理办法》第25条的规定，对获得特许经营权的企业取消特许经营权并实施临时接管的，必须按照有关法律、法规的规定进行，并召开听证会。寿光市政府对供气行业依法实施特许经营，决定收回昆仑燃气公司燃气经营区域授权，应当告知昆仑燃气公司享有听证的权利，听取昆仑燃气公司的陈述和申辩。显然寿光市政府的行为是违反相关法定程序的，而且这样的程序违法并不能归于"程序轻微违法"，因此，不撤销该行政行为就只能归于第一种情形"撤销会给国家利益、社会公共利益造成重大损害"。本案的判决中充分了考虑利益衡量标准，因公用事业特许经营涉及社会公共利益，当程序正当与公共利益发生冲突时，法官选择了优先保护公共利益。

特许经营协议实质上是借契约实现行政管理之目的，作为行政协议，其既有行政性的一面，亦有民事性的一面。在现行法之下，行政机关尚不能就行政相对人履行协议过程中存在的违约行为提起行政诉讼，且特许经营协议的行政属性也决定了对其不能提起民事诉讼，行政机关只能通过行政处理进行补救。实践中，各国的做法有所不同：法国允许行政机关采取代履行方式履行特许经营协议，以确保公共服务不因此而中断。德国规定，行政机关只能借助法院的判决来对行政协议予以强制执行。在我国，《市政公用事业特许经营管理办法》第25条规定了对取消特许经营权的项目实施临时接管。"昆仑燃气公司案"中寿光市人民政府的做法正是遵循了这一规定。应当肯定的是，在特许经营模式下，行政相对人违约致使公用事业服务有中断之虞时，行政机关可以单方变更、解除特许经营协议，同时享有采取代履行措施的权力，即自行或临时委托第三方继续履行公共服务，以确保公共利益。

特许经营是行政许可中的一个特殊种类，它与一般许可存在较大的区别。首先，特许经营适用于有限自然资源开发利用、公共资源配置、直接关系到公共利益的特定行业的市场准入等事项，而普通许可在于确认相对人具备行使既有权利的条件，一般没有数量控制。其次，普通许可中行政机关一般没有自由裁量权，而对特许经营中行政机关一般享有自由裁量权。这是特许经营区分于一般许可的关键点。也正因为如此，《行政许可法》中规定：直接关系公共利益的特定行业的运营主体有义务按照国家规定的标准和条件向用户提供普遍服务，不得擅自停业、歇业。基于上述特许两方面的特性，"昆仑燃气公司案"的判决中，法官在认定被诉行政行为是否属于《市政公用事业特许经营管理办法》第18条规定的"法律、法规禁止的其他行为"时，作出了对应性解释，即是说，肯定了本案涉及的特许经营协议中行政机关的主导性地位和较大的自由裁量空间。

"昆仑燃气公司案"中的被诉行政行为是寿光市政府作出的通知，即收回昆仑燃气公司燃气经营区域授权，解除特许经营协议的决定。从实体法来讲，昆仑燃气公司在签订了该特许经营协议之后，没有在法定期限内履行协议义务，没有按照协议所规定的条款实施燃气管道铺设；而且在寿光市政府于2014年7月10日、2015年6月25日先后两次催促，要求其履行协议义务，并表示如不履约将收回燃气经营区域授权的情况下，昆仑燃气公司仍然迟延履行义务，致使不能实现协议目的。案件所显示的事实充分表明，昆仑燃气公司首先违反了行政实体法的规定，具有非常明显的法律上的过错。针对昆仑燃气公司在行政实体法上的过错及其消极和被动履行实体法上义务的情形，寿光市人民政府作出撤销其特许经营权的行政决定是正当的、合理的，因为依据合同法的规定，当事人一方迟延履行债务致使不能实现合同目的的，另一方可以解除合同。

从诉讼制度和法理来讲，无论哪个主体存在过错，其都应当对此承担相应法律责任。本案中，原告的过错主要体现于实体法之中，而被告的过错主要体现于程序法之中。虽然它们都要对各自的过错承担法律责任，但过错的承担不应是半斤八两的，人民法院在判决中也没有采取平均主义的责任分担方式，而是让原告承担了主要法律责任。这从原告和被告各自的过错，以及各自过错所产生的危害后果来看，也是合理的。在本案中，原告由于没有履行协议约定的内容，使一个适用特许经营的公共工程有所延误，严重阻碍了寿光全市天然气"镇村通"工作的顺利推进，给被告造成了难以弥补的经济损失和负面社会影响。可见其过错的后果是严重的，危害性也是比较大的。而被告只是疏忽了相应的程序，且其程序上的疏忽还不足以导致该行政行为实体上的错误。人民法院在判决时对原告和被告过错的分量作了非常好的掂量、非常好的权衡,最终确认被告作出的收回原告燃气经营区域授权的行政行为程序违法,但不撤销该行政行为,是合乎法理的,也是实事求是的。

本案中被诉行政行为是否属于《市政公用事业特许经营管理办法》中规定的可取消特许经营权的法定情形,是原、被告双方争议的焦点之一。该办法将擅自停业、歇业,严重影响到社会公共利益和安全的行为作为取消特许经营权的情形。原告认为其不存在上述取消特许经营权的法定情形,被告收回其燃气经营区域授权的行为违反上述规定。而法院认为,原告迟延履行特许经营协议义务行为虽然未包含在该办法中,但该法条的兜底性条款,即"法律、法规禁止的其他行为"可以囊括此种情形,主要原因在于该项目的延误足以影响社会公共利益,应为法律、法规所禁止。笔者认为,这一解读是正确的,是对法律精神的正确理解。

此外,《行政诉讼法》第 70 条规定,行政行为有下列情形之一的,人民法院判决撤销或者部分撤销,并可以判决被告重新作出行政行为:(1) 主要证据不足的;(2) 适用法律、法规错误的;(3) 违反法定程序的;(4) 超越职权的;(5) 滥用职权的;(6) 明显不当的。由该条的规定可以看出,被诉具体行政行为的撤销基于这样一些主要情形:一是主要证据不足,就是被诉的具体行政行为在证据不充分的情形下作出,没有证据支持的行政行为是不能成立的。二是适用法律错误。这首先涉及案件事实,然后是对相应的案件事实作出法律上的处理,也就是我们所讲的法律法规的适用,应该适用此法而适用彼法,应该适用法律的此条而适用法律的彼条等,都是行政行为违法的表现。三是违反法定程序,就是行政主体没有严格地按照法定程序作出行政行为。四是超越职权,就是行政主体在自己职权范围之外实施行政行为,事实上,超越职权的行政行为往往表现为行为主体的不合法性。五是滥用职权,就是行政主体粗暴地,或者非理性地对职权予以运用,进而作出行政行为。六是明显不当，就是行政行为的实体内容具有某种不正当性。上述六种情形在行政行为违法或者瑕疵的程度上是有一定区别的。例如，明显不当的行政行为在瑕疵程度上要低于适用法律法规错误的行政行为。而在"昆仑燃气公司案"中，被诉的具体行政行为的实体内容是合法的，因为它正确地考量了原告履行协议义务的态度，履行协议义务的能力，履行协议义务的效果等。被告根据对原告行为的综合考量才作出了撤销其经营权的决定，该行政行为在实体上是正确的。换言之，在本案中，被诉行政行为仅仅表现出程序上的违法，就是没有履行告知和听证等程序，这个程序上的违法当然是违法，这是没有疑问的，但该违法还不足以造成其实体法上的错误。人民法院充分权衡了该行政行为违法的程度，所以才作出取消原告进一步的特许经营权而不撤销该行政行为的判决。人民法院在行政审判实践中对违法程度的考量是行政法治精准化的体现。在当今时代下，这样的考量应该越来越多。

在涉及特许经营的司法案例中，对公共利益的考量无疑占据着极其重要的地位。如益民公司诉河南省周口市政府等行政行为违法案（以下简称"益民公司案"），以及其他类似的燃气供应特许经营案件中，人民法院都根据公共利益在主管部门作出的行政行为违法的情况下支持解除特许经营协议。在"益民公司案"中，最高人民法院裁定："虽然市计委作出《招标方案》、发出《中标通知书》及市政府作出54号文的行为存在适用法律错误、违反法定程序之情形，且影响了上诉人益民公司的信赖利益，但是如果判决撤销上述行政行为，将使公共利益受到以下损害：一是招标活动须重新开始，如此则周口市'西气东输'利用工作的进程必然受到延误。二是由于具有经营能力的投标人可能不止亿星公司一家，因此重新招标的结果具有不确定性，如果亿星公司不能中标，则其基于对被诉行政行为的信赖而进行的合法投入将转化为损失，该损失虽然可由政府予以弥补，但最终亦必将转化为公共利益的损失。三是亿星公司如果不能中标，其与中石油公司签订的'照付不议'合同亦将随之作废，周口市利用天然气必须由新的中标人重新与中石油公司谈判，而谈判能否成功是不确定的，在此情况下，周口市民及企业不仅无法及时使用天然气，甚至可能失去'西气东输'工程在周口接口的机会，从而对周口市的经济发展和社会生活造成不利影响。"由此可见，特许经营方的利益和周边居民用气的公共利益相比处于次要地位，二者出现冲突时应当首先保护居民的公共利益。从人民法院在燃气供应的特许经营权纠纷案件中的判决能够看出公共利益优先的倾向，具言之，人民法院会选择先保障居民用气不受影响，然后再要求行政主管部门对特许经营方采取相应的补救措施，以弥补其违法行政行为造成的损害。"昆仑燃气公司案"中，昆仑燃气公司履行合同出现瑕疵，导致周边居民无法用气，严重损害公共利益。在这种情况下，寿光市政府决定收回特许经营权具有其合理性。

对合理性的判断离不开行政法学中的"皇冠原则"——比例原则，"昆仑燃气公司案"就体现了比例原则的适用。比例原则为行政法之基本原则似乎已经成为共识，该原则通常被认为产生于德国，许多学者对比例原则的内涵给出了不同见解，如部分学者主张"四阶理论"，即目的的正当性、手段的适当性、必要性以及相关利益的均衡性[1]；也有部分学者赞同"三阶"说，即比例原则包括适当性原则、必要性原则和均衡性原则三个子原则，聚焦于评价手段的正当性。[2] 它表明，比例原则有着非常深刻的法理内涵，然而，我国《行政复议法》和《行政诉讼法》等法律法规中还没有比例原则的规定，这就使比例原则在我国目前仍然是学理上的概念，但不争的事实是，关于比例原则，我国行政法学界已经达成共识。笔者注意到，近年来，诸多行政法教

---

[1] 杨登峰. 合理、诚信抑或比例原则：目的正当性归属之辩. 中外法学, 2021 (4).
[2] 刘权. 比例原则适用的争议与反思. 比较法研究, 2021 (5).

科书都将比例原则作为行政法基本原则。① 在行政法治实践中，司法机关也常常充分运用该原则，例如，最高人民法院公布的"杨某权诉山东省肥城市房产管理局案"中就援引了比例原则，从而明确了个人隐私与涉及公共利益的知情权相冲突时的处理原则。比例原则要求两害相权取其轻，这是其核心内涵。"昆仑燃气公司案"中法院作出了一个看似矛盾的判决，它的矛盾性表现在：一方面确认被诉具体行政行为违法，另一方面又驳回了原告的相关诉讼请求。在正常情况下，人民法院在判决行政行为违法的同时会支持原告的诉讼请求，进而维护原告的合法权益，但本案中法院没有作出支持原告的诉讼请求和维护原告的权益的判决。应当说，被告的行政行为的瑕疵是有害的，而原告没有很好履行特许经营协议也是有害的，在这两个有害性之间要作出选择时，法官巧妙选择了轻者，就是让原告不得继续行使特许经营权。如果在本案中继续让原告享有特许经营权，就会将更大范围的公共利益造成损害，就会将更大范围的公共利益置于风险之中。燃气供应是非常大的公共工程，它涉及寿光市政府在服务公众方面的服务态度和能力，也涉及它在公共服务方面的社会效果。人民法院如果因被告的行政行为的瑕疵就将特许经营权继续赋予原告，就违反了依法行政的基本精神。《法治政府建设实施纲要（2021—2025 年）》关于服务型政府有这样的表述："坚持优化政府组织结构与促进政府职能转变、理顺部门职责关系统筹结合，使机构设置更加科学、职能更加优化、权责更加协同。完善经济调节、市场监管、社会管理、公共服务、生态环境保护等职能，厘清政府和市场、政府和社会关系，推动有效市场和有为政府更好结合。"关于政府职能中的公共利益，有学者作出下列表述："法律可授权行政机关自行决定作出行政行为或作出创造性

---

① 章志远教授所著《行政法学总论》、余凌云教授所著《行政法讲义》以及周佑勇教授所著《行政法基本原则研究》等行政法教科书中都有关于比例原则的内容。

的补充，不是为了在具体情况下解释法律，而是为了行政机关自己的意志表达。法律也可以决定某一类行政行为全部由行政机关做出决定。此外不言而喻的还有自行发生作用的行政行为的情况。还有一种情况不再是指对法律作出较大程度解释——分析将要表达的国家意志的内容——的情况，而是指行政机关对集体利益（公共利益）、正义、目的性等的自行权衡。"[1] 本案中，对比例原则的适用恰恰贯彻了法治政府的基本精神。

（二）撤销特许经营协议应遵循正当程序

根据行政法学界的主流观点，正当程序原则是行政法的基本原则之一，在行政法体系中发挥着重要作用，也是行政机关作出任何行政行为必须遵循的原则。在各个层级的行政法规范中，正当程序原则也有明确的体现，如《行政处罚法》规定："公民、法人或者其他组织违反行政管理秩序的行为，应当给予行政处罚的，依照本法由法律、法规、规章规定，并由行政机关依照本法规定的程序实施"；又如《广东省文化和旅游厅关于文化市场综合执法行政处罚裁量权的适用规则》规定："实施行政处罚，应当遵循正当程序"。可以说，正当程序原则贯穿了整个行政法规范体系，规制行政机关作出的任何行政行为。

正当程序这一概念起源于英国，最早由英国的《自由大宪章》提出："凡自由民，如未经其同级贵族之依法裁判，或经国法判决，皆不得被逮捕，监禁，没收财产，剥夺法律保护权，流放，或加以任何其他损害。"该条款被认为是正当程序原则在法律文件中的第一次呈现，虽然条文中并未直接以"正当程序"表述，但是条文中的内容包含了正当程序原则的要义。此后，正当程序原则在英国的法律实践中越来越多地被运用，并且逐渐在美国的法治体系中得到进一步细化和完善。

---

[1] ［德］奥托·迈耶. 德国行政法. 刘飞，译. 北京：商务印书馆，2002：104.

在美国的法律规范体系中，宪法和行政程序法都吸收了正当程序原则，并且赋予其非常重要的法律地位，使之对国家机关具有普遍的约束作用。美国宪法第 5 条和第 14 条修正案都是关于正当程序的内容，分别适用于联邦政府和州政府，如第 5 条修正案规定："未经正当法律程序，不得剥夺任何人的生命、自由和财产"。而行政程序法（Administrative Procedure Act）也引入了比例原则以加强对行政相对人之自由和财产的保护：在行政法判例中会严格审查涉及剥夺行政相对人之自由和财产的行政行为是否经过了正当法律程序。值得注意的是，正当程序原则在美国行政法判例中并不仅仅停留在保护相对人之自由和财产这一相对宏观的概念上，经过大量有关判例的积累和归纳，关于正当程序原则已经形成一套详细且步骤清晰的审查标准，具有很强的可操作性。如 Regents 委员会诉 Roth 案（以下简称"Roth 案"）中第一次讨论了正当程序原则能否适用于大学教职人员的续约纠纷，并且为正当程序类案例设计了基本的审查重点及步骤。而许多相关领域的案例逐渐在此基础上对审查标准的适用领域和适用程度进行了拓展和修正，例如，克利夫兰教育委员会诉劳德米尔案进一步完善了"Roth 案"确立的审查标准的适用范围，将市政部门员工的雇佣合同也纳入正当程序原则的保护范围，并对市政部门员工的解雇程序作了要求。经过长期的司法实践，正当程序原则适用的领域被不断拓宽，包括如福利发放、学位授予、特许经营等。在政府主管部门发起的特许经营活动中，政府主管部门在特许经营项目中的招标、协议签订、监管以及协议终止环节都必须遵循正当程序原则。

遵循正当程序在我国行政案件的判决中也是非常常见的原则和要求，如在最高人民法院指导案例"田某案"中，法院认为：退学处理决定涉及原告的受教育权利，为充分保障当事人权益，从正当程序原则出发，被告北京科技大学应将此决定向当事人送达、宣布，允许当事人提出申辩意见。而被告北京科技大学既未依此原则处理，也未实际给原告办理注销学籍、迁移户籍、档案等手续，没有尊重和保护当事人的合法权益。

在我国特许经营的相关法律法规也引入了正当程序这一基本原则，要求特许经营中的行政主管部门在每个环节必须符合正当程序的规定。如《市政公用事业特许经营管理办法》第 8 条规定，主管部门应当依照下列程序选择投资者或者经营者：(1) 提出市政公用事业特许经营项目，报直辖市、市、县人民政府批准后，向社会公开发布招标条件，受理投标；(2) 根据招标条件，对特许经营权的投标人进行资格审查和方案预审，推荐出符合条件的投标候选人；(3) 组织评审委员会依法进行评审，并经过质询和公开答辩，择优选择特许经营权授予对象；(4) 向社会公示中标结果，公示时间不少于 20 天；(5) 公示期满，对中标者没有异议的，经直辖市、市、县人民政府批准，与中标者签订特许经营协议。该条明确指出了行政主管部门应该通过什么方式确定特许经营方，并且给出了具体的步骤。《市政公用事业特许经营管理办法》也规定了行政主管部门作出影响或减损特许经营权的决定时要举行听证会，保证特许经营方的陈述权和申辩权。在司法实践中，围绕特许经营权产生的行政诉讼达到了一定数量，其中有一部分具有代表性的案例受到了最高人民法院的关注，而且案件事实与"昆仑燃气公司案"有一定的相似性。例如，"益民公司案"，该案同样是关于特许经营中燃气公司和行政主管部门之间的纠纷，行政主管部门作出的行政决定损害了作为特许经营方的燃气公司的独占经营权，且该案的招投标过程存在程序上的违法，因此，最高人民法院判定行政主管部门的有关行政行为适用法律错误而且违反法定程序，属于违法的行政行为。根据《行政诉讼法》的规定，如果行政行为存在违反法定程序等情况，人民法院判决撤销或者部分撤销，并可以判决被告重新作出行政行为。由此可见，违反法定程序的行政行为属于违法的行政行为。换言之，只有符合法定程序的行政行为才具有合法性。在特许经营类行政案件中，无论是在选择特许经营方的招投标阶段，还是在撤销特许经营协议的阶段，行政主管部门都应按照法定程序作出行政行为。具言之，即使特许经营方在履行协议的过程中存在瑕疵或过错，造成协议目的无法实现，行政主管部门在解除特许经营协议、收回特许经营权时也应举行听证会，给予特许经营方陈述和申辩的机会，经过听证程序才能作出相应的行政决定，否则，解除特许经营协议的行政行为违法。

就"昆仑燃气公司案"而言，首先，本案中的特许经营协议属于行政协议，在司法裁判中应当适用行政协议相关裁判依据。根据2015年《最高人民法院关于适用〈中华人民共和国行政诉讼法〉若干问题的解释》的规定，行政机关为实现公共利益或者行政管理目标，在法定职责范围内，与公民、法人或者其他组织协商订立的具有行政法上权利义务内容的协议，属于行政诉讼法规定的行政协议，包括特许经营协议。该司法解释规定了人民法院审查行政机关是否依法履行、按照约定履行协议或者单方变更、解除协议是否合法时可以适用不违反行政法和行政诉讼法强制性规定的民事法律规范。

其次，本案中昆仑燃气公司应就其长期不能完成经营区域内的燃气项目建设承担违约责任。《市政公用事业特许经营管理办法》中规定，获得特许经营权的企业在特许经营期间如果因擅自停业、歇业而严重影响到社会公共利益和安全，主管部门则有权终止特许经营协议，取消其特许经营权，并可以实施临时接管。法院认为，迟延履行特许经营协议义务行为虽然未在《市政公用事业特许经营管理办法》第18条规定的前四项中明确列举，但该法条为弥补列举不全面所可能造成的遗漏规定了兜底性条款，即"法律、法规禁止的其他行为"。本案中由于昆仑燃气公司长期不能完成经营区域内的燃气项目建设，无法满足居民的用气需要，足以影响社会公共利益，应为法律、法规所禁止。不能因为该条款未将昆仑燃气公司迟延履行特许经营协议义务行为明确列为取消特许经营权的情形，就将其排除在法律规定之外，这并不符合该法保障社会公共利益的立法目的。而且寿光市政府在实际评估了昆仑燃气公司的义务履行效果，如投资不到位，燃气管道不符合规划要求，气源指标不落实等后，作出了一个正确的判断和决定，那就是认为昆仑燃气公司已经没有履行协议的能力。

最后，撤销特许经营协议违反正当程序原则。《市政公用事业特许经营管理办法》第 25 条规定，对获得特许经营权的企业取消特许经营权并实施临时接管的，必须按照有关法律、法规的规定进行，并召开听证会。《行政许可法》第 46 条规定：法律、法规、规章规定实施行政许可应当听证的事项，或者行政机关认为需要听证的其他涉及公共利益的重大行政许可事项，行政机关应当向社会公告，并举行听证。第 47 条规定：行政许可直接涉及申请人与他人之间重大利益关系的，行政机关在作出行政许可决定前，应当告知申请人、利害关系人享有要求听证的权利；申请人、利害关系人在被告知听证权利之日起 5 日内提出听证申请的，行政机关应当在 20 日内组织听证。这说明寿光市在作出撤销昆仑燃气公司经营权的行政决定时，应当履行告知的义务，应当举行听证会，应当给予昆仑燃气公司充分的陈述理由和申辩的机会。举行听证会是该案的必经程序，也是保障相对一方的合法权益，强调行政主体依法行政的基本要求。但是，寿光市政府在作出该行政决定没有依据上述法定程序。法院认为：寿光市政府对供气行业依法实施特许经营，决定收回昆仑燃气公司的燃气经营区域授权，应当告知其享有听证的权利，听取其陈述和申辩。昆仑燃气公司要求举行听证的，寿光市政府应当组织听证，而寿光市政府未提供证据证明其已履行了相应义务，其取消特许经营权的行为不符合上述法律规定，属于程序违法。因此，在本案中，寿光市政府同样存在过错，而且是行政过程中的重大瑕疵。寿光市政府的这一过错直接关系到该行政行为本身的合法性。以此而论，本案实质上是由原、被告双方的过错而构成：一方面是作为原告的昆仑燃气公司的过错，另一方面是作为被告的寿光市政府的过错。需要特别强调的是，昆仑燃气公司的过错是实体上的过错，是有关权利义务的过错，该过错具有较大的违法性，而寿光市政府的过错是程序上的过错。

（三）撤销特许经营协议应给予特许经营方相应补偿

在行政法学理论上，行政补偿和行政赔偿是截然不同的两个概念。行政补偿是行政机关及其公职人员合法行使职权或公共设施运作致法人或者其他组织的合法权益遭受特别损害、损失，或者因公共利益需要征收、征用公民、法人或者其他组织的财产，而依法给予相对人补偿的法律救济制度。[1] 各国学者对行政补偿制度的理论根据的阐释是各种各样的，主要有特别牺牲与公共负担平等理论、危险责任理论、结果责任理论等学说。行政赔偿是行政机关及其工作人员行使职权，侵犯行政相对人的合法权益并造成损害时，受害人依法向国家请求赔偿的行政救济制度。行政赔偿主要有三个构成要件：行政侵权行为、相对人权益受到损害的事实、行政侵权行为与损害事实之间具有因果关系。[2]

行政补偿与行政赔偿虽只有一字之差，却有严格的区别。其不同点主要体现在以下五个方面：第一，基础不同。行政赔偿是由行政机关及其工作人员的违法或过错行为引起的，行政补偿是由合法行为引起的。如在最高人民法院指导案例76号"萍乡市亚鹏房地产开发有限公司诉萍乡市国土资源局不履行行政协议案"中，法院认为：行政协议强调诚实信用、平等自愿，一经签订，各方当事人必须严格遵守，行政机关无正当理由不得在约定之外给另一方当事人附加义务或单方变更解除。被告要求原告如若变更土地用途则应补交土地出让金，该

---

[1] 姜明安. 行政法. 北京：北京大学出版社，2017：631.
[2] 姜明安. 行政法. 北京：北京大学出版社，2017：610-612.

要求缺乏事实依据和法律依据，且有违诚实信用原则。显然，在该案中行政主体一方存在过错，一旦行政协议的变更或解除给相对人一方造成损失，就有可能引发行政赔偿。第二，性质不同。行政赔偿属于一种法律责任，行政补偿是一种法律义务，体现公平负担精神。第三，范围不同。行政赔偿虽有适用范围的限制，但整体来看要比行政补偿范围宽；行政补偿以直接损失为限，补偿额度往往小于直接损失。第四，发生时间不同。行政赔偿只能在损害产生之后进行，行政补偿则可在损害产生之前进行。第五，偿付方式不同。行政赔偿以金钱赔偿为主，以返还财产和恢复原状为辅；行政补偿的方式则比较灵活，实践中，除金钱补偿外，财物调配优惠、特许权的授予、安排就业、分配住房和解决"农转非"指标等都作为补偿的方式。①

《最高人民法院关于审理行政协议案件若干问题的规定》第16条规定：在履行行政协议过程中，可能出现严重损害国家利益、社会公共利益的情形，被告作出变更、解除协议的行政行为后，原告请求撤销该行为，人民法院经审理认为该行为合法的，判决驳回原告诉讼请求；给原告造成损失的，判决被告予以补偿。被告变更、解除行政协议的行政行为存在《行政诉讼法》第70条规定情形的，人民法院判决撤销或者部分撤销，并可以责令被告重新作出行政行为。被告变更、解除行政协议的行政行为违法，人民法院可以依据《行政诉讼法》第78条的规定判决被告继续履行协议、采取补救措施；给原告造成损失的，判决被告予以赔偿。该解释将行政赔偿和行政补偿写入相应条款，扩展了救济渠道，有利于受到损失的行政协议相对人得到及时的救济。行政机关因其违法行为给协议相对人造成损害的，应当赔偿。在出于对公共利益的维护且不归责于双方的情形，如发生情势变更而行使临时接管权或单方解除合同，同样应当对合同相对方进行补偿。在赔偿

---

① 杨登峰. 行政法总论：原理、制度与实案. 北京：北京大学出版社，2019：281.

或补偿的主体上，首先应当确定责任者。如果损害或损失是由一个部门造成的，则应当由该部门进行赔偿或补偿；如果是由多个部门造成的，则需要评估责任的大小，以确定在这几个部门之间的责任分配。受损一方有过错的，减轻对方的责任。在赔偿或补偿的范围上，可以由受损失的一方将自己的损失情况交予专业第三方鉴定，并由双方在平等协商的基础上列出具体的赔偿项目清单，对受损利益进行科学评估。赔偿标准则应当参照行业标准以及当地经济发展水平等确定。①

就"昆仑燃气公司案"而言，法院认为，从合理性角度考量，因昆仑燃气公司燃气项目已经开工建设，寿光市政府收回其燃气经营区域授权的行为会给其造成一定程度的损失，在该行政行为被确认违法又不宜撤销的情况下，寿光市政府依法应当采取必要的补救措施。当特许经营权被收回后，如果协议没约定具体的争议解决方式，行政相对人不服时，往往通过行政诉讼化解纠纷。法院在案件审理过程中需要进行利益衡量，如果撤销被诉行为将会给社会公共利益或者第三人的合法利益造成重大损失，则可以不予撤销而判决确认被诉行为违法并责令行政机关采取相应的补救措施。对于具体采取何种补偿措施，行政机关可以结合相对人的合法投入、正常损失等因素予以考量。本案中，对于昆仑燃气公司在项目建设中的合法投入，寿光市政府应当给予合理补偿。鉴于这一问题的处理带有很大的弹性，在提起诉讼之前，行政协议还是要尽可能将各种问题约定明确，以加强对双方的约束，并且在纠纷解决的过程中，亦应重视协商、调解、仲裁等方式。

---

① 最高人民法院行政审判庭编著. 最高人民法院关于审理行政协议案件若干问题的规定理解与适用. 北京：人民法院出版社，2020：240.

图书在版编目（CIP）数据

公报行政案例中的法理/章志远，黄娟主编．--北京：
中国人民大学出版社，2022.8
ISBN 978-7-300-30727-5

Ⅰ.①公… Ⅱ.①章… ②黄… Ⅲ.①行政执法-案
例-中国 Ⅳ.①D922.115

中国版本图书馆 CIP 数据核字（2022）第 098309 号

公报行政案例中的法理
主　编　章志远　黄　娟
Gongbao Xingzheng Anli zhong de Fali

出版发行	中国人民大学出版社		
社　　址	北京中关村大街 31 号	邮政编码	100080
电　　话	010-62511242（总编室）	010-62511770（质管部）	
	010-82501766（邮购部）	010-62514148（门市部）	
	010-62515195（发行公司）	010-62515275（盗版举报）	
网　　址	http://www.crup.com.cn		
经　　销	新华书店		
印　　刷	北京联兴盛业印刷股份有限公司		
规　　格	165 mm×230 mm　16 开本	版　次	2022 年 8 月第 1 版
印　　张	19.75 插页 3	印　次	2022 年 8 月第 1 次印刷
字　　数	249 000	定　价	88.00 元

版权所有　侵权必究　　印装差错　负责调换